ARQUIVOS PESSOAIS, PATRIMÔNIO E EDUCAÇÃO

EGO-DOCUMENTOS EM CENA

Editora Appris Ltda.
1.ª Edição - Copyright© 2024 dos autores
Direitos de Edição Reservados à Editora Appris Ltda.

Nenhuma parte desta obra poderá ser utilizada indevidamente, sem estar de acordo com a Lei nº 9.610/98. Se incorreções forem encontradas, serão de exclusiva responsabilidade de seus organizadores. Foi realizado o Depósito Legal na Fundação Biblioteca Nacional, de acordo com as Leis nᵒˢ 10.994, de 14/12/2004, e 12.192, de 14/01/2010.

Catalogação na Fonte
Elaborado por: Dayanne Leal Souza
Bibliotecária CRB 9/2162

A772a 2024	Arquivos pessoais, patrimônio e educação: ego-documentos em cena / Dóris Bittencourt Almeida e Maria Teresa Santos Cunha (orgs.). – 1. ed. – Curitiba: Appris, 2024. 222 p. : il. color. ; 23 cm. – (Geral). Inclui referências. Vários autores. ISBN 978-65-250-6542-7 1. Arquivos pessoais. 2. Patrimônio histórico. 3. História da educação. I. Almeida, Dóris Bittencourt. II. Cunha, Maria Teresa Santos. III. Título. IV. Série. CDD – 019

Livro de acordo com a normalização técnica da ABNT

Editora e Livraria Appris Ltda.
Av. Manoel Ribas, 2265 – Mercês
Curitiba/PR – CEP: 80810-002
Tel. (41) 3156 - 4731
www.editoraappris.com.br

Printed in Brazil
Impresso no Brasil

DÓRIS BITTENCOURT ALMEIDA
MARIA TERESA SANTOS CUNHA
(ORG.)

ARQUIVOS PESSOAIS, PATRIMÔNIO E EDUCAÇÃO
EGO-DOCUMENTOS EM CENA

Appris editora

Curitiba, PR
2024

FICHA TÉCNICA

EDITORIAL
Augusto Coelho
Sara C. de Andrade Coelho

COMITÊ EDITORIAL
Ana El Achkar (Universo/RJ)
Andréa Barbosa Gouveia (UFPR)
Antonio Evangelista de Souza Netto (PUC-SP)
Belinda Cunha (UFPB)
Délton Winter de Carvalho (FMP)
Edson da Silva (UFVJM)
Eliete Correia dos Santos (UEPB)
Erineu Foerste (Ufes)
Fabiano Santos (UERJ-IESP)
Francinete Fernandes de Sousa (UEPB)
Francisco Carlos Duarte (PUCPR)
Francisco de Assis (Fiam-Faam-SP-Brasil)
Gláucia Figueiredo (UNIPAMPA/ UDELAR)
Jacques de Lima Ferreira (UNOESC)
Jean Carlos Gonçalves (UFPR)
José Wálter Nunes (UnB)
Junia de Vilhena (PUC-RIO)

Lucas Mesquita (UNILA)
Márcia Gonçalves (Unitau)
Maria Aparecida Barbosa (USP)
Maria Margarida de Andrade (Umack)
Marilda A. Behrens (PUCPR)
Marília Andrade Torales Campos (UFPR)
Marli Caetano
Patrícia L. Torres (PUCPR)
Paula Costa Mosca Macedo (UNIFESP)
Ramon Blanco (UNILA)
Roberta Ecleide Kelly (NEPE)
Roque Ismael da Costa Güllich (UFFS)
Sergio Gomes (UFRJ)
Tiago Gagliano Pinto Alberto (PUCPR)
Toni Reis (UP)
Valdomiro de Oliveira (UFPR)

SUPERVISORA EDITORIAL
Renata C. Lopes

PRODUÇÃO EDITORIAL
Bruna Holmen

REVISÃO
Ana Carolina de Carvalho Lacerda

DIAGRAMAÇÃO
Bruno Ferreira Nascimento

CAPA
Eneo Lage

REVISÃO DE PROVA
Bruna Santos

PREFÁCIO

CONVITE AO ENCANTAMENTO: LEITURAS DE PESQUISAS COM EGO-DOCUMENTOS COMO FONTES NA HISTÓRIA DA EDUCAÇÃO

> Que a importância de uma coisa não se mede com fita métrica nem com balanças nem barômetros etc. Que a importância de uma coisa há que ser medida pelo encantamento que a coisa produza em nós.
>
> (Manoel de Barros)

Com parte do poema de Manoel de Barros, o qual põe em evidência o encantamento que uma coisa pode produzir em nós, inicio a escrita do prefácio deste livro, que tanto me encantou com a leitura de suas páginas. O convite para prefaciá-lo me chegou de duas pesquisadoras/professoras da área de História da Educação, Maria Teresa Santos Cunha, da Universidade do Estado de Santa Catarina (UFSC e UDESC), de Florianópolis – SC, e Dóris Bittencourt Almeida, da Universidade Federal do Rio Grande do Sul (UFRGS), de Porto Alegre – RS, a quem já quero expressar, aqui, os meus agradecimentos pelo honroso convite.

É certo que a escrita de um prefácio requer habilidade por parte do(a) prefaciador(a) para mostrar a importância e o valor da obra. Sendo assim, com o interesse de instigar o público à leitura deste livro e inspirada pelas palavras de Manoel de Barros, expostas em parte do poema citado, apresento esta obra ao público leitor.

Este livro, intitulado *Arquivos Pessoais, Patrimônio e Educação: ego-documentos em cena*, reúne 11 capítulos produzidos por 16 autores(as) ligados(as) à área de História da Educação, vindos(as), em sua maioria, de instituições de ensino superior da região Sul, havendo também autores(as) das regiões Sudeste e Nordeste do Brasil e da Espanha.

Os capítulos reunidos neste livro brindam-nos com importantes estudos e análises acerca dos arquivos pessoais no tempo presente, colocando em cena uma vasta gama de ego-documentos, constituídos por diários, álbuns de recordação, cartas, lembranças de ritos religiosos, como batismo e primeira comunhão, entre outros. Posto isto, fica evidente que os arquivos pessoais sinalizam para traços sobre a história do indivíduo, pois, como adverte Farge (2009, p. 13), diferente dos arquivos judiciários, que são "[...] vestígio bruto de vidas que não pediam absolutamente para ser contadas dessa maneira", os arquivos pessoais acabam possibilitando a escrita de uma narrativa voltada para traços deixados pelo próprio guardador.

É fato que o arquivamento da vida, conforme assinala Artières (1998, p. 33), não é apenas um "[...] privilégio de homens ilustres (de escritores ou de governantes). Todo indivíduo, em algum momento da sua existência, por uma razão qualquer, se entrega a esse exercício". Afinal, como bem destaca uma das organizadoras e autora de um capítulo deste livro, em um de seus artigos publicados na Revista de História da Educação: "[...] todos nós produzimos arquivos" (Cunha, 2017, p. 189).

A obra tematiza, em seu conjunto, com especial atenção, as possibilidades de pesquisas com a vasta gama de ego-documentos, que podem ser encontrados e coletados dos arquivos pessoais e utilizados como fontes nas investigações, o que traz relevante contribuição para a História da Educação, em um diálogo entre arquivos pessoais e ego-documentos no tempo presente. Desse modo, esta obra vem a público em momento muito oportuno, marcado pelo crescimento das pesquisas entorno dos arquivos pessoais no campo da pesquisa em História da Educação e sendo desenvolvida, estimulada e ampliada, principalmente, por autores(as) e organizadoras que integram este livro.

E, sem deixar de lembrar novamente das palavras que compõem partes do poema de Manoel de Barros, com as quais iniciei este prefácio, sigo para a sua finalização, deixando transparecer meu encantamento com a leitura que as páginas deste livro me geraram. Livro que certamente encantará outros(as) leitores(as) e servirá de inspiração para outros estudos em História da Educação, especialmente, para aqueles(as) pesquisadores(as) que se dedicam às investigações sobre os arquivos pessoais e tomam os ego-documentos como fontes.

Enfim, convido a todos(as) à leitura desta obra, sem medida encantadora, pela sua escrita, por sua temática, pelos seus objetos de estudo, pelas fontes mobilizadas, pelo rigor teórico e metodológico, entre outros aspectos, que se tornam até mesmo difícil de precisar dada a sua relevância para o cenário das pesquisas em História da Educação do tempo presente.

Alessandra Cristina Furtado
Universidade Federal da Grande Dourados (UFGD)
Dourados, MS, 20 de março de 2024.

REFERÊNCIAS

ARTIÈRES, Philippe. Arquivar a própria vida. Tradução de Dora Rocha. Fundação Getúlio Vargas (CPDOC). *Estudos Históricos*, n. 21, p. 9-34, 1998. Disponível em: https://periodicos.fgv.br/reh/article/view/2061/1200. Acesso em: 10 fev. 2023

BARROS, Manoel de. *Memórias Inventadas:* A Segunda Infância. São Paulo: Planeta, 2006.

CUNHA, Maria Teresa Santos. O arquivo pessoal do professor catarinense Elpídio Barbosa (1909-1966): do traçado manual ao registro digital. *Revista de História da Educação*. Porto Alegre v. 21 n. 51 jan./abr., 2017. p. 187-206. Disponível em: https://seer.ufrgs.br/index.php/asphe/article/view/66723. Acesso em: 15 fev. 2024.

FARGE, Arlette. *O sabor do arquivo*. São Paulo: Edusp, 2009.

SUMÁRIO

INTRODUÇÃO.. 11

1

OS PAPAGAIOS DE PARETS:
REFLEXÕES SOBRE UMA FONTE AUTO-BIOGRÁFICA................... 13
James S. Amelang

2

"PEQUENAS SANTAS" E SUAS VESTIMENTAS DE COMUNHÃO:
IMAGENS GUARDADAS EM ARQUIVOS PESSOAIS FEMININOS 29
Maria Celi Chaves Vasconcelos

3

O TEMPO QUE FOI NO TEMPO QUE SE VIVE:
ÁLBUNS DE POESIAS E RECORDAÇÕES EM ARQUIVOS PESSOAIS DE
MULHERES (DÉCADAS DE 1950 E 1960) 47
Maria Teresa Santos Cunha & Dóris Bittencourt Almeida

4

ENTRE MINÚCIAS E MIUDEZAS, INTENSIDADES DE UMA VIDA
DEDICADA À DOCÊNCIA: ALICE GASPERIN (1906 – 2002) 63
Terciane Ângela Luchese

5

ENTRE LISTAS, LETRAS E FLORES:
OS FIOS DA MEMÓRIA NO LIVRO GUARDADO (1920-1950).............. 85
Alice Rigoni Jacques

6

CARTAS SOBRE A SALA DE AULA
E A CIRCULAÇÃO DOS AFETOS EM CLASSE 103
André Luiz Paulilo & Claudiana dos Reis de Sousa Morais

7

ENSAIOS DO EU: AS ESCRITAS AUTOBIOGRÁFICAS NOS PROCESSOS SELETIVOS DE RESIDENTES DA CASA DO ESTUDANTE UNIVERSITÁRIO APARÍCIO CORA DE ALMEIDA - CEUACA (PORTO ALEGRE/RS, 1987-2009) 123
Marcos Luiz Hinterholz & Tatiane de Freitas Ermel

8

QUERIDA AFILHADA, QUERIDO AFILHADO
AS LEMBRANÇAS DE BATISMO ENTRE OS POMERANOS DO SUL DO BRASIL (1950 - 1980) 145
Vania Grim Thies

9

REVELAÇÕES DE ESCRITAS ORDINÁRIAS NO ARQUIVO PESSOAL DE BEATRIZ GÓIS DANTAS (1956-2016) 161
Marluce de Souza Lopes & Joaquim Tavares da Conceição

10

ARQUIVO PESSOAL NATO-DIGITAL:
O CASO DO ACERVO DE RODRIGO DE SOUZA LEÃO NA FUNDAÇÃO CASA DE RUI BARBOSA (RJ) 173
Nádia Maria Weber Santos

11

DESEJO A TI:
DEDICATÓRIAS EM CADERNOS DE RECORDAÇÕES DE UM INTERNATO LUTERANO PARA MULHERES (SÉC. XIX) 187
Luciane Sgarbi S. Grazziotin & Estela Denise Schütz Brito

12

AS CIENTISTAS SOCIAIS BRASILEIRAS E SEUS ARQUIVOS 201
Carolina Gonçalves Alves

SOBRE OS AUTORES 217

INTRODUÇÃO

Em 2018, pesquisadoras de diferentes universidades e instituições de pesquisa brasileiras que têm como interesse de investigação o inventário, a preservação e os estudos dos/nos arquivos, se constituíram como um grupo de pesquisa intitulado "Arquivos, Arquivos Pessoais, Patrimônio e Educação", cuja sigla é Garpe.

O grupo tem por objetivo o maior desenvolvimento de pesquisas que tematizem e problematizem arquivos, considerando cada um deles, em que pesem suas especificidades, testemunhos de práticas culturais, significativos para a pesquisa histórica. Busca promover reflexões a respeito dessas questões nos domínios da História em interfaces com o campo da História da Educação, especialmente aquelas referentes ao gênero biográfico, às práticas de arquivamento do eu e às escritas de si. As pesquisas, como espaços de trabalho, identificam-se, igualmente, com pressupostos teóricos da História Pública, tendo como referenciais o estudo da presença dos intelectuais no espaço público; a divulgação e o gerenciamento do patrimônio educativo material e imaterial; o impacto das novas mídias sobre as estratégias de construção e publicização em várias instâncias da memória; os diálogos entre arquivos pessoais em conexão com os públicos.

Neste livro, os artigos consideram os arquivos pessoais como portadores de patrimônios educativos, tanto os que estão salvaguardados em centros de memória e museus quanto aqueles que permanecem guardados pelas famílias dos titulares, fora dos contornos institucionais com o argumento de que, quando visibilizados, contribuem para promover a ampliação do repertório historiográfico da História e da Educação, como uma produção discursiva de um determinado tempo e lugar. Valorizar essa documentação é uma forma de realizar um investimento teórico-metodológico que permita o contato com documentos/fontes menos seriais e mais qualitativas a partir de duas noções de temporalidade, quais sejam, o tempo que se foi e o tempo em que se vive.

Reunida aqui neste livro, encontra-se tanto a produção das pesquisadoras do Garpe quanto, igualmente, de colegas nacionais e internacionais que trabalham com as referências do grupo de pesquisa, envolvendo a função testemunhal dos arquivos, especialmente os pessoais, no tempo presente, colocando em cena uma variedade de ego-documentos que se constituem em uma "diversidad de las formas de expresión escrita de los sentimientos y experiencias personales" (AMELANG, 2015, p. 17) tais como diários, álbuns de recordação, cartas, lembranças de ritos religiosos (batismo e primeira comunhão), cadernetas de anotações pessoais etc. Considerados como ego-documentos, têm o potencial de contribuir para a compreensão de dinâmicas cotidianas e pessoais, por exemplo, atividades educacionais, religiosas, recreativas, beneficentes, políticas, profissionais, entre outras. Esses artefatos/objetos são guardiões de memórias pessoais e contextualizados, são problematizados como patrimônios culturais de cunho histórico-educativos por terem sido "produzidos e/ou utilizados em contextos educativos formais ou informais ao longo do tempo" (MEDA, 2013, p. 170).

Nos 12 artigos produzidos por 17 pesquisadores e pesquisadoras é possível encontrar múltiplas experiências sobre as possibilidades de pensar os arquivos pelos recursos da História e da memória, tendo a palavra escrita como ferramenta. Arquivos de mulheres, de homens, de instituições memoriais foram devassados para melhor compreender seus processos de constituição, seus documentos, em especial os ego-documentos que dão a conhecer a si, ao outro e, deles, ao mundo. Em uma pluralidade de abordagens, todos os textos colocaram em cena arquivos pessoais que portam ego-documentos e mesmo aqueles que discutem arquivos públicos foi possível articular, no presente, aqueles passados, problematizando nos vestígios guardados e preservados os sentidos do que ficou para trás.

Almejamos que um livro assim proposto suscite, mais que uma desejada adesão, uma cumplicidade, uma leitura criteriosa de leitoras e leitores que acompanhem, com curiosidade e espírito crítico, os meandros dos raciocínios desenvolvidos, abrindo espaço para fazer surgir outras perguntas. Perguntas e questões que façam emergir outros sentidos aos materiais dos arquivos em cena.

As organizadoras

REFERÊNCIAS

AMELANG, James. Apresentação do dossiê "De la autobiografia a los ego- documentos: un fórum abierto". *Revista Cultura Escrita & Sociedad*, n. 1, 2005. Gijón: Ediciones Trea.

MEDA, Juri. La conservazione del patrimonio storico-educativo: il caso italiano. *In:* MEDA, Juri; BADANELLI, Ana M. (org.). *La historia de la cultura escolar en Italia y en España*: balance y perspectivas. Itália: Macerata, 2013. p. 169-173.

OS PAPAGAIOS DE PARETS: REFLEXÕES SOBRE UMA FONTE AUTO-BIOGRÁFICA[1]

James S. Amelang

Sempre que penso que sei demais – algo que, garanto, não acontece comigo com muita frequência –, o que me traz de volta à realidade é pensar nos papagaios de Parets. Miquel Parets foi um mestre batedor de couro da Barcelona do século XVII. Os papagaios que lhe pertenciam apareceram em uma pintura de sua propriedade. Conforme o inventário de seu patrimônio, feito após sua morte em 1661, Parets possuía cerca de 17 obras de arte, quase todas dedicadas a temas religiosos tradicionais: histórias bíblicas, vidas de santos etc. No entanto, uma delas foi uma exceção à regra da piedade. Era *"um pais [paisagem] en lo hi estat pintat una florida ab dos ossells"*. O fato de que esses pássaros eram, na verdade, papagaios é fruto da minha imaginação, embora eu espere provar mais tarde que esta não é uma conjectura muito fantasiosa. Além disso, peço sua paciência para saber por que essas aves deveriam nos interessar. Também abordaremos esse assunto mais adiante.

Para ser sincero, um terceiro papagaio esteve em minha mente recentemente. Esse é o papagaio que deu título ao romance do escritor inglês Julian Barnes, *O papagaio de Flaubert*, publicado originalmente em 1984. Não sei [2]se vocês já tiveram a oportunidade de ler esse livro, que trata das dificuldades da biografia e, em particular, das dificuldades especiais que surgem na reconstrução de biografias a partir de dados autobiográficos. Como os outros livros de Barnes, esse romance é engenhoso e altamente erudito. Um pouco menos previsível é que também é deliberadamente

---

[1] Tradução autorizada de artigo originalmente publicado por James S. Amelang: "Los loros de Parets: Reflexiones sobre una fuente autobiográfica", *ESTUDIS*, Revista d' Historia Moderna.30, Valencia (Espanha). 2004. p. 7-20.

[2] Antonio Mauri traduziu-o para o espanhol como *El loro de Flaubert* (Barcelona, 1994), e Núria Ribera em catalão como *El lloro de Flaubert* (Barcelona, 1995).

experimental em termos de estilo, já que os capítulos são caracterizados por mudanças imprevisíveis de uma forma de escrever para outra. O narrador é um médico inglês que, após o suicídio da esposa, passa a viver sua obsessão pelo romancista francês Gustave Flaubert. Sua determinação em fazer isso é muito impressionante. Ele leu tudo o que Flaubert escreveu e conhece todos os detalhes possíveis sobre a vida e a obra do francês (neste e em muitos outros aspectos é difícil distinguir entre o narrador e o autor). Sua obsessão lentamente se concentra em tentar resolver qual dos diferentes papagaios mantidos embalsamados na cidade natal de Flaubert, Rouen, estava realmente na mesa de trabalho do escritor quando ele escreveu *Um Coração Simples*, uma famosa história na qual realmente aparece um papagaio. Sem estragar o final para vocês, somente direi que essa tarefa é impossível.

O romance de Barnes é apenas um de um longo listado de livros que enfatizam as dificuldades intelectuais enfrentadas por aspirantes a biógrafos, especialmente quando as fontes principais sobre a vida de outras pessoas são obras autobiográficas. Alguns desses textos são clássicos da literatura mundial, como o romance *The Aspern Papers* (1888), de Henry James, livro que eu tornaria leitura obrigatória para todos os estudantes de terceiro ciclo. Outros podem ser encontrados entre as mesmas biografias. Exemplo disso é a recente biografia escrita por Frederic Cheyette de Ermengard de Narbonne (2001), padroeira dos trovadores na Midi, no século XII, que insiste fortemente no pouco que se sabe sobre ela.

Essa questão – as relações entre autobiografia e biografia – é precisamente o que gostaria de discutir com vocês hoje. Essas relações ocuparam o núcleo temático de um livro que publiquei recentemente, *O voo de Ícaro* (2003), e peço a sua indulgência em focar neste trabalho durante esta conversa. Talvez a maneira mais correta e menos pesada de resumir seu argumento seja reconstruir como ele foi escrito. Não tenham medo. Não tenho intenção de submetê-los à minha autobiografia intelectual, que não interessaria a ninguém aqui presente. Em vez disso, espero que, ao enumerar os vários passos (e erros) de um projeto de pesquisa, eu forneça algumas lições exemplares sobre a necessidade de um mínimo de cautela epistemológica ao usar autobiografias como fontes, bem como um ensinamento moral de humildade para mim.

O ponto de partida do meu livro foi um texto, uma crónica escrita por Miquel Parets, o mesmo que encontramos antes como dono de um quadro de dois papagaios. A existência desse documento não foi descoberta minha.

Pelo contrário, é bem conhecido de todos os historiadores da Barcelona moderna, pois é uma das fontes mais detalhadas para a reconstrução dos acontecimentos locais durante um momento particularmente dramático da história da cidade, um momento que começa com o aumento das tensões com o governo central, durante a década de 1620, e culminando na Guerra dels Segadors (1640-1652). Contudo, a versão mais conhecida pelos historiadores não é a original escrita em catalão por Parets. Pelo contrário, trata-se de uma tradução anônima para o castelhano feita no final do século XVII ou início do século XVIII, que a Real Academia de História publicou numa edição muito defeituosa no final do século XIX. [3]Voltaremos à questão da diferença entre as duas versões em um momento.

Fiquei inicialmente curioso com uma pergunta totalmente ingênua: por que um batedor de peles gasta tanto tempo e esforço escrevendo uma crônica tão longa? Apesar da minha inocência em questões literárias – uma inocência que ainda persiste –, soube desde o início que esta era uma questão que, tal como a pergunta de Barnes sobre o papagaio de Flaubert, era literalmente impossível de responder. É muito difícil dizer exatamente por que uma pessoa escreve algo. É igualmente claro que mesmo as declarações explícitas dos autores sobre os seus motivos para escrever não devem ser inteiramente acreditadas. Contudo, pareceu-me uma questão que, para usar uma expressão comum entre os antropólogos, é "boa para pensar". Meu segundo momento de inocência foi seguir meus instintos disciplinares como historiador. Disseram-me que a resposta a essa pergunta estava na biografia. Ou seja, a minha formação como historiador, e especialmente como historiador social, incutiu em mim a crença de que, ao aprender mais sobre o autor e o seu *background*, aprenderia mais sobre os seus motivos. O conhecimento do primeiro me levaria ao conhecimento do segundo. Por isso, resolvi descobrir quem era Miquel Parets.

Essa investigação se revelou bastante fácil de realizar em Barcelona por vários motivos. A primeira foi a riqueza das fontes locais, especialmente nos arquivos municipais e notariais. Tal riqueza não era apenas uma questão de número de páginas disponíveis. Também incluía o que poderia ser chamado de precisão social das fontes. Barcelona no século XVII, como muitas das cidades da Coroa de Aragão, tinha um governo municipal que

---

[3] Estes encontram-se respectivamente na Biblioteca Universitaria, Barcelona/Mss. 224 225, *De molts successos que han succeït dins Barcelona y en molts altres Ilochs de Catalunya, dignes de memòria"*, e *"De los muchos sucesos dignos de memoria que han ocurrido en Barcelona y otros lugares de Cataluña"*, ed. C. Pujol i Camps, Memorial Histórico Espanhol, vols. 20-25, 1888-93.

ainda permitia a participação significativa dos agremiados – algo que desaparecera na maior parte da Europa. Uma consequência desse arcaísmo era que quase todos os homens adultos eram referidos em documentos, tanto públicos quanto privados, não apenas pelo nome e apelido, mas também pela profissão. Isso facilita muito a sua identificação precisa, pois basta consultar as listas dos membros das corporações nos arquivos municipais ou notariais para começar a aprender mais sobre eles individualmente.

Várias referências no próprio texto de Parets também vieram em meu auxílio nesse ponto. Esse documento não corresponde exatamente a nenhum dos gêneros da época. Pelo contrário, é uma mistura de três formas de escrita diferentes, mas intimamente relacionadas. Em primeiro lugar, é uma crônica urbana, ou seja, um registo de acontecimentos fundamentais – e estritamente contemporâneos – da vida da cidade natal de Parets. Apesar da expressão ocasional do sentimento e do ponto de vista do autor, é um documento em grande parte impessoal, escrito em grande parte na terceira pessoa. Em segundo lugar, em pelo menos duas seções funciona como uma crónica familiar. Esse foi outro exemplo típico da época, que parece ter-se desenvolvido primeiro na sociedade comercial da Florença medieval tardia e daí espalhou-se para o resto da Europa mediterrânica. Assim, ao fim de cada um dos dois volumes de seu manuscrito, Parets oferece listas, em ordem temática, dos acontecimentos que valeram a pena registrar na história de sua família. Estes incluíam nascimentos e batizados, junto a outros dados sobre bens familiares. Também incluía algumas referências à sua profissão, especialmente na forma de uma curiosa lista de breves obituários – fulano era bêbado, fulano era avarento e outros assim – sobre seus companheiros batedores de pele quando morriam.

Finalmente, a certa altura, Parets transformou seu texto em um livro de memórias. Quando a peste se espalhou por Barcelona em 1651, o batedor mudou repentinamente para a primeira pessoa para contar o que aconteceu pessoalmente com ele e sua família durante a epidemia. A experiência foi devastadora, pois a sua esposa e três dos seus quatro filhos morreram num período de apenas alguns meses. Parets relatou o seu sofrimento, o deles e o da sociedade toda, em cerca de 24 páginas, com uma prosa concisa, mas extremamente expressiva. Quando terminou e a vida voltou ao "normal", voltou à mesma terceira pessoa em que escreveu o resto da crônica.

Com estes em mãos, comecei a trabalhar no magnífico arquivo notarial de Barcelona. Comecei por localizar o que presumi ser o documento pessoal mais revelador de Parets: o seu testamento. Infelizmente, nunca apareceu nem é provável que apareça, uma vez que o volume relevante daquele notário se perdeu, presumivelmente para sempre. No entanto, encontrei vários outros documentos relevantes. O mais importante foi o inventário feito após a morte do batedor em 1661 – fonte em que é mencionada a pintura dos papagaios e o testamento de seu pai de 1631. À medida que reunia mais informações, gradualmente expandia minha abordagem contextual da biografia de Parets. Criei dois "bancos de dados" – um nome um tanto pretensioso para duas caixas de sapatos cheias de fichas de arquivo.

O primeiro incluía todos os trabalhadores do setor coureiro da cidade (especialmente curtidores e marroquinos) do século XV ao início do século XVIII. A outra caixa continha o que chamei de *dramatis personae*, que eram todos os indivíduos que de uma forma ou de outra estavam em contato com Parets, como amigos, colaboradores, vizinhos, parentes, o que quer que fosse. Certamente, houve uma sobreposição significativa entre as duas pilhas. O que mais as aproximava eram as referências a indivíduos no próprio texto de Parets, referências que se revelaram decisivas para essa tarefa dolorosamente lenta de reconstrução. As seções finais, que continham a crônica de sua família, levaram-me diretamente a numerosos membros de seu grupo de parentesco, que compunham a maioria das fichas na segunda caixa de sapatos. O outro banco de dados me ajudou a contextualizar as referências aos batedores. Ao reuni-los, saí da esfera estritamente familiar de Parets, aproximando-me de seus "parceiros", vizinhos e outros envolvidos em formas mais amplas de sociabilidade.

Senti-me muito atraído por essa questão da sociabilidade e como ela poderia ser estudada (AMELANG, 1996; 2003). Isso deveu-se em parte à quantidade de pesquisas que realizei anteriormente no arquivo notarial enquanto trabalhava na minha tese sobre a elite cidadã durante o mesmo período (AMELANG, 1986). Foi também porque fiquei um tanto irritado com o que considerava a forma abstrata e imprecisa como a sociabilidade dos primeiros tempos modernos fora estudada até esse momento. Aqui, tinha a oportunidade de reconstruir detalhadamente certas relações que percebi que eram fundamentais para a sociedade moderna, mas que, em grande parte devido à imprecisão das fontes, receberam pouca atenção, por exemplo, os padrinhos. Não conseguia realizar uma "análise de rede" formal, do jeito como os sociólogos atuais o fazem. Em vez disso, improvisei algo muito mais próximo do meu nível de análise: a reconstrução de uma série de círculos de sociabilidade egocêntricos (isto é, centrados num único indivíduo), baseados em conexões nominais. Este último envolvia vasculhar um grande número de documentos seriados em busca de nomes próprios, que poderiam servir como pistas para padrões mais amplos de relações sociais. Isso estava próximo da prescrição clássica da micro-história desenvolvida por Carlo Ginzburg (1976), Carlo Poni, Giovanni Levi (1985) e outros. Embora no final o âmbito da minha própria experiência de micro-história tenha sido bastante limitado, essa nova tendência historiográfica continuou, no entanto, a servir de estímulo à minha investigação e, claro, o meu esforço foi orientado mais para o lado social do que para o cultural. Parets não era Menocchio, portanto, minha abordagem aos dados contextuais era muito mais parecida com *A herança imaterial*, de Levi, do que com *Queijo e os vermes*, de Ginzburg, embora minhas centenas de fichas não pudessem sequer começar a ser comparadas com as 32 mil de Levi.

Também vejo, retrospectivamente, que parte do meu interesse – ou, pensando em Barnes, talvez da minha obsessão? – por Parets estava enraizada no desejo de responder ao desafio de tentar escrever "uma biografia de um homem comum", para usar a expressão bem conhecida do historiador britânico Lewis Namier (1931). Seja como for, acabei reconstruindo uma biografia com duas vertentes. Eu certamente me interessei por Parets e fiz o possível para descobrir tudo o que pude sobre ele. O historiador social dentro de mim também se fez sentir e, embora nunca tenha usado a palavra, continuei a ver e a compreender Parets como um artesão urbano "típico" do início da Idade Moderna. Isso é, embora não o tenha dito em voz alta, assumia que Parets representava algo mais amplo: uma classe, uma profissão, talvez até a cultura popular, em geral.

Bem, tudo acabou como procurar uma agulha num palheiro. A tarefa de descobrir mais sobre Parets e os seus muitos ambientes, poderia nunca ter terminado se não fosse pelo fato de, claramente, não estar me aproximando de uma resposta à minha pergunta original. Uma segunda táctica era muito mais promissora neste aspecto: a de ler textos semelhantes não só da Catalunha e do resto de Espanha, mas também do resto da Europa Ocidental. Esta abordagem complementar não caiu do céu para mim. Pelo contrário, tive a sorte de a minha investigação coincidir com uma época de crescente interesse historiográfico naquilo que começava a ser chamado "autobiografia popular". Comecei a sentir-me muito atraído por alguns textos-chave, começando pelo livro de Alain Lottin (1979) sobre o diário-crônica do trabalhador têxtil de Lille, Pierre-Ignace Chavatte. Depois apareceu o famoso ensaio de Robert Darnton (1985) sobre "O Grande Massacre dos

Gatos", baseado nas memórias de Nicolas Contat, um impressor oficial da Paris do século XVIII; o livro curto, mas sugestivo, de Paul Seaver sobre o torneiro puritano londrino Nehemiah Wallington, e, sobretudo, a edição de Daniel Roche (1982), do fascinante "diário" do vidreiro parisiense Jacques-Louis Ménétra. A consulta às notas de rodapé dessas obras e depois uma pesquisa bastante cuidadosa em revistas de história local, levaram a que eu compilasse uma bibliografia de mais de 200 textos "autobiográficos" da Europa moderna, escritos por artesãos, camponeses e trabalhadores.[4]

A leitura desses textos paralelos me fez refletir sobre muitas coisas, inclusive sobre a própria prática da escrita. Comecei a conceber a escrita popular em primeira pessoa como algo feito a partir de um nicho ou posição especial. Isto é, acreditava firmemente que a origem e a formação social dos escritores condicionavam grandemente, embora, sem dúvida não determinassem inteiramente como se iniciaram no ato de escrever. Essa posição refletia a influência persistente da minha formação como historiador social, mas creio que também teve as suas raízes nos condicionamentos da história em geral, que contrastavam dramaticamente com o da importância ou mesmo da própria possibilidade de identidade e intencionalidade do autor nos estudos literários do momento.

Essa referência aos estudos literários leva-me a outra área, a das muitas dificuldades que encontrei – e dos muitos erros que cometi – durante estes longos anos de trabalho. Talvez o mais espinhoso problema esteve relacionado com a escolha do vocabulário. Houve dois termos em particular que repetidamente me causaram problemas com dois grupos de especialistas, os estudiosos da literatura e os historiadores. O primeiro termo foi "autobiografia". Decidi usar essa palavra para me referir aos textos que estava lendo, incluindo a crônica de Parets. Obviamente, essas obras não eram autobiografias no sentido tradicional de narrativas retrospectivas em prosa com foco na vida "interior" ou subjetiva do autor. Em vez disso, eram o que é mais corretamente chamado "ego-documentos".

Este é um termo útil (embora soe terrível) que abrange quase todas as formas de escrita pessoal que se referem à experiência de vida do próprio autor. Essa categoria geral inclui, é claro, não apenas autobiografias propriamente ditas, mas também memórias, diários, certos tipos de cartas, relatos de viagens, crônicas familiares, diários e autobiografias espirituais, e vários

---

[4] Informações mais detalhadas podem ser encontradas no apêndice de *The Flight of Icarus*, p. 253-350, e de forma abreviada em *El vuelo de Ícaro*, p. 257-282.

outros gêneros. Os especialistas literários, sem dúvida, tinham motivos para rejeitar essa aplicação vaga e imprecisa do termo "autobiografia". E sim, eles se opuseram a isso. Cada vez que falava do meu projeto, se houvesse alguém da literatura entre os presentes, a primeira frase que ouvia em resposta era "mas isto não são autobiografias...". Eu sempre tinha que voltar e passar pela mesma explicação. Mais curioso para mim, foi o fato de tão poucos desses oponentes estarem interessados na questão básica que me interessava: como e por que as pessoas escreviam sobre si mesmas – uma questão que parece muito simples, mas que está longe de o ser. As coisas certamente mudaram desde então, sobretudo graças ao ressurgimento do interesse nos estudos literários por questões de identidade autoral e pelo que anteriormente era conhecido como sua "intencionalidade". Porém, acreditem, esse estranho diálogo de surdos continuou por muito tempo.

O outro problema lexical surgiu do uso do termo "popular". Aqui encontrei as objeções de um grupo muito diferente, o dos meus colegas historiadores. "Popular" é um termo tão desleixado quanto "autobiografia", especialmente se você o usar da maneira como eu usei, como uma definição para um social que é simplesmente impossível de definir com qualquer precisão. Mas o maior problema não foi essa indefinição. Pelo contrário, estava relacionado com o que muitos dos meus colegas assumiram serem as características específicas da cultura popular. A questão mais problemática tinha a ver com os meios de comunicação à disposição das classes populares. A suposição era que a alfabetização era raramente encontrada entre as classes mais baixas e que se um membro das classes subalternas – um artesão, um camponês etc. – tivesse conhecimento suficiente para escrever um documento autobiográfico, então de alguma forma aquele artesão ou camponês não pertencia mais às classes populares. Pelo contrário, ele ou ela, ao absorver uma prática cultural que deveria ser monopólio das elites instruídas, já não participava mais da "cultura popular". Novamente, as coisas mudaram muito desde então. Atualmente, muita atenção está sendo dada à questão da grande variedade de papéis que a palavra escrita desempenhou na cultura popular moderna, mas, voltando àquela altura, para muitos historiadores ainda era difícil romper com o cliché que identificava a experiência cultural do "povo" com o analfabetismo – isto é, a equivalência cultural da marginalidade e da pobreza mais devastadora.

No fim, acabei recorrendo a uma metáfora para descrever o que acreditava ser o dilema sociocultural em que se encontravam muitos dos autobiógrafos artesãos. Em duas passagens do texto de Parets – ambas se referem às cerimônias reais em Barcelona – a figura de Ícaro aparecia surpreendentemente, de maneira direta e indireta. A primeira, presente na descrição das festividades de celebração da visita de Margarida da Áustria em fevereiro de 1629, diz o seguinte:

> Empresa mui grande, ó loco atrevimiento parece, el
>
> querer en breves líneas descifrar tanta magestad
>
> tanta gala, tanta grandeza y tanta hermosura como la
>
> que mi pluma pretende describir en este pero
>
> sírvame de sol, [no] como a Ícaro para el precipicio,
>
> mi buen deseo, y me dé calor para relatar, aunque en
>
> tosco idioma, la maior celebridad que ha visto
>
> Barcelona en estos siglos, con la entrada y arribo de
>
> la serenísima Doña Margarita de Austria ...[5] [6]

A segunda expressava a determinação do autor, apesar da dificuldade em encontrar o vocabulário correto, de narrar da melhor forma possível a entrada triunfal de Filipe IV em maio de 1632:

> Aunque mi destino me trujo a esfera menor, no me quitó
>
> el ánimo de elevarme a cosas superiores y a tener de
>
> ellas natural complacencia y gusto, y así llevado de
>
> esto. descriviré, aunque con tosco idioma y nada
>
> afectado, los celosos aparejos, etc ...[7]

---

[5] Memorial Histórico Espanhol, v. 20, p.49 e 81. O "não" entre colchetes reflete uma omissão crucial por parte do editor, Celestí e Camps. As duas traduções manuscritas deste texto – Biblioteca de Catalunya/Sra. 502, f. 22r., e Real Academia Espanhola/Ms 63, "Sucessos de Cataluña", f 22v. (o manuscrito no qual a versão do MHE se baseia) – contém a versão correta desta passagem.

[6] "Uma empresa muito grande, uma ousadia louca que parece, o querer em breves linhas decifrar tanta majestade tanta gala, tanta grandeza e tanta formosura quanto a que minha pena pretende descrever neste, mas sirva-me de sol, [não] como a Ícaro para o precipício, meu bom desejo, e me dei calor para contar, embora em linguagem tosca, a maior celebridade que você já viu Barcelona nestes séculos, com a entrada e chegada da mais sereníssima Dona Margarita da Áustria..."

[7] "Embora meu destino me trouxe a uma esfera inferior, não me tirou o desejo de me elevar a coisas superiores e de ter delas natural complacência e gosto, e assim levado deste, descreverei, embora com linguagem tosca e nada afetada, os zelosos aparelhos, etc..."

Isso era fantástico. Um artesão se compara a Ícaro – o que mais você poderia pedir? Não por coincidência, o século XVII foi o momento histórico em que Ícaro estava sendo reinterpretado em círculos culturais mais amplos. Em períodos anteriores, Ícaro havia sido considerado um símbolo de orgulho excessivo, punido por desobedecer ao pai, Dédalo, que após fazer suas asas de cera lhe ordenou que não voasse muito perto do sol. Agora, ele estava começando a ser celebrado de uma forma diferente e mais positiva, como uma pessoa agressiva que quebrou voluntariamente as proibições tradicionais em busca de coisas mais elevadas e ganhou glória imortal como resultado de sua ousadia. Ícaro foi, portanto, colocado precisamente na encruzilhada de uma reinterpretação decisiva do orgulho e da ambição. O que havia sido condenado na Idade Média como vício era agora celebrado pela Modernidade como virtude.

Certamente, era isso que os artesãos autobiógrafos sentiam: por um lado, o medo de entrar ilegalmente em terras que os tabus socioculturais designavam como pertencentes aos seus superiores e, em simultâneo, sentiam orgulho das suas conquistas e, sobretudo, da sua capacidade de superar a sua humilde esfera social. Mostraram-se também dispostos a defender as suas aspirações no que era muitas vezes uma trajetória clara de mobilidade social ascendente, em que o ato de escrever sobre si próprios desempenhava um papel central. E claro que fiquei desconcertado ao descobrir que a crônica original em catalão de Parets não fazia nenhuma menção a Ícaro! O próprio artesão não recorreu a essa comparação. Pelo contrário, foi o tradutor anônimo do seu texto para o espanhol que deu o passo decisivo de lhe impor essa identidade a partir do exterior – ou melhor, de impor uma identificação e não de lhe conceder uma identidade. Porém, quanto mais pensava nisso, mais me parecia que a possibilidade da existência de uma lógica "icariana" fazia sentido. O sentimento simultâneo e até paradoxal de medo de violar proibições relacionadas às expectativas sociais, mas, ao mesmo tempo, o orgulho de ter escapado às limitações culturais impostas pelas hierarquias contemporâneas, evocaram precisamente a mesma posição difícil, mas existencialmente autêntica, da qual escreviam os autobiógrafos artesãos.

No fim, tentei combinar a intensa investigação local em Barcelona, dedicada à reconstrução da biografia de um único indivíduo e do seu ambiente, com a consulta paralela de textos pertencentes a um contexto mais amplo à escala europeia. Olhando retrospectivamente, não estou convencido de que essas duas linhas se complementem muito bem. De qualquer forma, acabei estruturando o livro em torno de uma série de questões gerais e depois respondendo-as da mesma maneira: primeiro, vendo como elas poderiam ser abordadas no caso específico de Parets, e depois usando exemplos de outros lugares, para realizar algumas generalizações preliminares sobre diferentes aspectos do conjunto da obra autobiográfica popular da Idade Moderna. Esses aspectos incluíam:

– Os diferentes públicos leitores de autobiografias populares. Seguindo o que se tornaria um padrão repetido, comecei com Parets e tentei resolver o enigma da complicada história das diferentes versões manuscritas do seu texto. Depois, tentei reconstruir os círculos de leitores não só de seus textos, mas também de outros semelhantes. Estes abrangeram desde os membros da família – naturalmente os destinatários mais próximos e importantes destes textos – até campos mais amplos, menos definidos e, principalmente, menos controláveis. Este último se tornou ainda mais importante durante o século XVII, quando as autobiografias populares começaram a ser publicadas. Enquanto isso acontecia, eles se tornaram "populares" num novo sentido, no sentido de terem um público respeitável (e anônimo) graças à imprensa.

– O papel do mecenato, incluindo as pessoas mencionadas nos textos explicitamente como indutoras do "ato autobiográfico". Nesse ponto, encontrei paralelos particularmente estreitos com as autobiografias de mulheres, especialmente aquelas autobiografias espirituais (bastante numerosas, pelo menos em Espanha), que por costume começam com a afirmação de que a sua origem se deveu à ordem expressa do confessor da autora, ou seja, pelo seu superior hierárquico mais imediato e invariavelmente masculino.

– As relações entre o texto de Parets e a sua sociabilidade, problema ao qual dediquei muitíssimo tempo. A tentativa de identificar os padrões da grande variedade dos seus contatos em Barcelona levou-me a seguir diversas linhas de análise. Levou-me em particular às coincidências entre a sua esfera social e o mundo da impressão, em que encontrei algumas pistas que me ajudaram a aproximar-me da realidade normalmente "invisível" da literacia popular, tema sobre o qual ainda sabemos tão pouco.

– Os temas das obras autobiográficas populares, incluindo não só as questões e experiências que os autores artesãos enfatizaram, mas também aquelas que eles evitaram. Quanto a este último, procurei avaliar vários silêncios que me pareceram especialmente reveladores, especialmente a relutância quase universal em escrever sobre o trabalho e o que se chamaria vida interior e emocional.

– A questão dos "exemplos", no sentido de localizar algumas cadeias de citações específicas que nos permitiriam reconstruir algumas das leituras dos autobiógrafos artesãos. Entre essas leituras houve algumas que serviam, ao mesmo tempo, como possíveis modelos de escrita autobiográfica. Estes incluíam biografias, vidas de santos, ficção contemporânea (especialmente o romance picaresco), contos e diferentes formas de escrita administrativa, como o *dietiari* do governo municipal ou a crônica institucional guardada no convento em frente à casa do Parets. Acima de tudo, havia o modelo mais direto para a tarefa que esse batedor de peles se impunha: o das crônicas urbanas, que parecem ter sido mais abundantes em Espanha do que em qualquer outro país europeu durante a Idade Moderna.

– Os modos de composição, ou seja, a forma como esses textos foram compostos e como foram impressos, o tipo de ilustrações que os acompanharam e outras questões semelhantes.

– O estilo da autobiografia popular, no sentido de como o "estilo simples" e a retórica da apologia, considerada apropriada para todos os autobiógrafos, pode ter tido uma ressonância especial para os escritores populares, cuja insistência na sua "pena rude" e na incapacidade e as dúvidas do autor podem ter sido mais reais do que para escritores de níveis sociais mais elevados, com mais familiaridade com práticas culturais formalizadas.

– Por fim, terminei com um estudo dos motivos, primeiro pessoais e depois públicos, dos autobiógrafos com quem estava tratando.

Esta é a essência do livro. Bem, onde os papagaios têm algo a ver com isso?

Os papagaios são, para mim, a vida após a morte do livro. Eles evocam-me as escolhas que fiz, certas e erradas, e sobretudo os diferentes caminhos alternativos que poderia ter seguido. Eu tinha plena consciência de não ter dado uma resposta bem desenvolvida e muito menos definitiva à minha pergunta inicial: por que Parets escreveu a sua crônica? O que expus, sim, no último capítulo foi o mais recente de uma longa série de paradoxos: que Parets via a escrita "privada" como uma forma de participação no discurso "público". Ou seja, para Parets a escrita servia não apenas como meio de autovalorização, de autorização literal de si mesmo no sentido da transformação do artesão em autor, mas também como meio de participação na esfera discursiva da sua cidade. A escrita, na fase "pré-clássica" da autobiografia, era muitas vezes um ato e uma reivindicação de cidadania. E, nesse momento, o contexto urbano desempenhou um papel crucial, no sentido de que era a única esfera pública em que os artesãos podiam esperar defender o seu direito de participação. Isso, sem dúvida, cabia bem no caso do próprio Parets, cuja participação direta no governo municipal de Barcelona era fácil de documentar. Não é de se surpreender que isso também se aplicasse a muitos outros escritores artesanais que tive oportunidade de ler.

Ainda assim, não posso deixar de me perguntar se a minha ênfase nos propósitos públicos dos Parets não foi o resultado da minha incapacidade de encontrar mais informações sobre o Parets privado. O que mais me impressiona em Parets agora não é o que sei sobre ele, mas sim todas as coisas que não sei. E isso me levou a pensar sobre algumas das diferentes maneiras pelas quais eu teria escrito o livro se tivesse que começar de novo. Há duas em particular que podem valer a pena mencionar. A primeira está relacionada à apresentação. Se tivesse que começar tudo de novo, tentaria publicar dois textos no mesmo livro. Minha própria análise e argumento ocupariam o espaço normal da página. Depois tentaria inserir em margens largas, nas laterais, longas citações de muitas das autobiografias de artesãos que li e aparecem apenas esporadicamente no livro que publiquei. Isso daria aos leitores a oportunidade de ler mais dos textos que encontrara, e achei tão fascinantes.

O segundo passo que eu refaria seria discutir detalhadamente e com precisão as coisas que não sei sobre Parets e gostaria de saber. Não vou aborrecê-lo com o que essa longa lista de mistérios incluiria. É suficiente, por enquanto, dar conta do meu sentimento de satisfação quando vi no romance de Barnes (na página 35) a comparação da biografia com uma rede: ela consegue pegar alguma presa, mas geralmente deixa o pescador pensando na que fugiu.

Se eu tivesse que fazer essa segunda penitência, começaria pelos papagaios. Quer dizer, eu usaria papagaios como uma forma de me aprofundar em todos os tipos de coisas que deixei de dizer ou acabei deixando rolar na superfície. Certamente, perguntar por que Miquel Parets tinha uma pintura com papagaios é uma questão muito semelhante a perguntar por que ele escreveu uma crônica. Em ambos os casos, não há como dar uma resposta definitiva. No entanto, pode abrir um caminho ou um conjunto de caminhos que permitem explorar alguns temas muito interessantes. Estes incluiriam:

– A questão da propriedade de arte por pessoas que não pertenciam às elites. Recentemente, tem havido muita pesquisa sobre a história da coleção de obras de arte da Idade Moderna. No entanto, muito menos foi feito para reconstruir o tipo de recursos visuais disponíveis nas casas comuns da época. Perguntar como e onde Parets obteve essas pinturas levar-nos-ia a levantar uma grande variedade de questões não só em relação à participação popular em diferentes mercados de arte, mas também à questão dos temas artísticos, incluindo o famoso enigma da relativa ausência de temas seculares na pintura espanhola do Século de Ouro. Poderíamos até especular sobre a troca de objetos artísticos fora do contexto do mercado. Os papagaios eram frequentemente dados como presentes na Europa moderna. [8]Não poderia acontecer o mesmo com pinturas de papagaios?

– Os papagaios levantam também a questão da representação artística de objetos exóticos na Idade Moderna e da sua presença na vida quotidiana, em geral, e na cultura popular, em particular. No caso da Espanha, esse aspecto introduz necessariamente a questão da representação de *americana*, dado que o Novo Mundo foi a principal fonte de papagaios-reais, se não de seus retratos.

– Finalmente, existe uma vasta gama de temas iconográficos de interesse. O fato de os papagaios estarem entre as aves mais frequentemente pintadas durante o início do período moderno é o que me levou a supor que as aves na "paisagem florida" de Parets não eram andorinhas. Não só eram vistos como especialmente coloridos, mas também admirados como símbolos de imitação artística bem-sucedida. [9]Se vocês tiveram a oportunidade de assistir o recente filme *Moça com Brinco de Pérola*[10], que se passa grande parte na casa do pintor holandês Jan Vermeer, devem ter percebido que não foi por acaso que os personagens não pararam de correr diante de um papagaio empoleirado na antessala de seu estúdio.

Concluindo: os papagaios de Parets formam um fragmento único e isolado de um documento literalmente de pouca transcendência e provavelmente de pouco interesse para ninguém, exceto para mim. Tal como as razões da existência do texto autobiográfico em que trabalhei por quase 15 anos, essas aves constituem um mistério, um mistério que seguramente nunca resolverei. No entanto, menciono-os porque sinto que os seguir pode levar a diversas direções, algumas delas de interesse mais geral.

---

[8] Como no presente de um papagaio em 1539 registrado em *The Lisle Leter: An Abridgement*, ed. M. St. Clare Byrne e selecionado por B. Boland (Chicago, 1983), p. 249.

[9] Aproveito para agradecer a Javier Portús pela generosidade em partilhar comigo o seu conhecimento especializado sobre este tema.

[10] Nota do tradutor: *Girl with a Pearl Earring*, de Peter Webber.

Um caminho que já tomei foi em direção a Barnes e seu papagaio, ou melhor, ao de Flaubert. O romance de Barnes dá muito em que pensar. Penso que os historiadores seriam particularmente atraídos pela figura do narrador e por especular sobre os seus motivos mais profundos. Sem dúvida, questionamo-nos sobre a sanidade desse homem, totalmente entregue à sua obsessão por Flaubert ou, como ele disse (p. 197), à sua "devoção imprudente a um estranho morto" – o que não é uma má descrição daquilo ao que muitos de nós nos dedicamos diariamente. É claro que o narrador está absorto em uma missão que não consegue completar. Por outro lado, não está nada claro que, se ele tivesse encontrado a resposta que procurava, isso teria significado algo para qualquer outra pessoa.

Esta estranha história de autoabsorção pode ser lida como uma parábola da inutilidade da biografia e do absurdo da investigação histórica em geral. Eu me inclinaria para uma leitura mais otimista e a acolheria como um exercício que nos ensina como o conhecimento biográfico e histórico ainda mais amplo é construído a partir de fontes autobiográficas, algo que nós, historiadores, estamos cada vez mais acostumados a fazer. Tendemos a fazer isso de maneira lenta e penosa, até mesmo desajeitada. Porém, pelo mesmo motivo, é bom ter companhia ao longo do caminho.

REFERÊNCIAS

AMELANG, J. *The Flight of Icarus*: Artisan Autobiography in Early Modern Europe. Stanford, 1998. Volume 27.

AMELANG, J. *Una sociabilitat barcelonina del segle XVII*: texte i contexte d'un menestral. Pedralhbes, 16, 1996. p. 47-58.

AMELANG, J. *La sociabilitat a l'edat modern: alqunes qüestions de métode. In*: Sociabilitat i àmbit local. *Actes del VI Congrés Internacional d' História Local da Catalunya*. Barcelona, 2003. p. 41-54.

AMELANG, J. La formación de Una clase dirigente, Barcelona, 1490-1714. Barcelona: Beltrán, 1986.

AMELANG, J. *El vuelo de Ícaro*: La autobiografía popular en la Europa Moderna. Trad. P. Gil. Madri: Quindós, 2003.

BARNES, J. *Flaubert's Parrot*. Ed. Jonathan Cabo. Inglaterra, 1984.

A. LOTTIN, Chavatte. *Ouvrier Lillois*: Un Contemporain de Louis XIV. Paris, 1979.

CHEYETTE, F. L. *Ermengard de Narborne and the World of the Torubadors.* Ithaca, 2001.

DARNTON, R. *La gran matanza de los gatos y otros episodios en la historia de la cultura francesa.* México, P. Seaver, Wallington's World: A Puritan Artisan in Seventeenth Century: London/ Stanford, 1985.

EGMOND, F.; MASON, P. *The Mantmoth and the Mouse*: Microhistory and Morphology. Baltimore, 1997.

FERRER, J. *Llibre de inventaris i encans, 1649-82*: Andu *Historie de Protocols* s.p. Barcelona, 1661.(Documento de arquivo),

GINZBURG, C. *El queso y los gusanos*: el cosmos, según un molinero del siglo XVI. Trad. F. Martín. Edicones Península; Barcelona, 1981 (ed. original 1976).

JAMES, H. *The Aspern Papers.* London: The Folio Press, 1990.

LEVI, G. *La herencia inmaterial.* La historia de un exorcista piamontés del siglo XVII. Trad. J. Gómez Res. Madrid, 1990. (ed. original 1985).

MASON, P. *Infelicities*: Representations of the Exotic. Baltimore, 1998.

MÉNÉTRA, J. L. *Journal de ma Vie.* ed. D. Roche. París, 1982.

NAMIER, L. The Biography of Ordinary Men. *In*: NAMIER, L. *Skyscrapers an Other Essays.* Londres, 1931. p. 44-53.
Tradução do Professor Dr. Alejandro Nestor Lorenzetti / Brasil.

"PEQUENAS SANTAS" E SUAS VESTIMENTAS DE COMUNHÃO: IMAGENS GUARDADAS EM ARQUIVOS PESSOAIS FEMININOS

Maria Celi Chaves Vasconcelos

INTRODUÇÃO

O capítulo em pauta trata da análise de fotografias de primeira comunhão como uma presença marcante nos arquivos pessoais femininos, nos quais, comumente, a *memorabilia* dessa celebração religiosa remete a um momento congelado nas lembranças das mulheres de famílias católicas, como um "rito de passagem" entre a infância e a idade adulta.

O ato de guardar a fotografia da primeira comunhão entre os resquícios da meninice pode ser considerado, como sugere Cunha (2019, p. 171), uma maneira de conservar essa memória em "um lugar para os afetos" pessoais e familiares.

Assim, o objetivo central da pesquisa foi analisar os artefatos de recordação que as mulheres guardam dessa ocasião em seus arquivos pessoais, com ênfase nas fotografias da cerimônia, buscando no "gesto de guardar" (ALMEIDA, 2021), e na importância dada a ele, descrever a materialidade das imagens naquilo que elas podem evidenciar em relação a cenários, vestimentas e adereços que caracterizam essa efeméride.

Em um plano mais específico, evidencia-se o rito da comunhão como uma etapa da educação feminina que transitava entre a conversão sagrada e a vaidade profana, na qual cada uma das meninas e suas famílias, em especial nas escolas católicas, apresentavam à comunidade que participava da liturgia aquilo que podiam adquirir de mais representativo da imagem cristalizada das santas católicas, em relação à indumentária, esmerando-se na confecção de véus, coroas, vestidos de tecidos luxuosos, bordados e rendas, além de símbolos e signos que pretendiam expressar a sua religiosidade (VASCONCELOS; DOMINGUEZ, 2023).

O texto inicia com a narrativa sobre a pesquisa realizada, para, a seguir, as sessões apresentarem a primeira comunhão como um instante eternizado pelas fotografias na memória das meninas, quando, vestidas de santas, assim se sentiam, entre o remorso do pecado na primeira confissão e a apoteose de serem recebidas em Cristo, sensações que as acompanhariam pela vida toda.

Na mesma perspectiva, destaca-se a primeira comunhão como um momento de preparação litúrgica da igreja em relação às mulheres cristãs, sendo uma importante ocasião para as famílias demonstrarem seu compromisso com os valores morais e católicos da sociedade, além de um cenário privilegiado para a ostentação do status econômico e social de que gozavam.

2.1 UM ARQUIVO PESSOAL DE FOTOGRAFIAS DE COMUNHÃO: O ENCONTRO COM A COLEÇÃO

No que tange aos aspectos metodológicos, a pesquisa realizada tratou de uma investigação qualitativa, histórico-documental, cujas fontes foram arquivos pessoais femininos reunidos em uma única coleção. Para chegar até ela, a primeira etapa da pesquisa ocorreu a partir de uma intensa busca em antiquários e casas de *memorabilia* para a localização de acervos nos quais houvesse, sobretudo, fotografias femininas de primeira comunhão, santinhos de lembrança, participações e convites para a celebração.

Após uma ampla rede de informações relativa à temática e a possíveis interessados na guarda de material específico sobre essa cerimônia, chegou-se a uma grande coleção de retratos de primeira comunhão pertencente a um único arquivista, cuja prática da procura por essa *memorabilia* havia sido mantida por mais de 20 anos. Segundo o depoimento do colecionador, a sua intenção era de obter um extenso acervo sobre essa efeméride, o que foi sendo secundarizado ao longo do tempo por outras atividades a que teve que se dedicar. Ainda assim, seu acervo constitui-se de mais de duas mil fotografias, das quais apenas um quarto, ou seja, aproximadamente 25%, possui datação ou qualquer outra identificação.

As fotografias foram sendo coletadas e armazenadas ao longo de 20 anos a partir inicialmente de doações e, posteriormente, da busca ativa por esse material, sendo encontradas, em particular, com vendedores de sucata, ou seja, achadas em lixeiras e em depósitos de lixo e de papéis para reciclagem, em leilões e em antiquários especializados em fotografias e álbuns.

Ao se refletir sobre a maior parte ser oriunda de reservatórios de papéis coletados em depósitos de lixo ou separados para reciclagem, concluímos que as famílias podem ter descartado essas recordações durante a divisão de partilhas, quando muita coisa se perde em meio ao desfazimento das casas ou, mesmo, por não haver herdeiros interessados em guardar esse tipo de material físico, notadamente quando se tratava de lembranças oferecidas por pessoas desconhecidas para as novas gerações.

Após a localização desse acervo, selecionamos, dentre o conjunto completo que formava a coleção, as fotografias a serem usadas na pesquisa, tomando como critério eleger aquelas que possuíam duas categorias de identificação: o nome do retratado e o local do retrato. A par desse critério, distribuímos as fotografias recolhidas no acervo por décadas, resultando em um número significativo, conforme o disposto no Quadro 1:

Quadro 1 – Número de fotografias por décadas, de 1880 a 1970

Fotografias por década	Nº de Fotografias com identificação
1880 - 1890	5 fotografias
1900 - 1910	6 fotografias
1920	39 fotografias
1930	129 fotografias
1940	139 fotografias
1950	110 fotografias
1960	79 fotografias
1970	5 fotografias
Total do arquivo selecionado	512 fotografias

Fonte: elaborado pela autora

Como se observa, o período enfocado abrange um largo escopo temporal, sendo possível afirmar que a prática de encomendar uma fotografia de primeira comunhão e de conservá-la confunde sua origem com o próprio surgimento, difusão e popularização da fotografia no Brasil. Isso ocorre porque, nos arquivos pessoais femininos, a fotografia de primeira comunhão era guardada como uma das principais recordações da infância das meninas, cristalizada em uma imagem de pureza e de santidade, cuja valorização desses aspectos como qualidades indispensáveis ao feminino irá atravessar todo o século XX (DOMINGUEZ; VASCONCELOS, 2021).

No entanto, o número de fotografias disponíveis no acervo do colecionador, assim como na amostra investigada, é bastante divergente no que se refere às décadas, o que pode ter distintas justificativas. Entre elas, tomamos como plausível o fato de as famílias terem se desfeito das fotografias mais antigas ou de pessoas desconhecidas, cujos retratados ou a quem elas haviam sido oferecidas já faleceram, enquanto os familiares ainda vivos preservam suas fotografias de primeira comunhão. No entanto, isso explicaria um número bem maior de fotografias antigas do que recentes, ou seja, um quantitativo decrescente, o que não fica visível na amostra.

Todavia, também não se pode desconsiderar que a popularização da fotografia somente acontece, no Brasil, a partir dos anos de 1920[11], ao mesmo tempo que a celebração festiva da primeira comunhão toma protagonismo como rito de passagem da infância para a adolescência católica, tendo seu ápice como "imagem eternizada" nos anos de 1930 a 1950.

Cabe ressaltar também que a pesquisa remete a distintas regiões do país que, embora culturalmente diferentes e com acesso díspar a fotógrafos, apresentam as mesmas características retratadas para essa cerimônia eclesiástica.

2.2 VESTIDAS COM PUREZA E DEVOÇÃO: A PREPARAÇÃO E A REALIZAÇÃO DA CERIMÔNIA

"Queridos meninos e meninas! Preparastes-vos para a vossa Primeira Comunhão com muito empenho e muita diligência, e o vosso primeiro encontro com Jesus foi um momento de intensa comoção e de profunda felicidade". Com essa frase, em 14 de junho de 1979, o Papa João Paulo II

---

[11] Surgia, em março de 1921, a primeira fábrica de papel fotográfico da América Latina, a Fábrica Privilegiada de Papéis Fotográficos Wessel, fundada por Conrado Wessel (1891 – 1993). Embora tenha sido um desastre inicialmente e preterida pelo papel importado, no fim da década sua indústria já havia prosperado. Disponível em: https://brasilianafotografica.bn.gov.br/?p=27383

exortava as crianças a fazerem a primeira comunhão, durante a sua homilia na festividade litúrgica do Corpo de Deus, tomando como exemplo a que ele presidia. O Pontífice acrescentava: "Recordai-vos para sempre deste dia abençoado da Primeira Comunhão! Recordai-vos para sempre do vosso fervor e da vossa alegria puríssima!" (VATICANO, 1979).

No limiar dos anos de 1980, o Papa já devia ter ciência da mudança que ocorria nos hábitos da cristandade[12], fazendo empalidecer, pouco a pouco, aquela que havia sido uma das mais planejadas, elaboradas, registradas e guardadas entre as imagens de recordação da infância: a celebração da primeira comunhão.

Nessa altura, últimas décadas do século XX, as catequistas escolhidas pelos párocos para essa nobre missão, as costureiras especializadas em roupas para a ocasião, os fotógrafos com seus cenários sacros e as gráficas para a impressão dos santinhos de lembrança já tinham diversificado suas atividades outrora intensamente demandadas somente para esse fim.

Contudo, a primeira comunhão, desde a sua preparação até a sua realização, marcou as gerações de mulheres do século XX. A sofisticação, cada vez maior, exigida para a participação na cerimônia era justificada pela importância de celebrações rituais que permitiam a confraternização e a afirmação entre os seguidores de uma mesma crença. Nesse sentido, o rito da primeira comunhão congregava significativos elementos, proporcionando um júbilo para a alma, mas também um deleite para as vaidades do corpo, em meio a um espetáculo comunitário.

Com a invenção e a popularização da fotografia, além do seu preço que se tornou mais acessível já na primeira metade do século XX, esse ritual de devoção e júbilo passou a ser eternizado em imagens físicas que não mais pertenciam ao instante gravado no pensamento, mas a um papel com a cena que podia ser vista a qualquer tempo. Era como se a "imortalidade" do instante fosse alcançada. Nessa lógica, as principais fotografias, para as famílias que podiam se permitir contratar fotógrafos para fazê-las, eram, sem dúvida, o primeiro lugar na hierarquia das ocasiões solenes familiares em que as protagonistas já se prestavam a posar, as do ritual da comunhão.

---

[12] José Eustáquio Diniz Alves, doutor em demografia e professor da Ence/IBGE, em artigo publicado por EcoDebate, 05/12/2018, afirma que o primeiro censo demográfico ocorrido no Brasil, em 1872, indicava que 99,7% da população de 9,9 milhões de habitantes era católica. Os números do Censo de 1980 já assinalavam 89% de católicos e 6,6% de evangélicos. Segundo as projeções do autor, no ritmo de transição religiosa, a presença católica na população chegaria a 49,9% em 2022 e a 38,6% em 2032, enquanto a presença evangélica seria de 31,8% e 39,8% nas mesmas datas.

Em um século que já iniciou assolado por guerras e epidemias, no qual a vida parecia tão efêmera, a imagem fotográfica adquiriu tal importância que tirar e guardar uma fotografia da primeira comunhão era a garantia de manter a imagem viva de um filho ou de uma filha se estes faltassem. Frequentemente, nos túmulos das crianças falecidas após a primeira comunhão, lá estava a fotografia daquele momento com todos os adereços que demonstravam a sua aproximação com o reino dos céus. Gawryszewski (2016, p. 303) afirma que:

> A religiosidade não estava apenas na idade da inocência, pois outros rituais (além do batismo, como visto) apresentavam-se durante a vida. Um dos mais importantes era a primeira comunhão, entre os oito e doze anos. Por ser uma data solene e determinada, a contratação de um fotógrafo era mais fácil. A ausência de mais fotografias da criança falecida e/ou a importância do ritual da primeira comunhão faz com que, mesmo tendo passado anos do fato, a imagem do ato seja a escolhida pelos familiares, em especial os pais, para ornamentar o túmulo.

Por certo que para os familiares não haveria maior consolo do que a imagem da vestimenta e dos signos sagrados para a ornamentação de um monumento envolvendo fé e transcendência.

Mas as "pequenas santas" não se preparavam visando nenhum momento fúnebre, muito pelo contrário, esse era um dos poucos rituais católicos totalmente envolto em símbolos de alegria e essencialmente claros, evocando pureza e contentamento, júbilo e irmandade. Em que pese a confissão a que as crianças eram submetidas antes de poder participar da primeira eucaristia, a qual, certamente, causava alguma angústia entre um misto de vergonha, arrependimento e culpa, após cumprida a penitência, tinha-se a apoteose da festa cristã.

Todavia, o êxito e a ampliação das celebrações de comunhão transformadas em grandes rituais católicos não ocorreram como um movimento espontâneo. Diversos fatores colaboraram para que essa liturgia passasse a fazer parte da cronologia familiar, assim como das instituições às quais a criança estava ligada, como a escola. Entre os aspectos que contribuíram para essa apoteose da primeira comunhão, Orlando (2013), em um artigo dedicado ao estudo dos catecismos na História da Educação brasileira, demonstra que

> no início do século 20, o papa Pio X publicou a encíclica Acerbo Nimis (1905), pela qual se buscava combater aquilo que a autoridade romana chamava de ignorância religiosa dos católicos e estimular a expansão da catequese de forma eficaz. A insistência do papa Pio X em nutrir o povo de alimento espiritual, irradiou uma obra que conclamou catequistas voluntários para os catecismos paroquiais e professores católicos catequistas em suas salas de aula, pelo acesso que estes tinham a um número maior de crianças de forma mais contínua. Essas duas frentes de ação da catequese contribuíram para fazer proliferar, mais uma vez, a produção de manuais de catecismo, que fora desencadeada no século 19 (p. 167).

Para a autora (ORLANDO, 2013), foi a reformulação do ensino religioso, por meio da publicação de novos manuais e novos livros de catecismo em suportes material e textual mais interessantes, que concorreu como aspecto preponderante "no projeto de recristianização da sociedade brasileira", cujo propósito se iniciava na infância.

A partir da "escolarização" do cristianismo, a primeira comunhão passou a fazer parte do calendário oficial das instituições, sendo entendida como programa de formação mesmo nas escolas laicas, para as quais acorria o pároco local a fim de atender as crianças matriculadas, sobretudo em meados do século XX. Assim, tão "obrigatório" quanto a escola, tornou-se obrigatórios também se preparar e participar da primeira comunhão.

2.3 "OFEREÇO-TE ESSA LEMBRANÇA": A PRIMEIRA COMUNHÃO NAS FOTOGRAFIAS FEMININAS

Em sua dissertação intitulada "Salve o dia entre todos o mais belo! Educação religiosa e fotografias de primeira comunhão na década de 1940 (Porto Alegre/RS)", Rita de Cássia Magueta (2015) realiza um estudo aprofundado sobre as fotografias de primeira comunhão, tendo como foco, especialmente, o período que também localizamos como aquele do qual há mais registros fotográficos dessa cerimônia. A autora, em sua pesquisa sobre essas fotografias, tece análises que abrangem múltiplos aspectos envolvendo o contexto, as circunstâncias e a própria realização desses retratos.

Em nossa pesquisa, para a análise sobre a amostra descrita no Quadro 1, restringimos a verificação das fotografias à categorização de local, mobiliário, vestimenta, acessórios, destinatários e data de produção da fotografia, sem, entretanto, uma ordem rigorosa de descrição dos elementos listados.

Vale destacar que a data de produção foi o primeiro tópico de catalogação do material adquirido, uma vez que se tratava da reunião posterior de inúmeros acervos pessoais descartados e/ou vendidos para adeptos de colecionismo.

Assim, diante do imenso volume de fotografias existentes no acervo, a seleção inicial tomou como critério haver elementos de identificação naquelas escolhidas. Na sequência, a forma encontrada para organizá-las foi por décadas, como já demonstrado no Quadro 1, dispondo-as em conjuntos que vão desde o fim do século XIX, os anos de 1880, até a década de 1970, abrangendo 90 anos de imagens relativas a essa efeméride.

A primeira constatação foi relativa ao volume, pois embora se trate de um único fornecedor que coletou esse tipo de imagens ao longo de 20 anos em diversos antiquários, leilões, papeleiros e vendedores de sucata, a coleção, quando distribuída nas décadas, demonstra claramente que há uma evolução exponencial a partir do século XIX, que vai culminar nos anos de 1940 e diminuir sensivelmente nas últimas décadas dos anos de 1900.

Além disso, junto ao volume, pode-se destacar com nitidez as mudanças ocorridas no cenário e na indumentária preparada para essa ocasião, tornando-se, nos últimos anos do Novecentos, um momento semelhante a muitos outros presentes no cotidiano das famílias, como as fotografias evidenciam por meio da análise de sua materialidade.

Das últimas décadas do século XIX até o fim da década de 1920, o conjunto ornamental para a primeira comunhão, analisado por meio das fotografias, revela propriedades muito semelhantes, com as meninas parecendo um pouco mais velhas, em idades por volta dos 10 anos, estando na posição em pé ou ajoelhadas, com o gesto de segurar o missal e o terço em oração, e o retrato sendo realizado em um estúdio, com um pano de fundo que comporta elementos religiosos.

No entanto, os ambientes de estúdio são bastante diversificados nessa época, demonstrando não haver ainda um protocolo estabelecido para as fotografias, desde aquelas que contêm apenas um genuflexório até algumas cujo cenário diverge dos elementos característicos da cerimônia e, também, imagens feitas ao ar livre.

No que tange às vestimentas, são bastante similares, caracterizadas por vestidos longos de mangas compridas, com uma camada de renda sobreposta finalizada com fitas e gregas bordadas, além de sapatos brancos com um pequeno saltinho. Na parte superior do vestido, a gola com babados é fechada por botões, cobrindo todo o pescoço, com o rosto emoldurado por um véu que acompanha o tamanho do vestido e esconde o cabelo, arrematado por uma coroa circular decorada com flores.

A primeira fotografia, apresentada, a seguir, no formato *carte de visite*[13], é datada de 1885, conforme a descrição no álbum do qual ela foi retirada. Possui apenas uma cadeira na cena e, como se pode constatar no verso, foi realizada no estúdio de J. F. Guimarães, localizado na rua dos Ourives, número 38, o qual se intitulava Fotógrafo da Casa Imperial, Cavaleiro da Imperial Ordem da Rosa, além de dizer que era premiado em diversas exposições (HEYNEMANN; RAINHO, 2017). A segunda fotografia, imediatamente ao lado, é datada de 1905 e foi realizada em Petrópolis, no estúdio Hees Irmãos, localizado na praça da Liberdade, número 8. A menina ajoelhada sobre o genuflexório tem um cenário representativo de um altar pintado ao fundo.

A terceira fotografia, datada de 1917, é originária do Rio de Janeiro e foi tirada no estúdio de Flosculo de Magalhães[14], localizado na rua do Ouvidor, para ser enviada como um cartão postal, muito em moda na época (WANDERLEY, 1922). Vale salientar o cenário, contendo uma cruz, um coração e uma âncora, no qual a menina, de joelhos, possui duas bolsas penduradas em sua vestimenta e, distinta da maioria, está com os cabelos soltos por baixo da coroa de flores.

A quarta fotografia representativa desse período é datada de 1921 e, por meio de pesquisas complementares no arquivo, parece ser oriunda de São Paulo, também como cartão postal. Ainda que semelhante às outras nos detalhes observados na vestimenta, a fotografia é externa, o que não era raro acontecer naquele período, muitas vezes pela necessidade de luz.

Chama atenção nesse primeiro grupo analisado o fato de não haver destinatários nas fotografias, como é comum nas décadas posteriores, o que pode significar que elas eram tiradas como lembrança para serem guardadas pela própria família.

---

[13] Segundo José Silva Jr. (2017, p. 8): "Esse formato, inventado em 1854, por André Adolphe-Eugéne Disderi (1819-1889), é assim nomeado pelo seu tamanho reduzido, com cerca de 9,5 x 6 cm de área de imagem que era montada sobre um cartão de cerca de 10cm x 6,5 cm. No verso do cartão, geralmente estavam impressas as logomarcas do fotógrafo ou estúdio, fornecendo assim dados e pistas essenciais para a sua identificação histórica. Oferecia um preço bastante reduzido, se comparado ao daguerreótipo, por um número de cópias que variava de 4, 8 a 12 fotos".

[14] De acordo com Wanderley (1922), Flosculo de Magalhães mudou-se de Recife, em 1904, com a família, para o Rio de Janeiro, passando a atuar nessa cidade a partir de então.

Figura 1 – Fotografias de Primeira Comunhão dos anos de 1880 a 1920

Fonte: arquivo do NHEMPE

Nos anos de 1930, ainda não havia mudanças substanciais na cerimônia de primeira comunhão, embora já se verifique uma sofisticação maior nos acessórios utilizados. Na vestimenta, as luvas passaram a ser muito usadas, além das bolsas, que também aparecem com mais frequência, provavelmente para conter os santinhos a serem distribuídos aos participantes da celebração. O cenário permanece sendo, na sua maioria, de estúdio fotográfico, com o nome destacado no retrato, ainda que já houvesse uma popularização desse serviço. A maior mudança observada no cenário dos estúdios está relacionada ao pano de fundo, mais bem elaborado e com pinturas que lembram um altar de igreja. O genuflexório mantém-se como uma peça quase sempre presente na imagem, assim como a vela, o missal e o terço, sendo incluídas as flores, em especial os lírios e as palmas.

Na primeira imagem, a seguir, datada de 1927, a aluna do Orfanato D. Ulrico, em João Pessoa, Helyette Pedrosa, oferece a Edith a fotografia de sua primeira comunhão dois anos já passados daquele acontecimento, em 1929, demonstrando o quanto esse momento permanecia como algo presente na vida das meninas por um longo tempo, sendo considerada a imagem mais importante até a vida adulta (DOMINGUEZ; VASCONCELOS, 2021).

A segunda fotografada, de Dilma do Carmo Ribeiro, que realizou sua primeira comunhão no Rio de Janeiro, em 1932, é um exemplo da indumentária "perfeita" para aquele momento, naquele tempo. O vestido, confeccionado por uma costureira especializada, tem a barra, o corpete e as mangas trabalhadas em finíssimas pregas, arrematado por um véu de renda com acabamento bordado em flores no alto da cabeça. A mão, com luvas rendadas, segura o missal, o terço e palmas brancas. No entanto, o que mais chama atenção nesse retrato é a posição da retratada, que posa para o seu fotógrafo de forma quase artística. Além disso, essa não deve ter sido a única fotografia feita por Dilma, pois estava sendo oferecida à Dona Mariazinha e família, o que sugere terem sido feitas outras fotografias e cópias para amigos e para a sua própria família.

A terceira imagem é de Lucy, realizada em 25/10/1936, em Petrópolis, no estúdio Photo Nietzsch, localizado na avenida 15 de Novembro, número 880. Na mesma linha de apresentação, com vestido e véu cuidadosamente elaborados para a ocasião, de joelhos no genuflexório, com lírios, missal e o terço na mão, ela posa para a fotografia que ofereceria aos tios Laura e Benê.

Cabe notar que a posição, a vestimenta e os adereços das três antecessoras são bastante similares aos de Nazaré, cuja fotografia é datada de 1939, já no fim da década, e realizada em Belém, no estúdio de Fidanza Pará, para oferecer à sua tia Edith. Isso demonstra que, embora se trate de um país continental, extremos geográficos do norte ao sul possuíam as mesmas características no que se refere à forma de apresentação na cerimônia de primeira comunhão.

Figura 2 – Fotografias de Primeira Comunhão dos anos de 1930

Fonte: arquivo do NHEMPE

Nos anos de 1940 a 1950, a festa da primeira comunhão chega ao seu ápice naquilo que é dado ver em termos de apresentação das protagonistas. Influenciadas pelo *glamour* das atrizes de cinema e suas exuberantes personagens, as meninas vão para a celebração sagrada vestidas de pequenas divas, conforme o gosto de suas mães, madrinhas e avós. Das mais velhas às mais jovens, a constrição do momento dá lugar a poses personificadas, compondo com a roupa e o gestual. Em pé, para que o vestido possa ser apreciado em sua totalidade, elas seguram displicentemente o missal, o terço e as flores, e eles não são mais os protagonistas, mas sim elas e a suas ornamentações. A partir de agora, os cabelos são deixados à mostra, com franja e cachos, abaixo da coroa de flores. Os fotógrafos dão lugar aos pais, ou familiares, com fotografias sendo anônimas em relação a quem as tirou. Os cenários passam a ser os locais da festa ou a própria casa. A era dos estúdios para essa finalidade está chegando ao fim.

A primeira fotografia, datada de 27/10/1940, realizada em Pelotas, é de Adalgisa Flora Zambrano de Oliveira e não é oferecida a ninguém, mas sim uma recordação para si e para a sua família, de sua bonita performance. Ao julgar pelo painel ao fundo, foi tirada em um local preparado para as fotografias durante a celebração. Além do vestido que acompanha a moda das telas de cinema, Adalgisa, assim como outras meninas da sua época, vai acrescentar um colar com um grande crucifixo ao conjunto.

Em 26/10/1947, no Rio de Janeiro, Hilda Q. da Cunha, aluna do Externato Nossa Senhora de Nazaré, também em pé, com pose calculada para mostrar os detalhes do vestido, provavelmente no local da festa, bastante semelhante ao anterior, eterniza sua imagem. Não tem o missal à sua frente, mas ao lado, combinando com sua pose. Também não oferece a sua fotografia, apenas a registra como sua lembrança da primeira comunhão.

O terceiro retrato foi realizado pelo fotógrafo "Boa Vista", anunciado na rua da Aurora, 31, em Recife, mas tirado na casa de Solange Maria, em 01/11/1955, em Olinda. A imagem, também de corpo inteiro, remete às princesas da literatura e das telas, em um vestido glamuroso encimado por um véu com uma meia coroa de flores. Ela porta o missal e coloca a sua vela ao lado, pois o importante é mostrar a perfeição do traje. Coberta por uma folha de seda e acondicionada em um papel cartão, a fotografia é oferecida aos tios Edith e Rique.

De forma muito similar à anterior, Elza Maria de Faria é a quarta retratada, em 20/06/1957, provavelmente em Minas Gerais, conforme pesquisa complementar. A fotografia possui um painel-cenário e parece ter sido feita por um profissional no local da celebração, embora as informações não estejam disponíveis. Ela também oferece a lembrança para os tios Gentil e Lourdes e veste-se e posa no estilo princesa. Chama atenção o detalhe de arremate do véu, que lembra os filmes épicos muito em voga no cinema dos anos cinquenta.

Figura 3 – Fotografias de Primeira Comunhão dos anos de 1940 e 1950

Fonte: arquivo do NHEMPE

Os anos de 1960 trazem inúmeras mudanças que vão atingir todos os setores da sociedade, incluindo a religiosidade e a forma de expressá-la. Essas transformações sociais derivadas da ciência, tecnologia, política, economia etc. acabam por impactar o microcosmo do cotidiano feminino, retratado desde a celebração da primeira comunhão.

Os babados, tafetás, cetins, fitas, rendas e bordados dão lugar a vestimentas mais sóbrias, lembrando um pouco o modelo dos próprios celebrantes, ainda que notadamente preparadas para aquela finalidade. Embora as celebrações tenham ainda fotógrafos contratados para esse fim, a maioria das fotografias é feita na igreja da celebração ou na casa das meninas, até pelos próprios familiares que já possuem câmeras. As meninas voltam a ter um olhar compenetrado no missal, e, junto com o terço, esses elementos retornam ao centro da cena.

No primeiro dia do ano de 1962, em Salvador, Lia, a menina da primeira imagem a seguir, na igreja, ajoelhada em um genuflexório, diante do altar, eternizava sua fotografia de primeira comunhão que iria oferecer à Cora, provavelmente uma amiga. No mesmo ano, em Anápolis, Goiás, Eunice Borges, também ajoelhada nas dependências da igreja, informa que tem 8 anos e oferece a lembrança daquele dia 24 de maio à sua querida titia Jamila.

A terceira fotografia foi realizada em Niterói, por um fotógrafo contratado para esse fim, que colocou seu anúncio no verso. Trata-se de uma pose, da cintura para cima, de Fátima, vestida nos moldes de suas duas antecessoras para a primeira comunhão. A menina oferece a fotografia como lembrança para as primas e o primo, o que significa que provavelmente essa não foi a única fotografia tirada naquele dia.

Figura 4 – Fotografias de Primeira Comunhão dos anos de 1960 e 1970

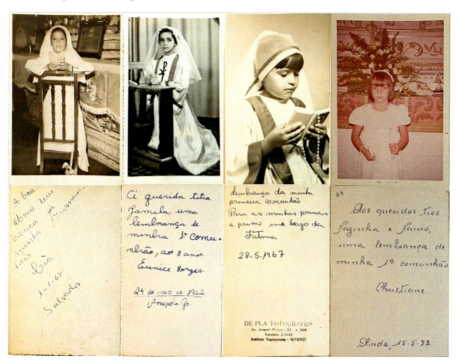

Fonte: arquivo do NHEMPE

A última fotografia do bloco anterior é datada de 1977. Nessa época, as fotografias já são coloridas e feitas corriqueiramente por quem possui máquina fotográfica, como parece ser o caso do retrato de Christiane, cujo papel de impressão possuía as marcas típicas dos usados na revelação de fotografias a partir de filmes. A menina, que fez a primeira comunhão em Olinda, no dia 15 de maio, posa em frente ao altar da igreja, em pé, de forma natural, com um vestido branco adequado ao clima, de mangas curtas, com uma tiara na cabeça, portando o missal, o terço e a vela. A imagem de Christiane, em que pese a utilização dos mesmos adereços, difere enormemente da gala de suas antecessoras.

Talvez, como Christiane, outras mulheres nascidas no limiar do século XXI desconheçam o quão foi importante nos arquivos femininos a preparação, a celebração, o registro e a preservação da fotografia da primeira comunhão.

CONSIDERAÇÕES FINAIS

Entre as imagens guardadas nas memórias femininas da infância, ocupa um lugar privilegiado aquela da primeira comunhão. Cercada de preparativos nas famílias católicas, foi se afirmando como um rito de passagem, que se intensifica a partir do século XX como ritual público e coletivo de devoção, direcionado aos escolares, com seu ápice localizado entre os anos de 1930 e 1950.

No entanto, nas últimas décadas, a partir dos anos de 1960, o ritual foi perdendo sua intensidade, em decorrência, dentre outros motivos, dos inúmeros movimentos que, ao surgir, confrontaram os princípios católicos e alguns dogmas da igreja relativos aos relacionamentos, ao casamento, às relações sexuais e aos próprios comportamentos considerados à época atinentes à feminilidade e à masculinidade, além das reformulações ocorridas na própria Igreja como o Concílio Vaticano II[15].

Ainda que a prática da luxuosa festa de meados do Novecentos tenha dado lugar a cerimônias mais simples já no fim do século XX, não havendo mais do que uma pálida lembrança da preparação e da aquisição de ampla *memorabilia* para eternizar as marcas de uma ocasião cercada de signos e ritos, esse momento continuou a ser valorizado, em especial pelas meninas que participavam dele.

Vale ressaltar que nem todas as meninas, quando essa festa tinha a religiosidade sobrepujada pelo requinte e pela demonstração de riqueza,

---

[15] O Concílio Vaticano II (CVII), XXI Concílio Ecumênico da Igreja Católica, foi convocado pelo Papa João XXIII e realizado de outubro de 1962 a dezembro de 1965 já sob o papado de Paulo VI. Os documentos originários desse Concílio tiveram profundo impacto sobre a Igreja Católica e permitiram mudanças nas relações com os fiéis.

podiam dispor dos mesmos meios para evidenciar e registrar a celebração do sacramento. Às meninas pobres, que não podiam arcar com os custos de vestidos de tafetá, cetim, de rendas e bordados, confeccionados por costureiras especializadas nesse *métier*, restava a caridade de herdar algum já usado anteriormente ou doado por uma benfeitora que a acolhesse nesse momento, ou, ainda, participar apenas nas laterais do palco principal, onde se desenrolava todo o acontecimento, a fim de que a falta de indumentária apropriada não comprometesse a cena (DOMINGUEZ; VASCONCELOS, 2021).

Ainda assim, uma das principais recordações existentes em arquivos femininos do período pesquisado, de 1880 a 1970, refere-se a esse acontecimento único, até então, na vida das mulheres: a fotografia da primeira comunhão. Esse era um momento inesquecível, registrado tanto nas memórias escritas em cadernos de lembranças, cartas, diários, mas, em especial, nas fotografias e nos santinhos comemorativos oferecidos àqueles que compareciam ou eram convidados para a cerimônia.

Com essas características, a celebração da primeira comunhão constituiu-se em um dos principais ritos sacros que, embora tenha atingido seu auge em relação aos preparativos para a ocasião na primeira metade do século XX, atravessou os anos de 1900 como reafirmação da religiosidade cristã católica após o batismo dos filhos e filhas, tornando-se um marco na vida e nas lembranças femininas.

REFERÊNCIAS

ALMEIDA, Dóris Bittencourt. *Percursos de um Arq-Vivo*: entre arquivos e experiências na pesquisa em história da educação. Porto Alegre: Editora Letra1, 2021.

CUNHA, Maria Teresa Santos Cunha. *(Des)Arquivar*. Arquivos pessoais e ego-documentos no tempo presente. São Paulo/Florianópolis: Rafael Copetti Editor, 2019.

DOMINGUEZ, Pablo Alvarez; VASCONCELOS, Maria Celi Chaves. A primeira comunhão feminina entre dois lados do oceano (Brasil e Espanha): imagens arquivadas de educação e religião. *Cadernos de História da Educação*, Uberlândia, v. 20, p. 1-22, 2021. Disponível em: https://seer.ufu.br/index.php/che/article/view/63316. Acesso em: 13 mar. 2024.

GAWRYSZEWSKI, Alberto. A representação da morte infantil em imagens cemiteriais no Brasil (séculos XIX e XX). *História: Debates e Tendências*, Passo

Fundo, v. 16, n. 2, jul./dez. 2016, p. 291-313. Disponível em: https://seer.upf.br/index.php/rhdt/article/view/6919. Acesso em: 13 mar. 2024.

HEYNEMANN, Claudia Beatriz; RAINHO, Maria do Carmo. No Arquivo Nacional, o estúdio de José Ferreira Guimarães. *Portal Brasiliana Fotográfica*, 30 nov. 2017. Disponível em: https://brasilianafotografica.bn.gov.br/?p=9996. Acesso em: 13 mar. 2024.

ORLANDO, Evelyn de Almeida. Os manuais de catecismo nas trilhas da educação: notas de história. *História da Educação*, Porto Alegre, v. 17, n. 41, p. 159-176, set./dez., 2013.

MAGUETA, Rita de Cássia de Matos. *Salve o dia entre todos o mais belo*: educação religiosa e fotografias de primeira comunhão na década de 1940 (Porto Alegre/RS). 229 f. Dissertação (Mestrado em Educação) – Faculdade de Educação, Programa de Pós-Graduação em Educação, Universidade Federal do Rio Grande do Sul, Porto Alegre, 2015.

SILVA JR., José da. O retrato da tristeza: a representação do sujeito público na carte-de-visite oitocentista na Coleção Francisco Rodrigues. *Revista Famecos*, Porto Alegre, v. 24, n. 2, maio, junho, julho e agosto de 2017. Disponível em: https://revistaseletronicas.pucrs.br/ojs/index.php/revistafamecos/article/view/25468. Acesso em: 13 mar. 2024.

VASCONCELOS, Maria Celi Chaves; DOMINGUEZ, Pablo Alvarez. Por que liam as santas de Zurbarán?. *Revista Educação em Questão*, Universidade Federal do Rio Grande do Norte, v. 61, p. 1-22, 2023. Disponível em: https://periodicos.ufrn.br/educacaoemquestao/article/view/31627. Acesso em: 13 mar. 2024.

VATICANO. Festividade Litúrgica do Corpo de Deus. *Homilia do Papa João Paulo II às crianças da primeira comunhão*. Quinta-feira, 14 de junho de 1979. Disponível em: https://www.vatican.va/content/john-paul-ii/pt/homilies/1979/documents/hf_jp-ii_hom_19790614_prima-comunione.html. Acesso em: 13 mar. 2024.

WANDERLEY, Andrea. C. T. Flosculo de Magalhães. No Dia Internacional da Fotografia, fotógrafas pioneiras no Brasil, 19 de agosto de 2022. *Portal Brasiliana Fotográfica*, 19 ago. 2022. Disponível em: https://brasilianafotografica.bn.gov.br/?tag=flosculo-de-magalhaes. Acesso em: 13 mar. 2024.

O TEMPO QUE FOI NO TEMPO QUE SE VIVE: ÁLBUNS DE POESIAS E RECORDAÇÕES EM ARQUIVOS PESSOAIS DE MULHERES (DÉCADAS DE 1950 E 1960)

Maria Teresa Santos Cunha
Dóris Bittencourt Almeida

Essas modalidades de documentos (...) são apenas sombras dos arquivos escolares oficiais que documentam nossa educação (...) possuem valor simbólico e sentimental para nós.

(Cox, Richard J, 2017, p.247)

INTRODUÇÃO: ÁLBUNS COMO ARTEFATOS PARA A EXPERIÊNCIA DE ESCREVER

Eleger, como objetos de estudo, álbuns de poesias e recordações produzidos por jovens mulheres estudantes, entre as décadas de 1950 e 1960, é reconhecer a relevância desses materiais para a compreensão de práticas de escrita e de memórias de um determinado tempo. Testemunhas sensíveis de um vaivém de ideias, eles circularam entre amigas como práticas de escolarização e forma de cultivar a amizade para preservar afetos. Alguns permaneceram guardados por suas produtoras em arquivos pessoais, outros encontram-se preservados em instituições custodiadoras. Em ambas as situações, sua preservação cria possibilidades para estudá-los e despertar tanto a força provocativa da memória feminina como a preocupação de salvá-los de um abandono definitivo, dando-lhes uma certa perenidade por meio da construção de uma história rememorada que lhes tira de um aparente mutismo.

Esses álbuns formam uma coleção que, preservada em arquivos e disponível, pode se constituir em um tipo de patrimônio que evoca "um passado sensível [...] com suas exigências de conservação, de reabilitação e mesmo de comemoração" (HARTOG, 2006, p.266). Em que pese iniciativas como a Rede de Arquivos de Mulheres (RAM/FGV)[16], ainda há certa escassez de acesso e estudos sobre arquivos pessoais de mulheres, na pesquisa historiográfica e educacional, em especial. Assim, torna-se imperativo "agir rápido antes que seja tarde demais, antes que a noite caia e que o hoje tenha desaparecido completamente" (HARTOG, 2015, p. 244). Nessa perspectiva, é fundamental atribuir valor patrimonial a esses escritos, como *objetos-relíquia*. Eles atuam como testemunhos de um tempo e trazem consigo memórias por possuírem "a marca simbólica das pessoas que os utilizaram capazes de fazer sentir saudades, cheiros, cores, sons" (RANUM, 1991, p. 213).

Em diálogo com Ricoeur (2007), os álbuns são entendidos como um testemunho de memórias preservadas nas escritas feitas por suas titulares além de serem trabalhados como patrimônio educativo e, dessa forma, são indicativos no tempo em que se vive da existência de marcas de um tempo que se foi. Esse entendimento objetiva atribuir significados, no presente, àquelas escritas. Pretende-se uma aproximação sensível daqueles passados descritos que favoreça a construção de uma História da Educação que problematize esse patrimônio educativo como uma memória, "único recurso para significar o caráter passado daquilo que queremos lembrar" [...] trabalhando "sua presença na forma de representação", como sugeriu Paul Ricoeur (2007, p. 40- 72). Ainda, segundo esse autor, trata-se uma memória captada em "rastros escritos, aqueles que o historiador encontra nos documentos de arquivos" (RICOEUR, 2007, p. 180) e que funciona como "apoio externo", ou seja, os álbuns propiciam suportes às lembranças para evitar que a " a nossa própria memória não se esvaia por falta de apoios externos" (RICOEUR, 2007, p. 131). É importante salientar que, ao sublinhar a diferença entre documento e a noção de rastro, Ricoeur coloca em questão o caráter não autoevidente do documento: "ele é procurado e encontrado, 'circunscrito', 'constituído', 'instituído' documento pelas perguntas do historiador" (2007, p. 189). E ainda, "rastro, documento, pergunta formam assim o tripé de base do conhecimento histórico" (p. 188).

---

[16] A Rede Arquivos de Mulheres (RAM) integra o Programa de Arquivos Pessoais (CPDOC/FGV/RJ) e reúne pesquisadoras/es que trabalham com arquivos, mulheres e memória, e profissionais atuantes em arquivos, bibliotecas, museus e outras instituições patrimoniais que buscam visibilizar, valorizar e refletir sobre arquivos de mulheres e seus processos de salvaguarda. (RAM – https://linktr.ee/redearquivosdemulheres).

Castillo Gomez (2012) observa o quanto vem se alargando o interesse por esses materiais como uma espécie de dívida da História da Educação, e, ao mesmo tempo, enfatiza a "inquietude por sua busca" (2012, p. 67). Nessa perspectiva, muitas vezes, localizamos esses álbuns nos arquivos pessoais, "os lugares mais interessantes para a pesquisa histórica", segundo Angela de Castro Gomes (1998, p. 127). Alinhada a esse pensamento, Heloísa Bellotto (2017) nos fala dos arquivos pessoais como um instigante caminho aberto à investigação. Para além das previsibilidades, a pesquisa nesse campo dá lugar ao inesperado, às contradições, transgressões, se afasta, portanto, da ideia de encontrar um eu coerente como puro "reflexo" de suas práticas de arquivamento. Considerando que "onde quer que vamos deixamos para trás um rastro de provas em forma de documentos" (COX, 2017, p. 185), postulamos aqui o significado desses guardados que, comumente, encontram-se aos cuidados de seus titulares ou de suas famílias, mas também podem ser doados e preservados em instituições custodiadoras,

Esses objetos autorreferenciais já mereceram um artigo em que foram nomeados de "relicários e cadernos de recordações" (GOMES, 2011), bem como já foram denominados mesmo de "álbuns de poesias e recordações", haja vista a presença das duas características (CUNHA, 2019). No âmbito da historiografia são tributários da emergência dos estudos dos e nos arquivos pessoais, em especial pelos documentos sensíveis neles presentes como diários, cartas, cadernetas de anotações, álbuns de poesias, reconhecidos por historiadoras como ego-documentos (CUNHA, 2019; CUNHA; ALMEIDA, 2021).

O termo ego-documentos foi utilizado pelo historiador holandês Jacob Presser, em 1958 (GROBE, 2015) e tem merecido destaques entre os espanhóis (AMELANG, 2005; CASTILLO GOMÉZ, 2013) que os consideram como documentos em que se expõem, a si próprio ou a um outro, sentimentos e experiências nos quais se apresenta de forma deliberada ou acidental um ego. No Brasil, os estudos dos arquivistas (BRITO; CORRADI, 2018) entendem os ego-documentos como aqueles "que expressam a personalidade, intimidade e motivações dos titulares de arquivos pessoais" (p. 98) e abrem possibilidades de "pesquisas acadêmicas (principalmente nas áreas sociais e humanas), além de ajudar no tratamento técnico dos arquivistas para disponibilização dessas fontes" (p. 125).

Frutos do exercício da escrita entre mulheres alfabetizadas e de classes abastadas, esse tipo de álbuns, por comportarem vivências, experiências pessoais e uma certa exposição do eu, podem ser considerados como ego-

-documentos. Eles se tornaram mais frequentes a partir do fim do século XIX e estiveram presentes até os anos 1970 do século XX. Sua produção está associada, principalmente, a fatores como a expansão e a circulação do papel que inaugurou o caderno como suporte de escrita para usos variados (HÈBRARD, 2000) e a escolarização que, sem se restringir ao espaço restrito da escola, inseria-se em outros contatos culturais/familiares que deram às escreventes funções de "secretárias de família [...] produtoras de álbuns e cadernos de escrita pessoal e de fotografias [...] esses herbários da lembrança" (PERROT, 1989, p. 11-13).

Valorizar essas formas de escrita e instituir-lhes o estatuto de documentos para a historiografia da educação relaciona-se à revolução documental (RICOEUR, 2007), própria das guinadas historiográficas do fim do século XX, alinhada à ascensão da memória como matriz da História. Assim, esse exercício realizado pela incursão em arquivos pessoais de mulheres abre perspectivas para a construção de uma História da Educação que aborde e reconheça o que a escrita das pessoas comuns é capaz de nos dizer acerca do passado (CUNHA, 2019).

O esforço interpretativo a esse material considera um diálogo já referenciado com a memória, a história e a pesquisa em arquivos pessoais que "dotados de historicidade revelam práticas e representações" (HEYMANN, 2012, p. 262). Ainda que a pesquisa educacional mantenha um certo silenciamento sobre o tema, problematizá-los como ego-documentos significa considerá-los em sua função testemunhal de transmissão de normas, condutas e valores, ou seja, como maneiras de representar memórias de um tempo e de delinear formas de educação experenciadas por aquelas mulheres/escreventes.

3.1 ÁLBUNS EM ARQUIVOS PESSOAIS DE MULHERES: APROXIMAÇÕES

Cinco álbuns de poesia produzidos por jovens mulheres [17], três residentes no estado do Rio Grande do Sul e duas no estado de Santa Catarina, entre as décadas de 1950 e 1960, compõem o material empírico deste artigo. Ao

---

[17] Os três álbuns produzidos por mulheres nascidas no Rio Grande do Sul foram doados pelas titulares e encontram-se salvaguardados no Centro de Memórias da Educação da Faculdade de Educação/UFRGS (Porto Alegre). Os dois álbuns produzidos por mulheres em Santa Catarina fazem parte do arquivo pessoal de Maria Teresa Santos Cunha, em Florianópolis/SC. Importante registrar que alguns desses álbuns contêm escritas desde o curso primário até o secundário

examinar todos os álbuns, suas titulares e escreventes, podemos dizer que se trata de um grupo de mulheres oriundo de camadas sociais, em alguma medida, abastadas, com boa situação econômica, residentes em áreas centrais de Porto Alegre, Novo Hamburgo e Florianópolis. Mulheres brancas, cujas famílias, dotadas de algum capital social, econômico e cultural[18], empenhavam-se em oferecer o acesso a boas escolas para as filhas. De qualquer modo, as evidências indicam que entre os protocolos de estar na escola estava, para as meninas, a importância de ter um caderno de poesias ou recordações que circularia sobretudo entre colegas, mas até entre professoras e mulheres da família.

A seguir, uma tabela que traz informações gerais sobre a materialidade examinada neste estudo:

Tabela 1 – Características gerais dos álbuns

Álbuns	Anos	Local	Nº de participantes	Profissão Exercida	Idade Atual
A	1957-1961	RS	59	Professora B	76 anos
B	1961-1964	SC	12	Professora Z	Falecida
C	1965	RS	16	Professora MH	73 anos
D	1965-1968	RS	49	Servidora Pública K	65 anos
E	1961-1969	SC	54	Professora MC	72 anos

Fonte: Memorial Faced/UFRGS e arquivo pessoal de Maria Teresa Santos Cunha

Observa-se que a maioria das titulares dos álbuns encontrava-se já no Curso Ginasial e eles são, portanto, mais robustos em termos de quantidade de mensagens. Há um alusivo aos 15 anos da titular, quando estava no quarto ano ginasial. A idade e grau das escreventes também podem ser evidenciados pelo traçado de letra firme e com poucos erros gramaticais, entre aquelas que estavam no curso ginasial. A escolha por determinados temas, palavras e imagens também indica a etapa de vida/escolarização da escrevente. Assim, as mensagens são mais representativas dos temas da juventude, algumas introspectivas.

---

[18] Por capital social entende-se a existência de redes duráveis de relações dos agentes individuais, relações essas muitas vezes institucionalizadas, vinculadas a determinados grupos, fundadas em trocas materiais e simbólicas. O capital cultural, para Bourdieu, seria, depois do capital econômico, a segunda mais importante expressão do capital, pois compreende a escolarização. Para o autor, a educação escolarizada constitui-se em um princípio de diferenciação quase tão poderoso como o capital econômico, tendo em vista que reproduz a estrutura da distribuição de capital cultural herdada da família (BOURDIEU, 2015).

E onde viviam essas moças? Em que escolas estudavam? Duas residiam em Porto Alegre, capital do RS, uma delas estudava em escola pública, o Colégio Pio XII, em uma classe experimental secundária de meninas, e a outra aluna do Colégio Americano, vinculado à Igreja Metodista, na época uma instituição exclusivamente feminina. B. residia em Novo Hamburgo, município da região metropolitana, em uma escola católica, o Colégio Santa Catarina. Em seu álbum, nota-se a constância de sobrenomes alemães, tendo em vista que é a região do estado em que chegaram os primeiros imigrantes desse grupo étnico. Dois álbuns estudados neste trabalho pertenciam a mulheres que residiam e estudavam em Florianópolis e foram produzidos quando ambas foram alunas dos Cursos Ginasial e Normal do Instituto Estadual de Educação, uma escola pública, laica e renomada no Estado de Santa Catarina, conhecida como "celeiro de formação de professoras normalistas". Esses são indicativos que nos permitem inferir que essa prática de escrita estava presente tanto nas instituições públicas como nas privadas, embora seja importante lembrar que boa parte da população ainda estava fora da escola. Esses materiais enfrentaram a passagem do tempo e emergem tanto para dar visibilidade a arquivos pessoais de mulheres como uma possibilidade de não esquecimento desse material, pois marcam lugares e vetores para a memória, considerando que exatamente por estarem esquecidos é necessário lhes consagrar lugares.

Essas práticas de escrita, de natureza ritual ou simbólica, divulgavam, em forma de poemas, provérbios, ilustrações, aconselhamentos plenos de valores e normas de comportamento que primavam pela construção e reforço de uma sensibilidade romântica permeados pela presença de religiosidades, expostos em palavras apaziguadoras. O conjunto dos álbuns em seus propósitos de civilidade (cultivar a amizade, reverenciar os afetos e copiar e oferecer poemas e dedicatórias às amigas, por exemplo) divulgava e transmitia, igualmente, uma cultura literária que reforçava afetos além de compartilhar valores como forma de educação.

Encadernados, com capa dura, em caligrafia caprichada, esses álbuns estavam destinados a receber poesias, pensamentos, pequenas ilustrações tanto em forma de colagem como em forma de desenhos. Observa-se que são cadernos distintos dos escolares, provavelmente recebidos como presentes ou adquiridos com o objetivo de serem usados para este fim: circular entre os afetos para escrita de mensagens de recordação. Em alguns, há na capa timbrada a palavra "poesias" e em outros "recordações", como protocolos indicativos do que se esperava acerca de seu conteúdo. Ainda aparecem como ilustrações das capas ramalhetes de flores, representação alusiva ao gênero feminino. Por dentro de cada álbum, veem-se folhas em papel firme, emolduradas, com pauta, com a marca da delicadeza, também remetendo a uma estereotipia atribuída ao gênero feminino. As folhas firmes são apropriadas para o uso da caneta tinteiro, uma recorrência em todos os escritos, prática escolar de outras temporalidades que produz um ornamento da escrita, exigindo concentração, disciplinamento corporal, garantia de uma cópia caprichada e zelosa, sem máculas.

Muito provavelmente, os escritos não eram feitos no ambiente escolar, os álbuns circulavam entre muitas mãos e muitos lares. Longe da escola, aquela que recebia o álbum podia ler com calma o que as demais já haviam escrito, podia escolher o que seria mais adequado para deixar registrado, optar pelas melhores palavras, decidir se acompanharia ou não um desenho, uma colagem. É possível que as escreventes fizessem rascunhos para depois passarem a limpo, evitando qualquer rasura na página recebida para perenizar uma mensagem de recordação. Entretanto, nessa coleção analisada, há dissonâncias, no álbum de B, percebe-se que nem todas as escreventes se preocuparam com o zelo ao escrever. De igual maneira, no álbum de MC de Santa Catarina, há escritas borradas e palavras riscadas com caneta tinteiro. Para quem o examina, fica uma sensação de que algumas tiveram pressa nessa tarefa, pela falta de capricho. Esses são dados importantes que permitem não generalizar a prática de escrita nesses álbuns em análise. Em meio a manifestações de amizade e carinho, havia algum espaço para agir de modo diferente, talvez fora do esperado pelo circuito de leitoras desse suporte de escrita.

Interessante observar a primeira página dos álbuns, o que nos revela? B escreve em seu caderno, "presente da madrinha", segue seu nome em negrito e acrescenta "agradeço de coração a quem me fizer uma recordação". No álbum de K, ela escreve "quem este álbum pegar, não causa admiração, a quem este álbum levar, não passa de um ladrão", há o nome dela e o desenho de árvore com flores e passarinho. O álbum de ZS foi presente de aniversário e na página inicial há uma prece em letras desenhadas onde se lê "Feliz Aniversário. Bendito seja o caminho que Deus te traçou porque todos são caminhos de amor".

Majoritariamente, as escreventes são colegas de turma da titular, o que indica as redes de sociabilidade mais próximas. Entretanto, na maioria dos cadernos, repara-se que as redes tendem a se ampliar, envolvendo colegas de outras turmas e meninas de outros espaços de convivência. No álbum de K, por ser de uma escola com forte cultura estadunidense[19], inclusive com

---

[19] Sobre o Colégio Americano, ver Almeida, 2013.

professoras de lá, consta um texto em língua espanhola, dois em inglês, um em italiano e um em francês. É possível que famílias oriundas de outros países matriculassem as filhas nessa escola, pela importância do aprendizado do inglês e referências dos Estados Unidos. No álbum de ZS, há a participação de primas, vizinhas e amigas de outras cidades que a saúdam e se identificam como tal.

Vê-se, também, a presença de outras gerações de mulheres, pelo comparecimento nos álbuns de professoras e familiares, como tias, primas, irmãs, mães, madrinhas. O álbum de MC é aberto com uma cópia da poesia intitulada "Avante", registrada como de autoria de Capareli de Oliveira e foi escrita por sua mãe que, ao fim, escreve "Carinhosamente, a Mamãe". A marca geracional é forte no conteúdo discursivo escrito para as titulares do caderno. Quase invariavelmente, a mulher adulta que se põe a escrever deixa claro o seu lugar e manifesta um tom prescritivo, moral, pedagógico nas palavras utilizadas. Seguem alguns exemplos de mensagens de mulheres adultas para as meninas:

> "Vive tua vida com retidão" (B, 16/10/1959)
>
> "O mérito está em perdoar" (B, 27/11/1960)
>
> "Procura ser sempre boazinha, delicada e atenciosa" (K, 18/04/1959)
>
> "Que possas seguir sempre avante na tua vida, em um mundo mais justo e mais humano". (B, 08/09/1957)

Nesse sentido, no álbum de B é aquele em que mais se nota a presença de mensagens de professoras, leigas e religiosas, tendo em vista que estudava em uma escola católica. A narrativa prescritiva, de cunho moral e cristã, é bastante evidenciada, eis alguns exemplos:

> "Lê de vez em quando e pratica o que te deixo escrito aqui. Faze orações todos os dias... faze ao menos um pequeno sacrifício por amor a Jesus... esforça-te para ser uma menina aplicada para entrar no lindo céu" (B, 02/05/1960)
>
> "Lembra-te muitas vezes do céu... sempre é bela nossa vida com Jesus no coração." (B, 08/06/1960)

Entretanto, nesse álbum, a narrativa religiosa não é uma prerrogativa das professoras, as meninas também se apropriavam do discurso, contemplado nas escritas, como esta: "Vamos pedir ao bom Deus que conserve nossa amizade até ficamos velhinhas, Deus nos há de ajudar nessa imensa eternidade" (B, 15/07/1960).

Outro aspecto importante a considerar são as temáticas das mensagens entre as moças da mesma geração. Observam-se alguns textos de autoria própria, entretanto, a maior parte deles sugere cópias de poesias/reflexões, embora muitas vezes sem autoria. Comparecem narrativas bucólicas, desejos de um futuro feliz, entre assuntos de interesse do universo juvenil feminino daquela temporalidade. O tema da amizade é recorrente, em meio à ideia da saudade, pois o álbum expressa, para quem escrevia e lia, um instante da vida em que escrevente e titular do caderno estavam próximas. Talvez por isso, o tema da saudade, associado à ideia do futuro, também se faz presente, sobretudo na manifestação do desejo de não ser esquecida pela amiga. No álbum temático dos de 15 anos de MH, as colegas escrevem: "[...] festa inesquecível, nunca esquecerei da tua alegria naquela noite" MH, (24/09/1965), "[...] nunca esqueça da desta amiga que te estima" (MH, 01/10/1065).

Ainda evidenciado a romantização da amizade entre mulheres, em meio à idealização da fase da vida em que se encontravam, destacamos:

> "Deixo-te esta poesia querida para que, quando mais tarde, este álbum folheares, recordes os sonhos que alimentávamos enquanto a vida nos vinha ao encontro." (B, 17/11/1961)

> "A amizade é a coisa mais estimável da vida." (MH, 16/10/1965)

> "Teu gesto de amizade fez-me escrever o que sinto" (K, 25/05/1960)

> "Terás saudades da infância e adolescência, os momentos mais felizes da tua vida." (K, 17/04/1961)

> "Espero que aproveites bastante estes anos que são os mais bonitos de nossas vidas e que mais tarde sentiremos saudades de nossas reuniões, nossas aulas, nossos cinemas e nossas brincadeiras de adolescentes." (B, 28/06/1959)

Como complemento dos textos, comparecem as ilustrações, em muitas das mensagens, também colagens de figuras. O que mais tem é o de B, das 59 mensagens escritas, 46 possuem ilustrações, talvez porque seja um álbum que acompanhou a titular por vários anos escolares, envolvendo estudantes do Curso Primário e Ginasial. Outro destaque é do álbum de MC que abrange, também, sua vida escolar do Ginasial ao Normal. Ele tem 54 mensagens das amigas e 22 ilustrações materializadas em pequenos desenhos, colagens de figuras e decalcomanias (pequenas colagens também conhecidas como cromos). Os temas preferidos são alusivos a elementos que remetem aos atributos da amizade, de louvação ao amor puro/romântico, de descrição de paisagens bucólicas da natureza, do carinho aos animais, que se expressavam com desenhos, colagens de recortes como flores, ramalhetes, corações, animais como borboleta, patinhos, coelhos, gatinhos. E ainda desenhos e colagens de cogumelos, casinha no meio rural, paisagem com montanhas e barcos, cena de aldeia em meio a neve, contrastando com paisagens tropicais, em que aparecem coqueiros, areia, até figuras de Mickey e Pato Donald, que remetem à influência estadunidense na vida cotidiana de jovens brasileiros observam-se nas colagens. Temas religiosos com figuras alusivas a santinhos, Jesus, comparecem como ilustrações que evidenciam uma estetização do cotidiano e mesmo uma expansão da infância. O uso intenso de ilustrações florais (rosas, lírios, margaridas etc.) para homenagear as jovens são um legado romântico, já que "as flores são a principal fonte de imagens dos poetas românticos brasileiros" (CÂNDIDO, 1975, p. 4).

Figura 1 – Álbuns de poesias e recordações de Z e MC/ 1961 /1969

Fonte: arquivo pessoal de Maria Teresa Santos Cunha

Figura 2 – Álbuns de poesias e recordações

Fonte: Centro de Memórias da Educação da Faculdade de Educação/UFRGS

3.2 UM OLHAR PARA AS DEDICATÓRIAS

Que esta poesia seja mais uma gota

para teu oceano de recordações. (Álbum de MC/ 13/10/1965)

O lugar das dedicatórias nos álbuns estudados é sempre ao fim da escrita às amigas, que pode ser em forma de cópia de frases de um poema, de um conselho, de uma passagem bíblica, mas seu teor é sempre de homenagear, exaltar aquela amizade e expressar desejos de paz, saúde e de retardar o esquecimento daquela amizade. No álbum de MC, registra-se o "bom augúrio de sorte no amor", projetando, quem sabe, um futuro casamento que indicava, em geral, um fim canônico para aquelas jovens mulheres, ao término do Curso Normal, em 1969.

As inserções feitas pelas jovens que eram convidadas a escrever e saudar suas amigas eram finalizadas com dedicatórias e assinaturas às proprietárias em que prestavam homenagens e, ao mesmo tempo, eram depositários de lembranças das amigas chamadas a escrever. Eram, enfim, espaços de memória, expressão de saudades e refúgio para o exercício da amizade (CUNHA, 2019, p. 167). Pode-se dizer que a dedicatória portava argumentos de celebração e de valorização à amizade, ao companheirismo como forma de valorizar um repertório de afetos. Celebrava-se, por escrito, a possibilidade da lembrança eterna, o prazer da partilha, a emoção dos bons desejos futuros, sentimentos que moviam a escrita das dedicatórias. Mostravam "em palavras cordiais, na caligrafia desenhada, na cuidadosa ocupação do espaço na página em branco, quase uma ordem que aponta para o aguçamento de sensibilidades" (CUNHA, 2020, p. 12).

Salpicadas de desejos de futuro, elas evidenciavam uma rede de sociabilidades substantivadas por vários sentimentos, como saudade e alegrias, aliados à esperança de um porvir risonho e pleno de bênçãos divinas, em que se pode identificar uma moralidade paradigmática presente em todos os álbuns. Tais desejos eliminam o descontinuo e até uma possibilidade de pequenos desregramentos, o que sugere que estejam alinhados aos princípios norteadores de religiosidades (em geral, católicas) e do romantismo expresso por assinaturas precedidas de desenhos e figuras recortadas em que imperam flores, corações, anjinhos. É possível também identificar um certo misticismo apresentado no uso de imagens e linguagens metafóricas para expressar experiências de cunho espiritual, crenças inabaláveis na vida eterna, por meio de signos da fé.

> "Não sejas nuvem que oculta o sol mas, sim, rosa aberta, espalhando perfume e alegria. E o que deseja sua amiga" (Z/14/10/1961)
>
> "Abençoa as dificuldades pelas graças que elas te trazem. Sê boa e crê em Deus que tudo se arranjará". (MC/ 14/11/1969)

Um olhar para as dedicatórias permite considerar que seu teor se anuncia como recorrentes em todos os álbuns analisados. Há nelas um clima onírico permanente e bastante indicativo de uma densa carga emocional com que foram escritas e pode-se considerá-las como agentes de emoções e pensamentos, bem como uma forma de propiciar sensações tanto em quem escreve quanto em quem recebe.

CONSIDERAÇÕES FINAIS

Documentos sensíveis, salvaguardados em arquivos pessoais ou doados a instituições custodiadoras, os álbuns de poesias e recordações são objetos autorreferenciais e fontes enriquecedoras que abrem perspectivas para uma maior compreensão de pensamentos, emoções e experiências vividas pelas escreventes e cujas escritas portavam representações de um processo educacional. Seu estudo propiciou a oportunidade de alcançar uma apreensão mais abrangente da vida cotidiana e das interações sociais registradas por aquelas jovens e que apontam para uma ótica singular naquela formação educacional.

Inventariados e problematizados como ego-documentos, eles se encontram no limiar do pessoal e do escolar e como testemunhos de memórias ainda merecem ser mais explorados pela historiografia da educação. O foco deste estudo contemplou reconhecer formas rituais de prestar homenagens e celebrar os afetos na escola por meio da troca de mensagens feitas nos álbuns de poesias e recordações. Bastante associados ao mundo feminino, são emblemáticos da cultura escolar, pois escrever, desenhar, recortar e colar nesses cadernos exigia a mobilização de aprendizagens escolares, sobretudo práticas de leitura, o exercício da caligrafia, a cópia sem erros e até ilustrações e desenhos feitos com esmero. Estimulados pela escola, circularam em vários espaços desde a sala de aula, mas também eram levados para outras casas, constituindo uma rede de autores e leitores das mensagens destinadas à titular do caderno, misturando gerações. Muitos foram guardados como objetos-relíquias, memórias da infância e juventude, documentos íntimos que também se constituem em suportes da memória da escola que, no presente, estão salvaguardados como patrimônios da educação. Há que se ponderar que todos são, como aponta Ricouer, "encenações do passado" (2007, p. 76), valendo-se do forte conceito de representação trabalhado na obra. Produzidos por alunas mulheres de escolas do Rio Grande do Sul e de Santa Catarina, evidenciam homogeneidades, repetições de temáticas e abordagens, o que permite pensar em simultaneidade de práticas educacionais daquele período. São escrituras da ordem do comum, capazes de oferecer indícios de saberes e práticas escolares, da vida cotidiana da escola, em suas múltiplas manifestações. No entanto, embora permitam uma "pluralidade de matizes observáveis nas escritas escolares" (CASTILLO; GOMEZ, 2012, p. 68), são incapazes de dizer tudo e, como quaisquer outros vestígios do passado, possuem seus limites e fortalezas.

Nesse movimento de interrogação sobre culturas e práticas que têm no espaço escolar o seu cenário, os álbuns de poesias e recordações despontam como artefatos passíveis de interrogações sobre nossa condição de seres escolarizados. Tal como janelas entreabertas, deixam ver um pouco de suas autoras, dos fazeres do ensinar e do aprender, das concepções pedagógicas de uma instituição, sensibilidades, redes de sociabilidade, enfim, denotam aspectos das políticas públicas de educação, das macropolíticas de um país, de um determinado contexto histórico. Eles foram recorrentes não só em um tempo meramente cronológico como um único e simples acontecimento entre as décadas aqui trabalhadas. Continuam a atravessar múltiplos tempos com mil velocidades e com mil lentidões e, neste tempo presente, sobrevivem nos arquivos e na pesquisa, nos quais se continua o exercício do viver, do escrever e onde mais for possível aprender com poemas, dedicatórias e papéis antigos produzidos na escola ou fora dela, mas por sua inspiração.

No horizonte de pesquisa aberto por eles, encontram-se instigantes possibilidades de aproximação com a História da Educação, retirando-os das "sombras dos arquivos escolares" (COX, 2017, p. 257) rompendo certa rigidez dos compartimentos acadêmicos para considerar a construção de uma história rememorada desse passado sensível que, pela via dos discursos deixados, transmitiram emoções, sensações e vivências que ainda nos assolam. Há décadas, jovens mulheres trocaram poesias e recordações e desejaram, a suas amigas, um mundo melhor, mais justo e mais humano. Ainda hoje é o nosso sonho.

REFERÊNCIAS

ALMEIDA, Dóris Bittencourt. O Crisol: periódico das alunas do Colégio Americano (Porto Alegre/RS, 1945-1964). *Revista História da Educação*, Porto Alegre, v. 17, n. 40, p. 267-290, maio/ago., 2013.

AMELANG, James. Apresentação do dossiê "De la autobiografia a los ego-documetos; un fórum abierto. In: *Revista Cultura Escrita y Sociedad*. n.1. Gijón España Edicciones Trea, 2005.

BELLOTTO, Heloísa Liberalli. *Arquivos*: estudos e reflexões. Belo Horizonte: Editora UFMG, 2017.

BELLOTTO, Heloisa Liberalli. *Arquivos Permanentes*. Tratamento documental. 4. ed. Rio de Janeiro: FGV, 2006.

BRITO, Augusto César Luiz; CORRADI, Analaura. Egodocumentos: os documentos que expressam a personalidade, intimidade e motivações dos titulares de arquivos pessoais. *Biblos: Revista do Instituto de Ciências Humanas e da Informação*, Universidade Federal do Rio Grande do Sul, v. 32, n. 2, p. 98-129, 2018. Disponível em: https://doi.org/10.14295/biblos.v32i2.7968 Acesso em: 13 mar. 2024.

BOURDIEU, Pierre. *Escritos de Educação*. Petrópolis: Vozes, 2015.

CÂNDIDO, Antonio. *Formação da literatura brasileira/Momentos decisivos*. São Paulo: Editora da Universidade de São Paulo/Belo Horizonte: Editora Itatiaia, 1975. v. 2.

CASTILLO GOMÉZ, Antonio. *Escribir y arquivar los ego-documentos. In: Colóquio Internacional*. Madrid: Universidad de Alcalá-de-Henares, 2013. (Folder).

CASTILLO GOMÉZ, Antonio. Educação e cultura escrita: a propósito dos cadernos e escritos escolares. *Educação*, Porto Alegre, v. 35, n. 1, p. 66-72, jan./abr., 2012.

COX, Richard J. *Arquivos Pessoais*: Um novo campo profissional. Leituras, reflexões e reconsiderações. Belo Horizonte: Editora da UGMG, 2017.

CUNHA, Maria Teresa Santos. *(DES)ARQUIVAR*. Arquivos Pessoais e Ego-documentos no tempo presente. São Paulo/Florianópolis: Rafael Copetti Editor, 2019.

CUNHA, Maria Teresa Santos. "Eu te dedico": História, educação e sensibilidades nas dedicatórias de livros de um professor catarinense (1940-1980). *Revista História da Educação*, Universidade Federal do Rio Grande do Sul, 2020, v. 24. Disponível em: https://seer.ufrgs.br/asphe/article/view/97920 Acesso em: 13 mar. 2024.

CUNHA, Maria Teresa Santos; ALMEIDA, Dóris Bittencourt. Arquivos pessoais no radar do Tempo Presente. Dimensões e possibilidades nos estudos acadêmicos. In: *Cadernos de História da Educação*, v. 2, p. 1-20, 2021. Disponível em: https://doi.org/10.14393/che-v20-2021-49. Acesso em: 13 mar. 2024.

GOMES, Ângela de Casto. Nas malhas do feitiço: o historiador e o encanto dos arquivos privados. *Estudos Históricos*, 1998, p. 121-127.

GOMES, Antonia Simone Coelho. Relicários ou cadernos de recordações: suportes de memória, testemunhos de amizade. *Cadernos de História da Educação*, Universidade Federal de Uberlândia, v. 10, n. 1, p. 1-10, 2011. Disponível em https://seer.ufu.br/index.php/che/article/view/13145 Acesso em: 13 mar. 2024.

GROBE, Sibylle. Cartas e correspondência ordinária como ego-documentos na análise. linguística. *Revista Linguística*, Universidade Federal do Rio de Janeiro, v. 11, p. 22-41, 2015.

HARTOG, François. *Crer em História*. Belo Horizonte: Editora Autêntica, 2015.

HARTOG, François. Tempo e Patrimônio. *Varia História*, Belo Horizonte, v. 22, n. 36, p. 261-273, jul./dez., 2006. https://www.scielo.br/j/vh/a/qhLrpqw77Bgw-q8Gv3wbRX4x/?lang=pt&format=pdf. Acesso em: 13 mar. 2024.

HÉBRARD, Jean. Por uma bibliografia material das escrituras ordinárias: a escritura pessoal e seus suportes. *In*: MIGNOT, Ana Chrystina Venancio; BASTOS, Maria Helena Câmara; CUNHA, Maria Teresa Santos (org.). *Refúgios do Eu. Educação, história, escrita autobiográfica.* Florianópolis: Editora Mulheres, 2000. p. 29-61.

HEYMANN, Luciana Quilhet. O arquivo utópico de Darcy Ribeiro. *História, Ciências, Saúde*, Manguinhos, Rio de Janeiro, v. 19, n. 1, p. 261-282, jan./mar. 2012.

PERROT, Michelle. Práticas da memória feminina. *Revista Brasileira de História*, São Paulo, v. 9, n. 18, p. 9-18, 1989.

RICOEUR, Paul. *A memória, a história, o esquecimento.* Campinas: Editora da Unicamp, 2007.

ENTRE MINÚCIAS E MIUDEZAS, INTENSIDADES DE UMA VIDA DEDICADA À DOCÊNCIA: ALICE GASPERIN (1906 – 2002)

Terciane Ângela Luchese

4.1 PALAVRAS INICIAIS

> *"Ser mestre é ter uma grande <u>missão</u> na vida. É exercer uma carreira muito nobre, mas difícilima. É exercer um verdadeiro <u>sacerdócio</u>"* (Alice Gasperin, GAS281, AHMJSA, grifos meus).

Com as palavras registradas pela professora Alice Gasperin em uma folha partida e manuscrita, arquivada junto a outros papéis que guardam preleções pronunciadas por ela em seus muitos anos de docência, extraio essa epígrafe. Seleciono-a por acreditar que a representação da docência manifesta nessa escrita de Alice a inspirou e conduziu sua vida, como *missão* e como *sacerdócio*. Tais palavras se complementam a outras, próprias da compreensão de um tempo, de um modo de vida e da profissão docente:

> [...] professorinha brasileira, lembra-te sempre da tua responsabilidade. As mães entregam os filhos, confiando em ti. Mais do que alfabetizadora, terás que ser educadora, a formadora dos hábitos sadios nos educandos (GAS281, AHMJSA).

Ou, ainda, "Na minha longa carreira de magistério, entremeada de muitos percalços, observei que a melhor maneira de ensinar, refiro-me até o quinto ano primário, para conseguir, deve ser prático e objetivo. Dentro da vida real" (GAS281, AHMJSA). Por meio de tais excertos, situo e convido o leitor a pensar no itinerário de vida de uma professora por meio de seus papéis – guardados e arquivados.

As experiências de uma vida longa, atravessando o século XX, de uma professora, descendente de imigrantes italianos, nascida em área rural, católica e mulher, configuram um conjunto diversificado de documentos pessoais e profissionais doados e arquivados na seção Arquivos Privados do Arquivo Histórico Municipal João Spadari Adami (AHMJSA) de Caxias do Sul[20]. A Coleção Alice Gasperin (sigla GAS) reúne um conjunto bem diversificado de papéis e fotografias que narram, para além da história de sua protagonista, um significativo conjunto de pessoas que com ela se relacionaram, guarda um tempo, acontecimentos e revela, a partir das perguntas do historiador, múltiplas possibilidades investigativas. Nesse recorte que apresento, olho para um sujeito pensado numa escala micro como inspira Lepetit (1998), considerando a variação de escalas na análise histórica como fundamental, afinal, as nuances do processo histórico são percebidas por meio das minúcias de uma existência. Assim, os microfenômenos podem ser contextualizados e a vida de uma professora, para além da singularidade, revelar as muitas similaridades de um tempo, de um coletivo social, de práticas culturais. No movimento de olhar por meio da lupa, Lepetit menciona Blaise Pascal quando informa que "Uma cidade, um campo, de longe são uma cidade e um campo, mas à medida que nos aproximamos, são casas, árvores, telhas, folhas, capins, formigas, pernas de formigas, até o infinito. Tudo isso está envolto no nome campo." (LEPETIT, 1998, p. 102). Nesse jogo de escalas (REVEL, 1998), as experiências de vida de Alice Gasperin, suas memórias, suas inscrições como mulher, docente, católica e tantas outras, são tecidas e entrelaçadas à história das grandes migrações do fim do século XIX, da história da escola e da docência ao longo do século XX no Brasil, mais especificamente no Rio Grande do Sul.

O acervo que compõe a Coleção Alice Gasperin foi doado pelo Padre Olavo João Gasperin em 2003 ao AHMJSA. Classificado e organizado, trata-se de um conjunto de fontes que conta com 232 fotografias, diversas cartas, miudezas como cartões postais e lembranças, certidões, planos de aula, cadernos de chamada, registros de termos de inspeção, manuscritos dos livros publicados por Alice Gasperin, correspondências diversas em português, dialeto e italiano, cadernos de viagem, ofícios, mapas, crônicas, discursos, recortes de jornais e livros. Como refere Cunha (2019, p. 28), "Os documentos que permanecem nos acervos pessoais são aqueles que resistiram ao tempo, à censura de seus titulares e à triagem das famílias".

---

[20] O AHMJSA denomina essas coleções doadas por sujeitos ou famílias como arquivos privados em oposição ao arquivo público, composto por documentos produzidos no âmbito das instituições públicas. Para Cunha e Almeida (2021, p. 3), a partir das contribuições de Bellotto, "arquivo pessoal ainda que tenha definições amplas, envolve, principalmente, um conjunto de papeis e material, seja audiovisual ou iconográfico, acumulados por uma pessoa durante o decurso de uma vida".

Assim, em meio aos inúmeros maços de papéis, de escritos guardados, selecionei um conjunto de documentos para pensar o itinerário de vida de Alice Gasperin com o objetivo de analisar seu itinerário de vida como estudante e professora. Em meio às camadas de sentido dos documentos selecionados, muitos foram delidos. Alice Gasperin, docente desde os 13 anos, foi alfabetizada pela mãe, e tendo frequentado uma escola italiana, dedicou a vida para a docência em escolas públicas. Entre livros, correspondências, fotografias e escritos que compuseram três obras publicadas, além de entrevista, estão as memórias autobiográficas da professora Alice Gasperin, descendente de imigrantes provenientes da península itálica e estabelecidos na Sertorina, antiga Colônia Dona Isabel, hoje Bento Gonçalves. Perscrutando documentos, entre minúcias da vida como docente, o gosto pela costura, pelas leituras e viagens, por compreender o contexto da própria vida e sua ascendência[21], Alice foi mulher, estudante, professora, catequista, escritora e em meio aos papéis arquivados, algumas brechas do passado de uma vida longa são possíveis de serem narrados.

Assim como Nóvoa, penso que "é impossível separar o eu profissional do eu pessoal" (NÓVOA, 1992, p. 17), bem como as diversas inscrições que Alice Gasperin produziu em seu itinerário de vida não podem ser reduzidos a um texto, por isso aqui foram cerzidas algumas análises, privilegiando aspectos da vida pessoal e profissional, numa seleção que colocou foco no contexto pessoal e profissional, como estudante e professora, mas também como escritora.

4.2 PARTIR, CHEGAR, VIVER E EDUCAR-SE EM UMA FAMÍLIA MIGRANTE

Alice Gasperin é filha de imigrantes saídos da península itálica em meio às migrações de massa do fim do século XIX. Ela nasceu na localidade do Barracão (o nome permaneceu como referência ao barraco que abrigava os imigrantes recém-chegados), em Bento Gonçalves, aos 25 de maio de 1906. Filha de Anna Dal Acqua e Giovanni Gasperin[22], ainda pequena mudou-se

---

[21] Perrot (2007, p. 30) escreve que "muitas mulheres, no outono de suas vidas, punham suas coisas em ordem, selecionavam a correspondência, queimavam cartas de amor [...] passados que convinha calar" e no caso de Alice, a ordenação foi acompanhada da produção de escritos transformados em livros, uma "vontade de forjar uma glória como um desejo de guardar os momentos mais significativos" (CUNHA, 2019, p. 28).

[22] Conforme Certidão de Casamento, Giovanni Gasperin, italiano nascido em 1872, imigrante quando criança, filho de Giácomo e Corona Dalmont Gasperin era italiano e contava com 22 anos na data do casamento, aos 01/07/1895. A esposa, Anna, era filha de Giuseppe Dal 'Aqua e Anna Bonfardin, contava com 21 anos e também era imigrante italiana. Segundo manuscrito elaborado por Alice sobre a mãe Anna (Aneta), esta aprendeu a ler e a escrever aos 13 anos, já no Brasil, em aulas noturnas ministradas por um professor público que passou a atuar próximo da residência. Segundo Alice, a mãe lia, lia tudo o que encontrava e gostava (GAS 412, Maço 45, AHMJSA).

com a família para a Linha Sertorina, distante apenas alguns quilômetros de onde nasceu, mas pertencente ao município de Caxias do Sul.

A força de ter ascendência italiana e a condição de imigrantes marcou a existência, as memórias e o modo de vida de Alice Gasperin. A mãe de Alice, Ana (apelido Aneta), provinha de uma família em que o pai, Giuseppe e a mãe, Anna Bonfardin, imigraram já casados, com quatro filhos pequenos, sendo Ana um deles. Eles saíram da comuna La Valle Agordina, província de Belluno, região do Vêneto, norte da Itália, em 1878. O partir, o viajar, o aventurar-se por uma terra distante e desconhecida, o aprender e o reinventar-se no deslocamento e na chegada, para abrir-se a um mundo novo e diferenciado, linguística, cultural e economicamente desafiou a família, marcando as memórias das crianças[23]. Conforme Alice, era uma família que se destacava pela cultura intelectual, muito diferente da família Gasperin, do pai, que estimavam mais o trabalho braçal.

Logo após o casamento dos pais, segundo Alice, a mãe acompanhava o pai em todos os afazeres na lavoura e ainda cuidava das tarefas domésticas. O pai trabalhava também como carpinteiro[24]. Em pouco tempo, como era característico da época e daquelas famílias, nasceram os filhos, num total de 12: Jacintho, Elvira, Camillo, Aurélia, Saturnino, Azelina, Itálico, Alice, Numitore, Clemenza, Rea Sylvia e Caxias. Como escreveu Giron (2008, p. 34), "O isolamento inicial dos imigrantes, a dificuldade de comunicação, a relativa autossuficiência da propriedade e da comunidade na manutenção da família aprofundaram as raízes da família tradicional, que havia sido trazido da Itália" e, nesse caso, à mulher cabia o papel de "mãe, de doméstica, e de auxiliar geral. Aos filhos cabia a obediência e o trabalho, compatíveis com seu papel subalterno" (GIRON, 2008, p. 34).

Pela narrativa de Alice, sabe-se que o pai, Giovanni, faleceu aos 40 anos, vítima de uma pneumonia. A mãe, Aneta, ficou viúva e com 12 filhos para criar, todos menores de idade. A mãe desdobrou-se para manter a família, dedicando-se com os mais velhos na lavoura e distribuindo pequenas tarefas para todos.

---

[23] O tio de Alice Gasperin, irmão da mãe e também imigrado aos 11 anos de idade, Angelo Dal'Acqua registrou em cadernos muitas experiências vividas ao longo da existência, marcando a prática da escrita como algo característico nesse grupo familiar. Os cadernos – são mais de 40 – também estão arquivados junto ao AHMJSA e em parte traduzidos para o português na obra de Astolfi e Astolfi (2021).

[24] Alice descreve memórias de infância com relação ao pai na atividade de carpinteiro, ocasião em que construía um caixão funerário: "Nunca tinha visto papai trabalhar de carpinteiro, como fazia ao manejar a ferramenta. Para mim foi que nem férias. Fiquei longo tempo observando como ele fazia. Ora alongava o metro, ora recolhia-o e guardava-o no bolso, todo dobrado. Usava o esquadro. Media de um ponto a outro, e com um lápis vermelho, que escrevia preto, preparou várias tábuas e, uma de cada vez, apertava-as nas duas prensas [...]." (GASPERIN, 2000, p. 193).

> Na família camponesa, o trabalho era realizado por todos os membros, e o acesso à terra garantiu essa prática, sendo, enfim, a atividade coletiva responsável por assegurar não apenas a manutenção do grupo, mas também a sua reprodução social e cultural (VENDRAME, 2010, p. 77).

Aneta ensinou aos filhos e os orientou para que pudessem plantar, cuidar, colher e vender o que era possível para garantir a sobrevivência e, ainda, adquirir o pouco que era necessário, pois não produziam, a exemplo do sal e do café. Às filhas, ensinou a cuidar da casa, a cozer, os trabalhos manuais e a cozinhar. Todos trabalhavam, tinham suas tarefas e precisavam ajudar em casa ou na roça, como escreveu Alice. De outra parte, uma memória interessante é narrada:

> Logo que pode, tomou a assinatura de um jornal semanário. Na Agência Consular Italiana de Bento Gonçalves conseguiu livros de todos os adiantamentos escolares. No dia que chegava o jornal, de noite, dava-se o luxo de deixar tudo de lado e, sentada à cabeceira da mesa, lia o jornal em voz alta, explicando e comentando com os filhos. Depois, jornal e livros deixava tudo ao alcance dos mesmos, para que lessem (GAS412, AHMJSA).

As dificuldades financeiras vividas pela ausência do pai, o excesso de trabalho que adoece a mãe, as memórias da infância de Alice também contam com a presença de práticas de leitura, da leitura em família e em voz alta, protagonizada pela mãe Aneta, que também foi responsável pela alfabetização de Alice. Ao lembrar, não se revive, mas se refaz, se reconstrói, se repensa no presente as experiências do passado (BOSI, 1994). Mesmo com os limites financeiros e as perdas familiares, Alice registra a presença da leitura, dos jornais, dos livros, de uma vida marcada por práticas culturais que incluíam, por exemplo, o bilinguismo ou trilinguismo. No cotidiano, a fala dialetal, na escola aprendeu o português e na igreja, tinha contato com o latim. Considerando o ciclo de vida de Alice Gasperin, apresento uma seleção de três imagens que considero representativas e que foram possíveis de localizar em seu arquivo privado, a juventude, a idade madura e a velhice. Três fotografias, em tempos de vida distintos, registradas em momentos emblemáticos: a primeira, no estúdio de um dos mais importantes fotógrafos de Bento Gonçalves, Dall'Olmo, em 1922, aos 16 anos quando já atuava como professora; a segunda, entre 1942 e 1943, quando concluiu o curso como aluna-mestra na Escola Complementar de Caxias e a terceira, em 1996, quando Alice recebeu o título de Cidadã Caxiense.

Figura 1 – Momentos de vida de Alice Gasperin, a juventude

Fonte: De Photo Dall'Olmo (Bento Gonçalves), 1922. Fundo Alice Gasperin, AHMJSA

Figura 2 – Momentos de vida de Alice Gasperin, a formatura

Fonte: autoria não identificada. 1942/1943. Fundo Alice Gasperin, AHMJSA

Figura 3 – Momentos de vida de Alice Gasperin, na velhice como Cidadã Caxiense

Fonte: foto Roni Rigon. 1996. Fundo Alice Gasperin, AHMJSA

Pelo que se vê no conjunto das imagens da Figura 1, 2 e 3, Alice viveu quase todo o século XX, vindo a falecer em 25 de fevereiro de 2002, aos 96 anos de idade. Foi com 78 anos que Alice Gasperin escreveu e publicou relatos autobiográficos, o primeiro de três livros. Escreve na velhice, recordando a infância, a família, a escola, a história da imigração italiana e como se tornou professora da comunidade em que vivia. Assim, ao pensar em seus registros autobiográficos, na prática da escrita de Alice, empunhando sua caneta e dedicando horas, dias, anos na produção, na revisão e mesmo na publicação de seus escritos, destacando-se o uso do dialeto em parte deles, evoca o vivido. Como afirma Bosi (1994, p. 82), trata-se de uma "experiência profunda: repassada de nostalgia, revolta, resignação pelo desfiguramento de paisagens caras, pela desaparição de entes amados, é semelhante a uma obra de arte". Em sua arte narrativa, as lembranças (e certamente os esquecimentos) de Alice, escritos e descritos nas obras, tratam sobre o início de sua escolarização e muito mais.

4.3 DE UM RELICÁRIO DE LEMBRANÇAS, ALICE GASPERIN COMO ESTUDANTE A DOCENTE

Das memórias autobiográficas, Alice apresenta suas experiências escolares, e assim registrou:

> Em 1913, no começo do ano letivo, cinco meses após o falecimento do papai, comecei a frequentar a escola. Tinha apenas seis anos. Naquele tempo, talvez pelas frequentes faltas dos alunos em vista dos trabalhos da lavoura, o ensino era individual. Cada aluno tinha o seu aproveitamento de acordo com a frequência. Muito dependia também da vontade de aprender de cada um, ou do incentivo e interesse dos pais. A escola ficava perto da nossa casa, dentro do nosso terreno. Mamãe comprou-me um par de tamanquinhos. A professora era uma senhora italiana, chamada Camila Roncaronni. [...] Veio para a colônia italiana de Caxias e apresentou-se na Prefeitura Municipal como professora. Mandaram-na na Sertorina, porque lá estava vago o cargo. (GASPERIN, 1984, p. 113-116).

Quanto ao local que abrigava a escola, rememorou que "No prédio da escola da Sertorina havia também moradia para o professor. Tinha a sala de aula, um quarto, uma saleta e pelos fundos um puxado do comprimento do prédio. Ao final do puxado, um outro quartinho". E ainda complementou que "Um pouco afastada do prédio, uma pequena cozinha com a lareira de terra socada. Lecionava em língua italiana. [...] A 'maestrona' só falava italiano". As lembranças mais remotas de Alice da escola são em italiano, inclusive "Os livros todos italianos. Eu nem podia achar estranho, porque não sabia da existência de outras línguas. Sabia que éramos italianos, porque assim diziam os pais em casa". Por fim, dessa escola italiana, Alice afirma que "Frequentei só pouco tempo a escola da 'maestrona'. Não aprendi nada" (GASPERIN, 1984, p. 113-116).

Na sequência de seu relato, explicita a importância do professor, uma vez que a "maestrona" fora substituída por uma professora que falava e ensinava o português, com quem ela "realmente teria aprendido". Alice escreve sobre as dificuldades da escola, no problema da frequência, da falta/inexistência de preparo de muitos professores, o ensino em língua italiana (provavelmente o dialeto vêneto), a responsabilidade assumida por cada aluno em sua aprendizagem, o professor vivendo nas comunidades. Em suas lembranças, afirma que as "[...] crianças em algazarra iam e voltavam da escola, que ficava perto de nossa casa, praticamente dentro da nossa propriedade. Por todos os lados, movimento e alegria" (GASPERIN, 1989, p. 26). A substituição da "maestrona" foi recordada como positiva por Alice. Conforme ela, essa outra professora era "Moça bonita, distinta. Na escola falava e ensinava em português. Eu gostava muito de ir à escola. Comecei logo a aprender. Passei na frente da Azelina [irmã mais velha] e ganhei o segundo livro antes do que ela". Detalha que o "ensino era individual quanto à leitura. Ditado e contas fazíamos em conjunto. As contas ia [sic] bem, aprendi com facilidade a tabuada. Preparava à risca os meus deveres" (GASPERIN, 1984, p. 117). Recordou que a professora se chamava Epiphania Loss, e era apelidada de Fany. Alice a considerava uma professora muito boa: "Cumpridora de sua missão, embora não estivesse bem preparada. O que sabia, ensinava" (GASPERIN, 1984, p. 117).

A leve crítica de Alice, sobre o professor ensinar o que sabia ou que os professores na época sabiam, pouco parece ser uma reflexão sobre si e sua constante demonstração de insatisfação sobre o que conhecia e sabia. Segundo Alice, "Naquele tempo, era suficiente que as crianças aprendessem a ler e escrever, isto é, caligrafia e ditado, e fazer as quatro operações de números inteiros. Ela tinha boa vontade". (GASPERIN, 1984, p. 123). A base da aprendizagem era a memorização. Como afirma Alice, "Mandava--nos decorar tudo, sem explicar nada. Geografia sabíamos bem. Tínhamos a de Souza Lobo, que continha mapas do Brasil e do Rio Grande do Sul, bem como atlas dos demais continentes". Assim, mesmo sendo uma escola pequena, multisseriada, livros e mapas tinham presença. Mas a prática se repetia: "Mandava-nos decorar e também localizar tudo nos mapas". Com relação ao ensino de História, relembrou que "Usávamos uma História do Brasil com perguntas e respostas. Eu sabia mais da metade da história, tudo decorado. Sabia responder qualquer pergunta de acordo com o livro". Alice afirmou que não havia ensino de Ciências e que "Gramática, usávamos a de Clemente Pinto. Sabia substantivos, singular, plural, gêneros, adjetivos, verbos regulares e auxiliares, ser e estar e nada mais". Conforme Alice, também não eram realizadas redações, nem se escrevia frases. Ainda, "Ditado tudo certo. Eu tinha uma certa prática de escrever cartas, porque mamãe escrevia e recebia cartas de seus parentes que moravam longe. Nós as líamos também". E no caso de Matemática, afirma que tinha facilidade: "Era rápida em tabuada. Sabia fazer as contas das quatro operações com números inteiros, com as respectivas provas. Mas aprendi mais com a mamãe do que com a professora" (GASPERIN, 1984, p. 123-124).

Ao afirmar que aprendera mais com a mãe do que com a professora, Alice afirma ainda as muitas e recorrentes dificuldades enfrentadas para manter os filhos na escola. A falta de roupas foi um dos obstáculos enfrentado e narra:

> Eu gostava de ir à escola. Sentia muito, quando por alguma necessidade, tivesse que perder aula. Certo dia, já noite, mamãe disse-me que no dia seguinte não poderia ir à escola, porque o vestidinho que tinha no corpo estava sujo. A professora era exigente quanto à higiene. O vestidinho que eu usava para ir à escola, como também o vestidinho domingueiro, tinham sido lavados e não secaram. Chorei. Mas, conformei-me. [...] De manhã, ao clarear do dia, mamãe acordou-me para que levantasse logo. Apressei-me e fui na sala da cozinha. Mamãe estava costurando um vestidinho novo e chamou-me para experimentá-lo. [...] Na hora de ir para a escola, o meu vestidinho novo estava pronto, com botões e tudo. Felicíssima, não perdi aula (Gasperin, 1984, p. 72).

A mãe costurara um novo vestido ou reformara algo das irmãs um pouco mais velhas. A prática da costura pela mãe, a narrativa da cobrança da higiene e limpeza por parte da professora, vão compondo o quadro. Ainda, Alice registrou sobre a importância do trabalho agrícola, somado à ida a escola, as tarefas que ela e os irmãos assumiam diariamente, dando conta de auxiliar a mãe. Note-se ainda o apoio da família ao trabalho dos professores. Na cobrança para que as crianças realizassem também as tarefas de aula, e no castigo duplo, na escola e em casa, quando não tivessem bom comportamento. Ressalta que

> [...] nunca ia dormir sem saber as minhas lições [...] Mamãe sempre dizia que perdoava se fossemos castigados por não sabermos as lições, porque às vezes a inteligência não ajudava. Mas se fossemos castigados por distração ou mau comportamento, ela nos castigaria também (GASPERIN, 1984, p. 75).

Tendo frequentado cerca de seis anos de escola, Alice e todas as demais crianças e jovens ficaram sem poder continuar os estudos. A saída da professora Ephifania, em consequência de seu casamento, deixou a escola vaga. Segundo Alice, um grupo de pessoas da comunidade organizaram-se para reclamar em Caxias, junto à Intendência, mas a resposta obtida era a de que não havia professores disponíveis. Reunidos na comunidade, os pais decidiram que alguém entre eles poderia assumir o cargo. Sugeriram então que Alice fosse indicada. Registrou sobre o fato, como foram os testes e sua primeira nomeação como professora. Em suas palavras:

> [...] A comissão insistiu com mamãe para que disséssemos que eu tinha quinze anos, em vez de treze. Assim, o presidente da comissão, Antônio Cirelli, propôs que mamãe e eu fôssemos a Caxias. Ele nos acompanharia, porque tinha prática da cidade. Eu teria que me submeter a um exame. Embarcamos no trem em Nova Sardenha. [...] Na manhã seguinte eu e mamãe apresentamo-nos na Prefeitura Municipal. O Inspetor Escolar mandou-me fazer uma cópia. Saí-me bem porque minha letra não era das piores. Depois um ditado. Também me saí bem. Estava mais ou menos firme no ditado. Perguntou-me os nomes dos Estados e das capitais do Brasil e, também soube responder com segurança. Por fim, perguntou-me se sabia fazer as quatro operações e respondi afirmativamente. "Pode começar a trabalhar segunda-feira. Ordenado 60$000, sessenta mil réis mensais", disse-me ele. Aquela segunda-feira era o dia 19 de abril de 1920. Saímos da prefeitura [...] ao descer a escada externa mamãe olhou para mim e sorriu. [...]. Chegadas que fomos em casa, todos me admiravam. Nova assim e ser aprovada professora em Caxias. Mamãe comprou-me logo um dicionário e um secretário [livro com modelos de cartas], livros que ainda conservo, e disse-me: "Procura trabalhar bem porque serás responsável pelo bem ou pelo mal dos alunos" (GASPERIN, 1984, p. 125).

Aos 13 anos de idade, Alice foi transformada em professora. Não foram escolhas pensadas, mas necessidades e oportunidades. Ela foi aprovada numa seleção em que bastava saber o que se acreditava ser necessário ensinar. E ela registrou as angústias advindas de reconhecer quão pouco sabia para o exercício da docência. Como escreveu Perrot (1998, p. 91), "as fronteiras que limitam a vida das mulheres, atribuindo-lhes mais um destino do que uma sina, movem-se ao longo do tempo", mas no caso de Alice, a docência foi incorporada em seu itinerário de vida como missão, como sacerdócio, pois ela se manteve solteira e dedicada a investir no aprender, como ela mesma procura representar. Durante os primeiros anos, seguiu o modelo pedagógico aprendido com sua professora, Fany, mas queria aperfeiçoar-se, assim contratou e cursou aulas particulares em Bento Gonçalves, com o professor Felix Faccenda[25]. No registro dos Termos de Inspeção, na primeira ata da escola em que atuou no ano de 1920, Alice Gasperin é elogiada pela Comissão Avaliadora que aplicou os exames finais. Na Figura 2, é registrado

---

[25] Também imigrante, Felix Faccenda foi um importante professor que atuou junto ao Colégio Elementar em Bento Gonçalves. Nascido em 18/02/1877, na Áustria, imigrou e atuou como professor particular e público. Faleceu em 29 de agosto de 1958, aos 81 anos, em Bento Gonçalves.

na Ata de Exame final a escrita de Alice Gasperin, posto que redigiu a ata. Lendo-a, sabemos que Alice ministrou aula para 29 alunos, sendo alguns de seus alunos, ex-colegas e familiares, como irmãos/irmãs:

Figura 4 – Ata de exames finais, 1920, 14ª Aula pública Sertorina, Caxias

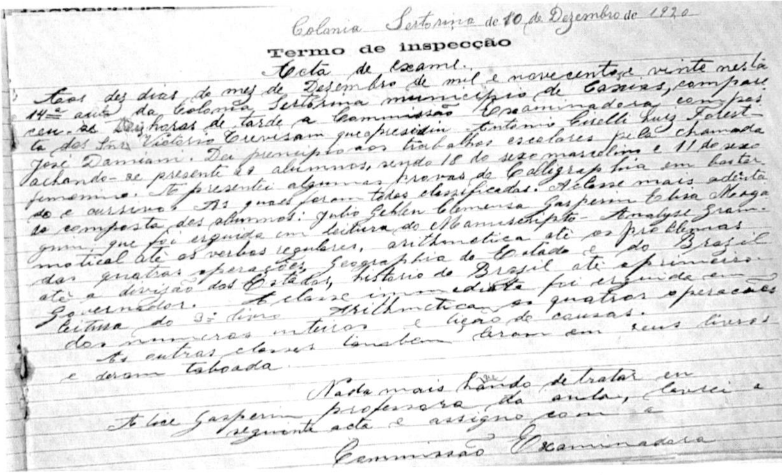
Colonia Sertorina de 10 de Dezembro de 1920

Termo de inspecção

Colônia Sertorina, 10 de dezembro de 1920. Ata de exame. Aos dez dias do mês de dezembro de mil novecentos e vinte, na 14ª Aula da Colônia Sertorina, município de Caxias, compareceu às três horas da tarde a Comissão Examinadora composta dos Srs. Victorino Trevisan, que presidiu, Antonio Cirelli, Luiz Forest e José Damiani. Dei princípios nos trabalhos escolares pela chamada achando-se presente 29 alunos, sendo 18 do sexo masculino e 11 do sexo feminino. Apresentei algumas provas de caligrafia em bastardo e cursivo. As quais foram todas classificadas. A classe mais adiantada composta dos alunos Julio Ghelen, Clemenza Gasperin, Elisa Magnanin que foi arguida em leitura do Manuscrito, análise gramaticas, até os verbos regulares, aritmética até os problemas das quatro operações, geografia do Estado e do Brasil, até a divisão dos Estados, História do Brasil até o primeiro governador. A classe imediata foi arguida e, leitura do 3º Livro, Aritmética, as quatro operações com números inteiros e lições de coisas. As outras classes também leram em seus livros e deram tabuada. Nada mais havendo de tratar, eu Alice Gasperin, professora da Aula, lavrei a seguinte ata e assino com a Comissão Examinadora. [...]

Fonte: Termo de Inspeção, GAS304, AHMJSA

Registrando os conteúdos e as disciplinas em que foram arguidos os estudantes, Alice menciona o desempenho satisfatório da turma. Sinaliza para a presença de materiais didáticos como livros, o ensino de caligrafia e de práticas de escrita que envolviam o cursivo, o bastardo (itálico), o ensino de História e Geografia, para além da Aritmética e Português. Quando Alice refere que buscou aulas particulares para que pudesse avançar e aprofundar saberes, informa que contratou o Prof. Felix Faccenda, tendo permanecido hospedada em sua casa no período de férias para que pudesse ter as aulas particulares, que foram relacionadas ao Português e Matemática. A formação foi importante e Alice arquivou, por décadas, o material produzido naquelas férias. Narrou que

> Comecei a fazer redação. Encontrei dificuldade, porque não tinha experiência alguma. Falta de prática e de leitura. Em aritmética, aprendi frações decimais, sistema métrico, com todos os problemas e frações ordinárias do livro de Souza Lobo. Quando cheguei em casa, passei a limpo todos os exercícios e todos os problemas, para não esquecer, [...] Comprei livros. [...] Em três ou quatro férias aprendi toda a matemática de Souza Lobo. Passei a limpo todos os exercícios, problemas, fórmulas. Também a Geometria, com todas as fórmulas e problemas. [...] O professor além da redação diária, mandava fazer requerimentos, comunicações, cartas familiares e comerciais. Com esses três ou quatro meses de aulas nas férias, defendi-me lecionando vinte e quatro anos na Sertorina (Gasperin, 1984, p. 126).

A escola na Sertorina entre 1920 e 1944 demandou outros esforços. Para além das aulas com o Prof. Felix Faccenda, à medida que a escolarização pública municipal avançava, cursos de aperfeiçoamento e provas eram amplicadas aos professores em exercício (LUCHESE; KREUTZ, 2010). Em 1928, iniciou um trabalho de verificação dos conhecimentos dos professores que atuavam no município de Caxias do Sul. Alice precisou, para se manter no cargo, realizar os exames, conforme seu relato:

> A Prefeitura Municipal de Caxias, dois anos seguidos, convocou os professores municipais a prestar exame, a fim de saber ou conhecer o nível técnico dos mesmos. No primeiro ano convocaram uns poucos de cada vez. O exame era feito numa pequena sala da Prefeitura. [...] Nos anos seguintes convocaram todos os professores ao mesmo tempo e no mesmo dia. [...] Éramos mais ou menos uns oitenta professores, incluídos os da cidade que trabalham no interior. [...] Em Caxias hospedamo-nos num hotel já conhecido. Havia outros professores no mesmo hotel e fizemos amizades. [...] Enquanto estávamos aguardando na escadaria da Prefeitura, chegaram

> outras colegas. Todas bem vestidas. [...] Juntamo-nos todas
> e dirigimo-nos a um casarão. [...] De manhã prestamos a
> parte escrita de português e matemática, e de tarde a parte
> oral, incluindo Geografia e História (Gasperin, 1984, p. 132).

A realização das provas e sua aprovação gerava um pequeno aumento no ganho salarial docente. E Alice menciona os conteúdos que foram exigidos nas provas. Para Português, segundo ela, foi "ditado, verbos, análise gramatical de uma frase que incluía todas as partes principais da gramática e por fim uma redação. O tema da redação era uma carta sobre o dever do Mestre". No caso de Matemática, foram exigidas as resoluções de "problemas com números inteiros, sistema métrico e frações ordinárias" (GASPERIN, 1984, p. 132-133). No caso de História e Geografia, Alice menciona que fora questionada sobre as capitanias e governadores do Brasil, Geografia, Física e Política. O resultado foi anunciado ao fim da tarde pela Comissão Examinadora. E narra uma singularidade:

> [...] a presidente da Comissão disse em voz alta: "A professora
> Alice Gasperin faça o favor de levantar-se". [...] A professora
> que me mandou levantar anunciou: "A sua prova é excelente,
> está em primeiro lugar. Tanto no ano passado como agora, a
> senhora conservou o primeiro lugar." Eu nem sabia que tinha
> tirado o primeiro lugar no ano anterior. Nem sei se cheguei
> a agradecer de tanto que tremia (Gasperin, 1984, p. 133).

Alice reconhece o gosto pela leitura como um dos fatores que a ajudaram a ter bom desempenho. Mesmo com pouco tempo, pois de manhã "lecionava sempre com muitos alunos e de tarde bordava para fora, atendendo as freguesas" (GASPERIN, 1984, p. 133), ou seja, o tempo para a leitura era relativamente reduzido, no entanto, o fazia e reconhecia que gostava, que comprava livros.

Ao fim da década de 1930, Alice resolveu fazer as provas do Curso Complementar, em Caxias do Sul, a fim de garantir o reconhecimento oficial da profissão docente que exercia há quase duas décadas. Com o objetivo de preparar-se, buscou novamente as aulas particulares com Faccenda. Queria ter aulas uma tarde por semana, para aprender a escrever melhor.

> Para aprender a escrever, disse-me ele, é preciso ler muito e
> livros de bons autores e prestar atenção como eles escrevem.
> [...] O professor Faccenda mandava-me fazer redação, análise

> lógica, requerimentos, ofícios, cartas comerciais e familiares
> etc. [...] me ensinava Português, Francês e Matemática. [...]
> Como eu estivesse bem em Matemática, o professor per-
> guntou-me se eu não queria aprender Contabilidade, parte
> prática. Aceitei (GASPERIN, 1984, p. 134).

Assim, entre 1939 e 1942, com frequência livre, Alice ia para a Escola Complementar De Caxias[26] apenas para a realização de provas, ou quando tinha disponibilidade para assistir alguma aula ou participar de atividade. Conforme entrevista, envergonhava-se de estar em meio a outras estudantes mais jovens, "Só me resta passar vergonha, já madura com estas meninotas aqui" (GASPERIN, 1996). No entanto, prosseguiu na realização das provas: "eram três exames por ano. Eram em maio, em agosto e em dezembro" (GAS-PERIN, 1996). Formou-se em 1943 e em 1944 foi nomeada para ministrar aulas no Grupo Escolar Farroupilha, como professora pública estadual.

Dentre as miudezas, nem sempre apresentadas ou guardadas, a singeleza da lembrança da formatura de Alice na Escola Complementar merece atenção. Primeiro, por destacar uma marca recorrente dos sentidos atribuídos por Alice em sua vida, no testemunho como católica e, em especial, devota de Santo Antônio e Nossa Senhora Aparecida, eleitos para serem a lembrança de um dos momentos mais significativos de sua formação, como professora, a celebração de formatura da Escola Complementar. Mais do que isso, a atenção à época desse acontecimento, o ano de 1943, em plena nacionalização, logo após os decretos mais contundentes com relação à proibição da fala italiana, alemã e japonesa, do fechamento de escolas, jornais e repressão de manifestações culturais que não evidenciassem a brasilidade. O que pode ser o elemento que explica a frase de abertura do verso da lembrança: "Educar a Juventude para Deus e para a Pátria". Alice fez parte da nona turma de alunas-mestres da Escola Complementar de Caxias, tendo celebrado a formatura aos 6 de maio de 1943, conforme apresenta a figura a seguir:

---

[26] Sobre a Escola Complementar de Caxias, ver o estudo de Bergozza (2010).

Figura 5 – Lembrança Formatura de Alice Gasperin, Escola Complementar, 1943

Fonte: arquivo privado de Alice Gasperin, GAS 041(a e b), Maço 01, AHMJSA

O convite, a fotografia da turma, os discursos, há um conjunto de lembranças outras para narrar o ritual da formatura na Escola Complementar e a conquista formal do título de aluna-mestra. O ano da formatura de Alice, 1943, integra um conjunto de anos em que as políticas e ações relacionadas à nacionalização varguista estavam no ápice, com controle de idas e vindas, da proibição da fala do italiano (e outros como o alemão e o japonês). Para deslocar-se entre as cidades vizinhas, Bento Gonçalves e Caxias, Alice precisou dirigir-se até a Delegacia de Polícia de Bento Gonçalves e solicitar a expedição do Salvo Conduto (de n. 129). Tal documento, além do sentido de vigilância e controle exercidos pelo Estado[27] sobre seus cidadãos, coloca em evidência a fotografia, a digital e a assinatura de Alice na época e, em especial, chama atenção que ela declarou como profissão "lidas domésticas". O Salvo Conduto tinha validade por 60 dias com possibilidade de revalidação. Nas figuras 5 e 6, a seguir, o salvo conduto e o diploma da Escola Complementar.

---

[27] O Salvo Conduto expedido na Delegacia de Polícia passou a ser exigido aos estrangeiros e descendentes de origem italiana, alemã, japonesa, romena e húngara que se deslocassem por viação férrea ou rodagem entre municípios que não estivessem, a partir de setembro de 1942, na faixa dos municípios de fronteira e/ou litoral. Para a fronteira ou litoral, esses cidadãos que ali habitavam ficam imobilizados, sem autorização de deslocamento, a não ser em casos de rara excepcionalidade. O Salvo Conduto exigia a declaração de idoneidade política.

Figura 6 – Salvo Conduto, 1943

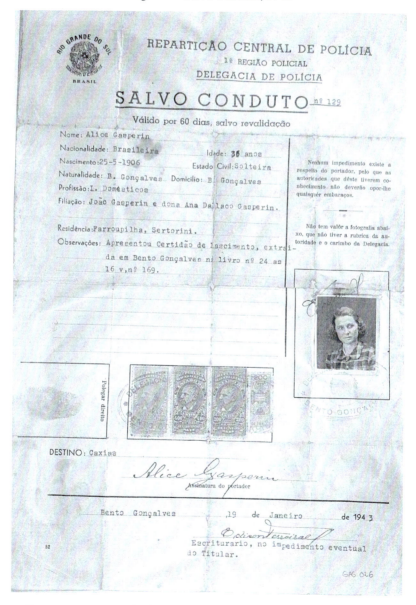

Fonte: arquivo privado de Alice Gasperin, GAS026, Maço 01, AHMJSA

Figura 7 – Diploma da Escola Complementar, 1943

Fonte: arquivo privado de Alice Gasperin, GAS 242(a), Maço 04, AHMJSA

Alice se preocupou, como muitos outros professores, em buscar cursos de aperfeiçoamento, atuando na docência por 45 anos. Na comunidade, desde cedo foi reconhecida e admirada, sendo consultada para outros temas como ajuda para escrita de cartas, mediação de pequenos conflitos entre famílias e também ensinou o catecismo e descreve em suas memórias o cotidiano da comunidade rural aos domingos:

> Comecei a ensinar o catecismo na Igreja, aos domingos à tarde. Fiz isso na Igreja da Sertorina por vinte longos anos, sem remuneração alguma. [...] Costumava ir cedo à capela, a fim de observar as crianças, todos meus alunos, enquanto brincavam no adro da igreja. Homens em grupos falavam sobre seus trabalhos semanais; mulheres com crianças no colo, ou agarrados às saias, ajuntavam-se à sombra dos plátanos para conversar sobre os seus filhos e suas preocupações. Namorados chegavam para o esperado encontro semanal. [...] Eu era a professora, acatada e respeitada (GASPERIN, 1989, p. 31).

Não apenas foi acatada como autoridade local que detinha o saber, como também foi procurada por muitos em busca de um conselho ou opinião. As leituras, os cantos litúrgicos e a condução de terços foram por ela coordenados. Foi bastante requisitada pelas famílias no momento dos negócios (como compra e venda de terras), para que os aconselhasse.

A aposentadoria chegou para Alice com energia que permanece evidente em seu arquivo, pois passou a se dedicar a outros projetos. Continuou costurando e bordando, mudou-se para Caxias do Sul, viajou para a Itália e para vários destinos no país. E, aos 78 anos, em 1984, publicou seu primeiro livro. Passou a integrar a Academia Caxiense de Letras (1984), foi patrona da Feira do Livro de Caxias do Sul (1990), recebeu o título de Cidadã Caxiense (1996), e em 2000 lançou o terceiro livro. Faleceu aos 95 anos de idade, em 25 de fevereiro de 2002. Uma vida plena em intensidades, autorrepresentada, de forma recorrente, como uma professora que buscou estudar, que honrou sua missão como docente e dedicou a vida para a função.

4.4 PALAVRAS FINAIS

O conjunto de documentos selecionados do arquivo privado de Alice Gasperin permitiu acessar alguns matizes das representações que ela produziu de si e dos outros, de suas práticas, das instituições, no caso da escola e também das experiências que vivenciou. Representações sobre quem foram enquanto sujeitos, seu modo de vida, suas lutas, entre singularidades e similaridades. A vida de Alice se entrelaça a de tantas outras professoras e estudantes daquele tempo, com a comunidade, com as memórias da ascendência italiana, reminiscências entre o individual e o coletivo.

Por meio da escolarização, Alice constrói e afirma a profissão docente a qual se dedica, como representado na epígrafe de abertura deste capítulo, enquanto missão e sacerdócio. Fernandes (1998) denomina esse movimento como o professor missionário. Aquele que seria "capaz de sacrificar ou abandonar ambições pessoais legítimas, mantendo-se à margem de qualquer atividade reivindicativa, em troca de um destino profissional reputado transcendente" (FERNANDES, 1998, p. 12). Ainda, nas palavras do mesmo autor, o professor primário seria o "sacerdote", com credibilidade ético-social, difusor de "crenças e valores", austero e rigoroso nos costumes, mas também caracterizado pela "modicidade do vencimento" (p. 12). As características mencionadas correspondem inclusive à forma como a própria Alice pensa e representa o seu exercício docente. A respeitabilidade da comunidade pelo trabalho realizado, uma certa liderança, o papel de catequista, as marcas formativas em tempos de nacionalização do ensino, a criatividade e, ao mesmo tempo, a autoria como marcas evidenciadas na forma como Alice "arquiva a própria vida" (ARTIÈRES, 1998). A prática do autodidatismo, a busca por aulas particulares. Em cada fragmento guardado sob forma de documento, o itinerário de uma vida e evidências de contextos socioculturais próprios do tempo em que viveu.

Por fim, como reconhece Perrot (2007, p. 127), as "professoras primárias são as primeiras intelectuais", e Alice evidencia essa condição. Cultivou no itinerário de vida, a autoria, práticas de leitura e escrita, o desejo permanente de aprender, práticas de sociabilidade, escrita de correspondências e uma liderança em seu entorno. Mas reconheço o limite que há na breve extensão dessas páginas. Permanece a possibilidade para outras e renovadas perguntas, posto que tantos outros documentos repousam guardados na Coleção Alice Gasperin (AHMJSA), à espera de um punhado de novas perguntas do historiador, para serem lidos, pensados e desdobrados em novas narrativas.

REFERÊNCIAS

ARTIÈRES, Philippe. Arquivar a própria vida. *Revista Estudos Históricos*, Rio de Janeiro, v. 11, n. 21, p. 9-34, 1998.

ASTOLFI, Alexandre João; ASTOLFI, Maria. *Diários de um imigrante.* Os registros de família escritos por Ângelo Sante Dall' Acqua. Novo Hamburgo: Ed. do Autor, 2021.

BERGOZZA, Roseli Maria. *Escola Complementar de Caxias:* histórias da primeira instituição pública para a formação de professores da cidade de Caxias do Sul (1930 – 1961). 174 fl. Dissertação (Mestrado em Educação) – Universidade de Caxias do Sul, Caxias do Sul, 2010.

BOSI, Ecléa. *Memória e sociedade.* Lembranças de velhos. São Paulo: Companhia das Letras, 1994.

CUNHA, Maria Teresa Santos; ALMEIDA, Doris Bittencourt. Arquivos Pessoais no radar do Tempo Presente. Dimensões e possibilidades nos estudos acadêmicos. *Cadernos de História da Educação*, [*S.l.*], v. 20, n. Contínua, p. e049, 2021. Disponível em: https://seer.ufu.br/index.php/che/article/view/63328. Acesso em: 12 jan. 2024.

CUNHA, Maria Teresa Santos. *(Des)arquivar*: arquivos pessoais e ego-documentos no tempo presente. São Paulo/Florianópolis: Rafael Copetti Editor, 2019.

FERNANDES, Rogério. Ofício de professor: o fim e o começo dos paradigmas. *In*: SOUSA, Cynthia Pereira de; CATANI, Denice Barbara. (org.). *Práticas educativas, culturas escolares, profissão docente*. São Paulo: Escrituras, 1998. p. 1-20.

GASPERIN, Alice. *Farroupilha*: ex-colônia particular Sertorina. Caxias do Sul: Ed. do Autor, 1989.

GASPERIN, Alice. *Vão Simbora*: relato de imigrantes italianos da Colônia Princesa Dona Isabel do Rio Grande do Sul. Porto Alegre/Caxias do Sul: EST/EDUCS, 1984.

GASPERIN, Alice. *Ricordi de la Colònia*. Lembranças da Colônia. Porto Alegre: Edições EST, 2000.

GIRON, Loraine Slomp. *Dominação e subordinação*. Mulher e trabalho na pequena propriedade. Porto Alegre: EST, 2008.

LEPETIT, Bernard. Sobre a escala na história. *In*: REVEL, Jacques (org.). *Jogos de escalas*. A experiência da microanálise. Rio de Janeiro: FGV, 1998. p. 77-102.

LUCHESE, Terciane Ângela; KREUTZ, Lúcio. Memórias (auto)biográficas de docentes da Região Colonial Italiana do RS: o caso de Alice Gasperin e Elvira Dendena. In: *Educação* (Unisinos), São Leopoldo, v. 14, n. 1, p. 44-51, jan./abril 2010.

NÓVOA, António. *Vidas de professores*. Porto: Porto Editora, 1992.

PERROT, Michelle. *Mulheres públicas*. São Paulo: Ed. Unesp, 1998.

PERROT, Michelle. *Minha história das mulheres*. São Paulo: Contexto, 2007.

REVEL, Jacques (org.). *Jogos de escalas*. A experiência da microanálise. Rio de Janeiro: FGV, 1998.

VENDRAME, Maíra Ines. "Nós partimos pelo mundo, mas para viver melhor": redes sociais, família e estratégias migratórias. Revista *MÉTIS:* história & cultura, v. 9, n. 17, p. 69-82, jan./jun. 2010, Disponível em: http://www.imigracaohistorica.info/uploads/1/3/0/0/130078887/nos_partimos_pelo_mundo_vendrame.pdf. Acesso em: 11 jan. 2024.

Documentos - Coleção Alice Gasperin – GAS – AHMJSA

GAS 001. Certidão de Casamento Giovanni Gasperin e Anna Dall'Acqua (01/07/1895). Bento Gonçalves, 14/08/1989, Maço 01.

GAS 026. Salvo Conduto, Repartição Central de Polícia concede a Alice Gasperin para viagem de Bento Gonçalves à Caxias. Obs.: Restaurado por Taís Iara Grifante. Bento Gonçalves, 19/01/1943, Maço 01.

GAS 041. Lembrança Colação de grau de Alice Gasperin – Escola Complementar de Caxias, XI turma de alunas-mestras. Caxias, 08/05/1943, Maço 01.

GAS 242 (a). Diploma Escola Complementar de Caxias (Diretora: Rosalba Hypólito) – Aluna-mestra: Alice Gasperin. Caxias, 08/05/1943, Maço 04.

GAS 281. Discurso [Alice Gasperin], direcionado à professorandas do magistério. S/D [194-], Maço 06.

GAS 304. Termo de Inspeção (caderno). Instrução Pública (14ª aula municipal). Professora: Epiphania Loss (26/05/1913 até 11/12/1919) e Alice Gasperin (10/12/1920 até 20/11/1930). Colônia Sertorina (Caxias), 26/05/1913 até 20/11/1930 Maço 07.

GAS 412. Biografia "A história de Aneta" – Alice Gasperin – Relata a história de sua mãe, desde o nascimento, na Itália, até o falecimento, aos 57 anos. Caxias do Sul, 13/06/1995, Maço 45.

Fundo Fotografias – Alice Gasperin – AHMJSA

Fotografia 001. Alice Gasperin aos dezesseis anos. Data: ca. 1922. Autoria: Photo Dall'Olmo. Bento Gonçalves.

Fotografia 013. Alice Gasperin. Retrato de formatura da Escola Complementar de Caxias em 1942. Autoria: não identificada

Fotografia 123. Alice Gasperin com o título de "Cidadã Caxiense" oferecido pela Câmara Municipal de Caxias do Sul em dezembro de 1996. Autoria: Roni Rigon.

Banco de Memória – AHMJSA

GASPERIN, Alice. [Entrevista concedida a] Sônia Storchi Fries e Susana Grigoletto, 18/01/1996. Transcrita por Sônia Storchi Fries. *FG 195*. Banco de Memória do Arquivo Histórico João Spadari Adami, Caxias do Sul.

5

ENTRE LISTAS, LETRAS E FLORES: OS FIOS DA MEMÓRIA NO LIVRO GUARDADO (1920-1950)

Alice Rigoni Jacques

INTRODUÇÃO

> O historiador lida com uma temporalidade escoada, com o não-visto, o não-vivido, que só se torna possível acessar através de registros e sinais do passado que chegam até ele (PESAVENTO, 2003, p. 42).

Os registros e sinais do passado, como destaca a autora na epígrafe, nos remetem aos fios da memória, ou seja, a muitas maneiras de rastrear os modos de viver e de pensar das pessoas em determinada época. Esses fios da memória podem ser encontrados nos registros dos livros que pessoas comuns faziam e, provavelmente, ainda fazem na realização das suas atividades ou atribuições profissionais. Sobre pessoas comuns, Castillo Gómez (2003, p. 228) destaca que

> se trata de personas que o son profesionales del escribir em ninguna de las possibilidades que ello pueda adoptar: la oficial-administrativa, la científico-académica o la propriamente literária; sino gentes que se aproximan al mundo de lo escrito por otras razones estrictamente personales.

Antigamente, era comum donos de mercados, armazéns, botequins e cooperativas utilizarem para registros cadernos, cadernetas ou livros anotando o que cada consumidor comprava na semana ou no mês, e quais eram as despesas realizadas em relação ao que era comercializado. Esses documentos, de certa forma, permitem revisitar parte da história de seus próprios autores, sobretudo sujeitos, que na sua rotina de trabalho faziam uso dos registros em algum desses artefatos.

O documento em que está inserida a análise refere-se a um livro da década de 1920 a 1950, de uma cooperativa localizada em um galpão, na granja de plantação de arroz, na Estrada da Pimenta no município de Viamão, Rio Grande do Sul. A granja era de propriedade do Sr. Assis Barcellos e possuía em torno de 1000 m² de hectares de terra.

A cooperativa do Sr. Assis fornecia alimentos para as famílias dos trabalhadores das granjas da região, para consumo próprio e para seus vizinhos. Como tudo era longe, os funcionários da granja tinham dificuldade na aquisição dos produtos, assim, de tempos em tempos, o Sr. Assis comprava os produtos na cidade e repassava as mercadorias para os trabalhadores da granja e moradores da região por meio de sua cooperativa.

Além dos nomes dos trabalhadores, que utilizavam essa forma de compra dos produtos de gênero alimentício, higiene e outras necessidades, constam no livro anotações dos produtos comercializados, os números atribuídos a cada trabalhador e morador, registros de receitas culinárias escritas pela esposa do Sr. Assis, Dona Saturnina Abreu Barcellos, papéis soltos e flores secas guardadas entre as páginas do documento.

O fato de o livro ter sido guardado pela família coloca em evidência que há nas pessoas um desejo de guardar objetos e de guardá-los em papel. Nesse caso, é um livro que contém os nomes dos funcionários e vizinhos da granja da Pimenta que trabalhavam no cultivo de arroz, as listas dos produtos comercializados por eles e outras anotações realizadas. Os registros que compõem o livro foram salvaguardados do esquecimento e conservam o que, quase sempre, se perde no tempo, mas fica subjugado aos fios da memória, que segundo Philippe Artières, são práticas de arquivamento do eu.

> Arquivar a própria vida é se pôr no espelho, é contrapor à imagem social a imagem íntima de si próprio, e nesse sentido o arquivamento do eu é uma prática de construção de si mesmo e de resistência – arquivar a própria vida é querer testemunhar, é querer destacar a exemplaridade de sua própria vida. (ARTIÈRES, 1998, p. 11).

Arquivar e guardar a vida, por meio do cotidiano, faz reverberar o indivíduo, a família, a vila ou o bairro, um grupo, uma turma, uma sociedade, uma cooperativa do qual fez parte. Devido ao fato de constarem registros escritos sobre o que era consumido pelos trabalhadores e vizinhos, as despesas, os pagamentos realizados, o livro guarda elementos para reconfigurar o passado. Guardar, nesse caso, não significa esconder, mas consiste em proteger documentos e papéis avulsos da passagem do tempo. No leque dos papéis escritos, tidos como "ordinários"[28] em que cartas, bilhetes, diários, autobiografias, cartões com dedicatórias, cadernos de receitas, cartões de felicitações e cartões-postais, guardados e mantidos em gavetas, armários e caixinhas, "[...] tornam-se presentes como uma voz que nos interpela." (FELGUEIRAS; SOARES, 2004, p. 110) e constituem uma história de vida, pois são uma extensão de seus titulares.

No estudo, o livro da granja da Pimenta é analisado objetivando-se averiguar a quantidade de trabalhadores e vizinhos que realizavam suas compras com pagamento posterior, os produtos vendidos, os fragmentos de escritas registrados e/ou as escritas ordinárias existentes, como também as lembranças guardadas entre as folhas amareladas do documento. Nesse viés, cabe também pensar o que levou a guarda desse documento pela família, o significado afetivo que apresenta, para constituir-se em um objeto de salvaguarda.

O texto trata, portanto, da análise desse documento de cunho pessoal, com destaque para sua materialidade, as informações contidas no livro, as marcas de uso, as marginálias, as receitas culinárias escritas, as flores com seus ramos e folhas envelhecidas guardadas entre as páginas de papel e, particularmente, as listas, que estão compiladas ao longo de todo o livro que, além de registrarem a presença perceptível das marcas da escola, demonstram o cuidado de seu(s)/autor(es), no qual Vasconcelos (2017, p. 5891) salienta que ao "listar não esquecemos". Para complementar o estudo, entrevistas[29] foram realizadas com dois sujeitos que possuem suas vidas entrelaçadas com a história do Sr. Assis e da cooperativa, seu filho e seu neto.

5.1 SOBRE A GRANJA DA PIMENTA E A COOPERATIVA

A granja de plantação de arroz de propriedade da família do Sr. Assis Barcellos foi herdada pela família.

---

[28] As escritas ordinárias ou sem qualidades são aquelas realizadas pelas pessoas comuns e que se opõem aos escritos prestigiados, elaborados com vontade específica de "fazer uma obra" para ser impressa (FABRE, 1993).

[29] Entrevistas realizadas com o Nei Barcellos e Fabio Barcellos, filho e neto do Sr. Assis, em 26/09/2020.

> *Meu avô era muito rico, era dono de todas as terras, parece que foi ganhada. Na época dividiam as terras. Isso aqui é teu. Não eram compradas as terras. Tu fica com essa parte. Eram doadas as terras (Nei.Barcellos.).*

Na época, o trabalho na granja era árduo, o transporte era precário e havia dificuldade de deslocamento dos funcionários para a cidade. Assim, o Sr. Assis organizou uma forma de atender as necessidades dos seus funcionários e dos moradores da região, criando uma espécie de cooperativa para facilitar a vida dessas pessoas.

> *[...] a cooperativa funcionava numa dispensa grande da casa. Ali tinha balança, umas balanças grandes. Ali pesavam as coisas para alimentação para distribuir para as pessoas e tudo era anotado no livro. As mercadorias vinham por Itapuã e era para várias pessoas e aí avisavam: - Assis, a mercadoria já chegou! (Nei Barcellos.).*

Sobre o livro, o filho do Sr. Assis mencionou que esse documento era o segundo livro e que havia um outro que continha mais informações.

> *E esse livro está bem feio, mas tinha outro e desapareceu. Esse é o pequeno, o outro era o maior. Foi uma pena, o outro livro era de um irmão meu. Esse irmão morreu e não sei que fim deu. O outro livro acho que era mais importante, era mais antigo. Esse livro ficou com meu irmão, ele era solteiro, era mais velho que eu, já morreu. Ficou com ele. Não sei porque eu trouxe esse livro. Uma sobrinha me deu esse livro. Eu queria pegar o outro, mas não consegui. Sumiu, desapareceu (Nei Barcellos).*

Chama a atenção, o fato de os livros terem ficado sob a guarda do irmão mais velho e solteiro, que provavelmente compartilhou sua vida junto aos pais. Coube a ele a tarefa de preservar os livros e manter por meio deles a memória familiar, a memória da infância e o esforço da lembrança de um tempo que aconteceu. Nas palavras de Ricoeur (2007, p. 48), é de fato o esforço de recordação que oferece a melhor ocasião de fazer "memória do esquecimento". A busca da lembrança comprova uma das finalidades principais do ato de memória, a saber, lutar contra o esquecimento, arrancar alguns fragmentos de lembrança à rapacidade do tempo, ao sepultamento no esquecimento. O "dever de memória", que consiste essencialmente em dever de não esquecer. Boa parte da busca do passado se encaixa na tarefa de não esquecer (RICOEUR, 2007, p. 48).

O livro é um testemunho da existência de um pretérito, no viés do "dever da memória". O contexto em que estava inserido esse documento exerceu de uma certa forma uma prova de que algo aconteceu.

> Com esse livro teve umas três ou quatro pessoas que pediram ele pra minha mãe. A minha mãe emprestou e eles levaram no INSS[30] e as pessoas se aposentaram porque contava o fundo rural. Para o INSS esse livro foi um comprovante. (Fabio Barcellos.).

Ao fazer relação entre memória, história e documento, Chartier destaca que "[...] é no testemunho da memória, recordação da testemunha, que a história encontra a certeza na existência de um passado que foi, que já não é mais e que a operação historiográfica pretende representar adequadamente no presente. [...]" (CHARTIER, 2011, p. 117).

Sendo um documento que de certa forma serviu para testemunhar algo que ocorreu, o livro perpassa a representação de uma memória individual para uma memória pública, na qual Ricoeur (2007, p. 129) destaca ser

> a memória coletiva uma coletânea de rastros deixados pelos acontecimentos que afetaram o curso da história dos grupos envolvidos, e que lhes reconhece o poder de encenar lembranças comuns por ocasião de festas, ritos, celebrações públicas.

5.2 SOBRE O LIVRO GUARDADO... E A ESCOLA...

> A memória não é sempre um banco confiável, no qual depositamos todas as nossas lembranças para sacar quando quisermos. Na verdade, ficaria melhor compará-la a um queijo – mais precisamente a um Gruyére, cheio de buracos, por onde podem fugir as informações que tínhamos entesourado ou de onde podem brotar falsas recordações (MORENO, 2019).

A memória não sendo sempre confiável, e comparada a um queijo cheio de buracos, o pensamento entra no nosso espírito, nos traz uma luz que nos faz ver uma quantidade de outras coisas, atuando no processo das representações. De acordo com Bosi (1994, p. 53), "a lembrança é a sobre-

---

[30] O Instituto Nacional do Seguro Social (INSS) é responsável pelo pagamento da aposentadoria e demais benefícios aos trabalhadores brasileiros, com exceção de servidores públicos.

vivência do passado. O passado, conservando-se no espírito de cada ser humano aflora à consciência na forma de imagens-lembranças".

A partir da análise do livro e das entrevistas[31] realizadas, alguns elementos importantes referentes ao corpus documental são destacados. Quanto à sua tipologia, é um livro de capa dura, medindo 32,5cm x 17,0cm x 4cm, com uma encadernação de cor preta e lombada de tecido, possui 234 folhas e o papel apresenta uma gramatura bem compacta. Nas primeiras páginas, constam 64 nomes masculinos que provavelmente eram dos funcionários da granja e dos moradores da região. Ao lado de cada nome há uma coluna com um número que vai do 1 ao 317, entretanto não segue uma ordem sequencial. Da 3ª folha em diante, constam os nomes dos funcionários e/ou vizinhos com as listas de produtos adquiridos na cooperativa, os valores, os acertos de pagamentos e o saldo devedor. Destaca-se o fato de que, nas primeiras páginas do livro, as listas com os nomes dos trabalhadores registrados são do gênero masculino. Já nas páginas finais consta uma lista de 118 nomes do gênero feminino. Entretanto, o registro dos produtos comercializados está sinalizado nas páginas onde constam os nomes masculinos, o que faz inferir serem eles os provedores das compras realizadas.

Segundo Ana Chrystina Venâncio Mignot (2003), olhar papéis guardados por pessoas comuns é um convite para leituras diversas. No caso do livro da cooperativa, tratam-se de fios que tecem a memória de diversas famílias que trabalhavam na granja de plantação de arroz e adquiriam os produtos do local numa determinada época. Para pesquisadores, folheá-lo significa iluminar a escrita ordinária dos incontáveis atores que de uma certa forma tiveram registros de suas vidas anotados em suas folhas, linhas ou margens. Para a autora, são papéis que iluminam algumas pistas passíveis de investigação sobre a escrita íntima, despertando relações entre memória, escrita, sociabilidades, redes de poder, cotidianos, cultura escrita e arquivamento.

Outra observação diz respeito à caligrafia presente nas listas do livro, como também as cores de tinta preta e azul empregadas na escrita. Estima-se, pela letra, uma caligrafia bem traçada, organizada e realizada com esmero. Nesse viés, pode-se pensar que tanto o Sr. Assis quanto sua esposa frequentaram a escola, uma vez que o traçado das letras permite observar as marcas de uma boa escola primária para a época, que segundo Orminda Marques (1936, p.16), "a boa escrita, como meio de comunicação exige

---

[31] Entrevistas realizadas com o filho e o neto do Sr. Assis, em 26/09/2020.

legibilidade, isto é, clareza, uniformidade na inclinação, nas ligações e nos espaçamentos, permitindo leitura fácil e rápida". Percebe-se que a escrita realizada no livro apresenta habilidade e uma certa leveza e cuidado na forma das letras, demonstrando graciosidade do trato e aprimoramento do senso estético. Com efeito, a memória à qual esse documento nos remete, na perspectiva de Cunha e Souza (2015, p. 37), parte de práticas de escrita que evidenciam a trajetória individual de seu produtor.

Ao folhear as páginas do livro durante a entrevista, o filho do Sr. Assis, aponta para a caligrafia do pai.

> *Essa letra era do meu pai. Parece uma letra desenhada. Tinha um vidrinho, eram umas canetas compridas de madeira, com uma pena. Tinha uns vidrinhos que colocava a tinta dentro e molhava ali e depois tinha uma almofadinha que passava em cima pra secar, o mata-borrão (Nei Barcellos).*

Ao apreciar a caligrafia do Sr. Assis, um fato relatado emergiu das lembranças e referiu-se à escola. Por ser uma granja de plantação de arroz, cujas famílias moravam e trabalhavam no local, era necessário pensar em uma escola para as crianças, que quando não estivessem envolvidos no trabalho da lavoura, pudessem frequentá-la.

> *Tinha uma escola. A escola chamava Alzira Barcellos porque era deles. O professor era pago por eles, nem pelo estado, nem pela prefeitura. Eles contratavam um professor e pagavam. Todos nós frequentava a escola. Todas crianças frequentavam a escola e os filhos dos funcionários também, os vizinhos também. Era meu pai e mais três ou quatro que pagavam o professor. A escola era uns galpões, muito grande. Tinha uma sala que era o colégio. Tinha 30, 40 crianças ali no colégio. Bastante gente (Nei Barcellos).*

Escolas públicas rurais já existiam na década de 1920, entretanto o filho do Sr. Assis frequentou a escola a partir da década de 1940. Era uma escola criada e mantida pelos proprietários das terras localizadas na granja da Pimenta. Assim, é possível inferir que a escola Alzira Barcellos foi criada para atender a escolarização da educação primária nos princípios do ensino da leitura, escrita e realização de contas, pois eram essas habilidades necessárias para enfrentar as dificuldades da vida.

Nas lembranças sobre a escola, percebeu-se que os estudos foram privilegiados aos irmãos mais velhos, e que a ele coube o trabalho braçal.

Em uma família de 12 filhos, a prioridade de acesso à escola deu-se para os filhos maiores, pois eram eles que estariam mais próximos de empreender e tomar conta dos negócios da lavoura que eram propriedade da família.

> *Eu estudei menos, porque meu pai botou depois uns irmãos que são formados e para o resto ele não podia pagar e eu não tive sorte, pouco estudei. Estudei só o primário. Tinha aqueles internatos em Novo Hamburgo, Gravataí. Meu pai botava, pagava naquela época aqueles internatos pra botar os meus irmãos mais velhos, o do meio. Uns se formaram, outros não. A vida foi assim mais ou menos (Nei Barcelllos).*

As demais páginas que seguem no livro apresentam o nome do funcionário e/ou morador atribuído para cada um, os produtos comercializados para consumo e os valores conferidos, o mês e a data que a compra foi realizada. Essas listas com os nomes e os produtos caracterizam-se como "listas práticas", nomenclatura usada por Umberto Eco (2010, p. 113) para a enumeração de fatos e situações do cotidiano. Para o autor, as listas são a forma primeira e mais fundamental de organização da informação. Mas também a maneira como até mesmo as formas mais complexas de classificação são apresentadas: menus, catálogos ou outros arquivos que regem a cultura ocidental. Dessa forma, a lista dos trabalhadores da granja eram listas práticas, que são finitas.

As listas não seguem um padrão, pois os nomes registrados não acompanham uma ordem alfabética. Os produtos listados referem-se à "Sua Conta", na qual alguns deles estão elencados: 10kg de café; 1 saco de arroz; 1 saco de feijão; 2kg de massa; 1 saco de batatas; 15kg de farinha de milho, 3 cadernos, folhas de papel e pena de aço etc. Papel e envelope também são materiais que aparecem listados no livro, o que faz pensar que a escrita era uma prática comum entre os trabalhadores.

No quadro a seguir, apresenta-se o gênero e os produtos mais vendidos na cooperativa da granja da Pimenta, no período de 1920 a 1950.

Quadro 1 – Gênero e produtos comercializados na cooperativa

Gênero	Produtos
Alimentício	Banha, farinha de trigo, farinha de milho, farinha de centeio, farinha de mandioca, arroz, feijão, carne fresca, charque, queijo, morcília, aveia, colorau, temperos, ameixas, abacaxi, pêssego, goiabada, marmelada, chá, bananas, bolacha, sal, vinagre, lata de peixe, pescada, linguiça, óleo de coco, araruta, balas, erva-doce, erva, açúcar, café, massa, cebola, batatas, tomate, rapadura, bicarbonato, cravo, canela, coalho, cominho, sebo, bolos, azeite.
Higiene	Sabão, creolina, anil.
Saúde	Aspirina, óleo de rícino, purgante.
Escolar	Cadernos, folha de papel e envelope, pena e tinta, tinteiro, lápis, pena de aço.
Materiais e utensílios domésticos	Vassoura, caneca, prato, faca, garfo, colher, carretel de linha, escova.
Materiais de ferragem	Dobradiças, parafusos, grampos, anzol, corda, tinta, pincel, graxa, arame, barbante, dobradiças, soda, pregos, chaminé, cadeado, pá.
Serviços	Lavração, limpeza de fossa, carreto.
Outros	Isqueiro, cigarro, fósforo, palha, candeeiro, carbureto, pólvora, latas e barricas vazias, querosene, velas, bico e argola, chapéu de palha, tamancos, bomba, pedra de isqueiro, relógio, papel de fumo, chumbo, lampião, querosene.

Fonte: elaborado pelo autor

A partir do quadro citado, percebe-se que os itens do gênero alimentício são os que mais aparecem nas listas de cada trabalhador, deduzindo-se que, embora a granja fosse na área rural, ela não abastecia os que ali residiam com alimentos como o feijão e o arroz, embora esse último fosse cultivado no local. Era necessário buscar na cidade para repassar aos trabalhadores e moradores da granja. Produtos de higiene e saúde constam em pouquíssimas listas e restringem-se ao sabão, creolina, anil e aspirina, óleo de rícino e purgante. Destacam-se os artigos escolares presentes nas listas: 16 cadernos, 15 folhas de papel, 2 envelopes, 3 tinteiros, 3 penas de aço, 1 pena e tinta, 2 canetas e 5 lápis. Pode-se inferir que esses materiais eram produtos de consumo dos funcionários e da própria vizinhança, como também para uso das crianças que frequentavam a escola. Também se localiza na lista do funcionário que atendia a cooperativa o consumo de folhas de papel e pena de aço, o que leva a deduzir que alguns artigos poderiam ser utilizados para o próprio registro do livro da cooperativa.

Figura 1 – Lista dos produtos vendidos na cooperativa

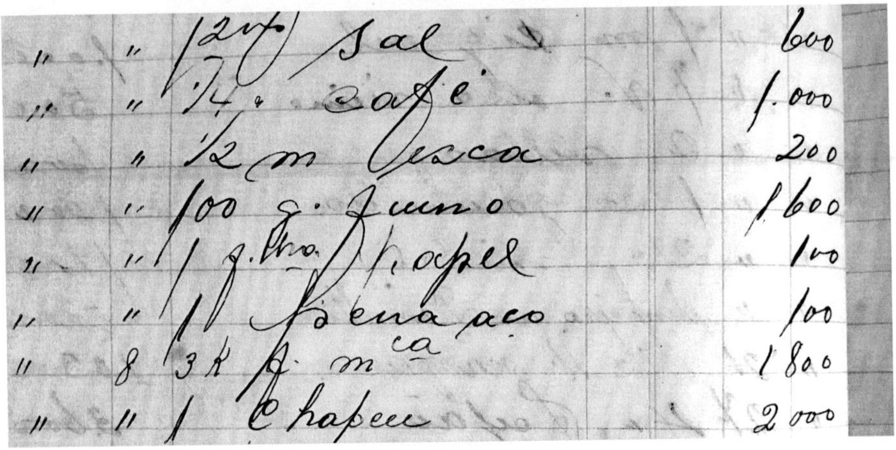

Fonte: livro da cooperativa da granja da Pimenta

No fim de cada página do livro localizou-se registros marginais, ou marginalias[32], escritos na horizontal ou de forma inclinada, que se referem às anotações manuscritas realizadas nas listas e que se revelam como um elemento para conhecer os processos de construção de pensamentos pontuais. As anotações se pautavam nas expressões 'segue'; 'segue 273'; 'segue folha 351', indicando que no fim daquela página o assunto tratado dava continuidade na página seguinte. As marginalias, presentes em algumas páginas do livro, denotavam uma espécie de preocupação e de cuidado com as listas, quanto à veracidade de que aquilo que estava escrito não viesse a se perder.

---

[32] O termo marginália, do adjetivo latino *marginalis*, significa "à margem de". No campo da Bibliografia, marginália refere-se aos conjuntos de comentários ou às anotações escritas nas margens ou em outros espaços em branco próximo do texto de uma página impressa, nas folhas em branco ou nas folhas de guarda de um livro. Esse termo foi cunhado por Samuel T. Coleridge, o qual veio a revelar-se um mestre exímio dessa técnica e a tornar-se uma referência na história da anotação (ESTIBEIRA, 2008; LOPEZ, 2007).

5.3 AS RECEITAS CULINÁRIAS NO LIVRO GUARDADO

> A estruturação do caderno como um local onde as receitas dividem seu espaço com elementos e informações que não necessariamente se referem à comida. Assumem de certo modo a função de um diário aberto a relatos pessoais que se configuram para além da narrativa escrita. E, sobretudo, relatos pessoais que possivelmente não se percebem como tal, mas que por meio das escolhas dos temas que adentram o caderno, acabam sugerindo traços da identidade de um indivíduo (SILVEIRA, 2011, p. 2).

Ao folhear as páginas finais do livro, 14 receitas culinárias de doces estão registradas a lápis, com letra cursiva. São receitas de bolos, pudins e massa para torta. Embora o livro não se caracteriza um caderno de receitas, foi nesse espaço que elas foram escritas.

Segundo a entrevista realizada, as receitas foram escritas pela Sra. Saturnina. Entretanto, analisando essas escritas, infere-se que do conjunto das receitas, onze foram escritas por ela, e as três últimas, o bolo de Prata, o bolo de 3 Ovos e o bolo Pobre, provavelmente por Julia Barcellos, parente da família, pois além de a letra ser diferente das demais, no fim delas consta a sua assinatura e a data de 24 de novembro de 1949. De acordo com Silva, é nesse universo que as mulheres predominam como responsáveis pela alimentação familiar, transformando esses objetos em herança: "são passados de mães para filhas e de sogras para noras como forma de preparo para a vida adulta, onde as meninas são estimuladas a aprenderem os afazeres domésticos desde pequenas" (2016, p. 3).

É provável que as receitas foram compartilhadas pelos próprios trabalhadores, no caso as mulheres que frequentavam a cooperativa, e o livro era o artefato de acessibilidade no momento, evitando de ficarem escritas em folhas soltas e guardadas ou esquecidas em um lugar qualquer. Ao materializarem-se no livro, poderiam passar para as futuras gerações conhecimentos adquiridos, mostrando os modos de saber e de fazer, trazendo assim o passado para o presente e o futuro. Além dessas mulheres, parentes tiveram participação nas receitas, como é o caso de Júlia, anteriormente citada, na receita do bolo Sinhá.

> *Sabe o que é esse bolo Sinhá? O bolo Sinhá é a Sinhá que era uma avó, era a avó da minha mãe. Então botava o nome dela, porque a receita era dela. Botava o nome bolo Sinhá que era da avó. Não era o nome do bolo, era o nome da avó. Digamos assim,*

me dá uma receita aí, o bolo Maria, vou botar bolo Maria. A
Sinhá era avó dela (Nei Barcellos).

Outro aspecto interessante ao analisar as receitas culinárias presentes no livro são os ingredientes utilizados e a forma simples de se fazer, com ingredientes de fácil acesso, pois estes, em sua maioria, provinham possivelmente das encomendas realizadas pelos trabalhadores e da própria granja da Pimenta, como o leite, os ovos, a farinha, a manteiga, o açúcar e as frutas. Eram receitas realizadas por meio de técnicas antigas, e com um processo bastante artesanal, nos quais o preparo manual, o uso de forno e fogão à lenha eram os recursos disponíveis para a época.

A receita traz consigo a oralidade materializada por meio de textos produzidos nos registros dos cadernos ou livros. Outro aspecto é pensar que o livro da cooperativa também era objeto compartilhado com o universo feminino, pois além das receitas culinárias, encontram-se guardados em suas páginas uma flor amor-perfeito amarela e suas folhas e uma flor de campo branca.

5.4 A FLOR AMARELA E A FLOR BRANCA

Flores e folhas secas guardadas entre papéis são comuns de serem encontradas em livros, cadernos ou diários, pois representam marcas de uso que sinalizam uma história. A flor amor-perfeito de cor amarela, a flor de campo branca e os ramos de folhas secas encontrados entre as páginas amareladas do livro trazem no seu significado o amor romântico e duradouro. Pode-se pensar que as flores guardadas representam relíquias que se conectam com uma sensibilidade nostálgica, que foram arquivadas como um refúgio da intimidade de quem as guardou. As flores guardadas no livro rompem com o padrão protocolar do repertório de nomes dos trabalhadores e suas despesas anotadas, bem como das receitas culinárias nele escritas. É uma invenção pessoal que apresenta pequenas subversões de percurso ou de algum acontecimento especial. Ao serem colocadas cuidadosamente entre as páginas, suas pétalas e folhas eternizam representações de um tempo que produz, sentidos à ordem do existente.

Flores guardadas representam práticas de uma intimidade, são "refúgios do eu" (CUNHA, 2000, p. 159-180) e se tornam repositórios de lembranças. Essa prática geralmente está associada ao universo feminino, pois agrega sensibilidade, nostalgia, significado, confidência, fantasia, acontecimento. Mas que histórias ela compõe? Que símbolos comporta? Quem as guardou? Por que guardou? Essas perguntas suscitam a curiosidade de que flores secas guardadas em livros podem representar laços, fios e nós entre os indivíduos, formando, segundo Cunha (2019, p. 101), "histórias de encontros, de desencontros, de proximidade, de distâncias perceptíveis". Como as flores estão guardadas em uma página em branco, a qual apenas o número está escrito com caneta de cor azul no canto direito superior, nos traz algumas indagações. Teriam sido guardadas pela Sr.ª Saturnina como lembrança, como um presente de seu marido, ou teriam sido colocadas no livro por representar uma prática em manter perene uma flor bonita, que ao secar não deveria ser jogada fora. Também é possível pensar que, por se tratar de uma comunidade rural, a prática do cultivo de flores era comum, e por ter florescido de maneira espetacular merecia ser preservada.

O fato é que flores guardadas em meio às páginas de um livro de família eterniza uma história, uma forma particular de registro pessoal de informação, acumulada, guardada e gerenciada em processos de registro e arquivamento. Segundo McKemmish (2013, p. 23),

> [...] a produção e manutenção de registros pessoais é um tipo de construção testemunhal e memorial, um modo particular de comprovar e memorializar nossas vidas individuais e coletivas – "nossa existência, nossas atividades e experiências, nossas relações com os outros, nossa identidade, nosso 'lugar' no mundo"

A flor amarela e a flor branca adormecidas nas páginas do livro da cooperativa reverberam rastros de um percurso arquivado. Nesse viés, Mckemmish afirma que para Derrida, "arquivar, no sentido de inscrever um rastro em algum lugar, exterior à memória viva, é um ato de esquecimento que carrega consigo a possibilidade de um lembrar diferido, adiado" (2013, p. 21).

Esse lembrar prorrogado conta uma história que de certa forma pode ser o desejo de que as pessoas a vejam. A ação de guardar flores entre a páginas de um livro podem ser consideradas, segundo Mckemmish (2013, p. 23), "provas de mim", porque situam as práticas de registro pessoal como uma espécie de um tipo particular de testemunho.

Nessa clave, o amor-perfeito e a flor do campo que um dia exalaram seu perfume e exaltaram seu brilho nas cores vibrantes que integraram sua composição, transformaram-se em um rastro de percurso, oferecendo testemunhos de interações que podem ser descortinadas, provas de existência, de atividades e de experiências vividas por aqueles que manusearam o documento. O ato de preservar as flores entre as páginas do livro permite rememorar, cuidar dos depósitos de memórias, transformando-se em um rastro arquival. Junto desse conjunto de registros, com as escritas dos nomes, das listas de produtos, das receitas minuciosamente detalhadas, esses fragmentos secretos estão guardados.

5.5 SOBRE PAPÉIS AVULSOS

Entre as páginas do livro, encontram-se esquecidos dois papéis escritos a lápis. Esses papéis referem-se a vales[33] de produtos comprados e serviços realizados. O primeiro deles é um documento impresso em gráfica, o outro remete à impressão de um recorte de alguma folha do livro analisado. Ambos os vales estão datados do ano de 1939. Neles estão especificados os nomes dos trabalhadores, os produtos adquiridos e serviços realizados, por exemplo: limpeza do valo (119m) e cigarros da marca Marilia, Urca e Hollywood.

Esses papéis também compõem o corpus documental do livro da cooperativa, pois consolidam o cotidiano vivido expressando a relação entre práticas pessoais e públicas de registro.

Entre os papéis avulsos, as receitas culinárias, as listas dos produtos, dos trabalhadores, as flores adormecidas e em especial as entrevistas realizadas, procurou-se trazer para este estudo vestígios e traços possíveis de uma história que não se relaciona com passado enquanto passado, mas com a presença do passado no presente.

CONSIDERAÇÕES FINAIS

A partir da análise do livro guardado da granja da Pimenta, o material nele contido, as listas dos nomes dos trabalhadores, suas compras e despesas, das receitas culinárias registradas, do amor-perfeito, da flor do campo e suas folhas e dos outros papéis nele depositados, procurou-se compreender um capital de vivências ocorridas no período de 1920 a 1950, no quadro de uma memória pessoal, de um território de subjetividades que vai sendo construído e contado nas suas páginas amarelecidas. Ao articulá-los com outros documentos e referencial teórico utilizado, procurou-se por con-

---

[33] A expressão 'Vale' empregada no texto, significa documento com valor impresso para ser trocado por determinados serviços ou mercadorias, como transporte, alimentação, medicamento (HOUAISS, 2015, p. 956).

finidade construir uma narrativa do vivido. Os registros e os materiais guardados em suas páginas fornecem indícios de como seus autores, no caso o Sr. Assis e a Sr.ª Saturnina, praticaram significações, trazendo marcas de suas vivências e experiências a partir da cooperativa que administravam e que eram proprietários.

Os rastros nele encontrados permitem perceber uma movimentação do que vivenciavam no seu cotidiano, bem como compreender como era a vida na granja da Pimenta naquele período.

Como destaca Cunha (2019, p. 113), um "baú", neste caso o "livro guardado", é sempre um objeto interativo: se fechado, conserva, guarda, preserva; se aberto, anuncia, mostra, dá a ver. Nessa clave, o livro da cooperativa compõe um arquivo pessoal, no qual se documentam os nomes de trabalhadores que ora frequentaram o local, comprando alimentos, confidenciando quem sabe suas vidas, seus afetos e desafetos, suas alegrias, suas rotinas, seus costumes, suas trajetórias, no silêncio das páginas ocultas do livro analisado.

Por afeto, foi guardado pela família, que vez por outra entra no repertório saudosista das lembranças de um tempo que se foi. Em determinados momentos da vida o livro é relido, rasgado pelo manuseio e pela passagem do tempo, emprestado, classificado e rememorado. Como afirma Castillo Gómez (2000, p. 9):

> Mergulhar nos papéis "ordinários/miúdos" guardados por pessoas comuns/anônimas permite apreender saberes, crenças, valores e práticas considerados partícipes de uma "história da linguagem e da cultura escrita [...], uma história das diferentes práticas do escrito [...] capazes de gerar modos de pensar o mundo e construir realidades. Esses papéis falam de vidas comuns, mas que ao despertarem na efemeridade do tempo presente, substancializam uma memória.

O livro arquiva vidas no hábito do dia a dia, registros foram feitos, conferindo-lhe um valor inédito, pelo número de anotações, tornando-se ínfimas cenas do cotidiano.

Verificou-se que o ato de anotar no livro é aqui determinante: ao mesmo tempo extrai um fato do real, em constituí-lo como acontecimento, inscrevendo-o muitas vezes numa lista, ou em registros diversos, e sobretudo em conservar o próprio documento.

Embora seja um documento que dorme em alguma gaveta da família, ele não é mudo, nem órfão, embora tenha se desligado de seu(s) autor(es), por uma questão de passagem do tempo, ele reverbera por meio do olhar e da vigília daqueles que por algum motivo o preservam de forma nostálgica, uma memória afetiva. De certa forma, o fato de "guardar o livro" é um tipo de testemunho, que segundo McKemmish (2018, p. 239), no plano pessoal, é um modo de evidenciar e memoriar nossas vidas – nossa existência, nossas atividades e experiências, nossas relações com os outros, nossa identidade, nosso lugar no mundo.

McKemmish (2018, p. 241) utiliza a expressão "provas de mim" para definir os indivíduos em termos de suas relações com os outros – usando palavras que implicam papéis ou relacionamentos. Nessa clave, o livro guardado é o arquivamento pessoal e corporativo que identifica as atividades realizadas de uma época, por meio do documento mantido como prova dessas atividades, dos papéis atribuídos e correlatados, concluindo quais documentos foram guardados como provas desses papéis e atividades, ou seja, como "provas de mim".

REFERÊNCIAS

ARTIÈRES, Philippe. Arquivar a própria vida. In: *Estudos históricos. Arquivos pessoais*, Rio de Janeiro, FGV, v. 11, n. 21, p. 9-21, 1998.

BARCELLOS, Fabio. Fabio Barcellos: depoimento. [Entrevista concedida a] Alice Rigoni Jacques, Memorial do Colégio Farroupilha POA-RS. Viamão-RS, set., 2020.

BARCELLOS, Nei. Nei Barcellos: depoimento. [Entrevista concedida a] Alice Rigoni Jacques, Memorial do Colégio Farroupilha POA-RS. Viamão-RS, set., 2020.

BOSI, Ecléa. *Memória e sociedade*: Lembranças dos velhos. 3. ed. São Paulo: Companhia das Letras, 1994.,

CASTILLO GÓMEZ, Antonio. Un archipiélago desconocido: Archivos y escrituras de la gente común. *Boletín ACAL* (Associación de Archiveros de Castilla y León), n. 38, p. 9, 2000.

CASTILLO GÓMEZ, Antonio. Das mãos ao arquivo. A propósito das escritas das pessoas comuns. *PerCursos*, Florianópolis, v. 4, n. 1, p. 223-250, julho, 2003.

CUNHA, Maria Teresa Santos. Diários íntimos de professoras: letras que duram. *In*: MIGNOT, Ana Chrystina Venancio; BASTOS, Maria Helena Camara; CUNHA,

Maria Teresa Santos (org.). *Refúgios do eu*. Educação, história, escrita autobiográfica. Florianópolis: Mulheres, 2000. p. 159-180.

CUNHA, Maria Teresa Santos; SOUZA, Flávia de Freitas. *Viver e escrever*: Cadernos e escritas ordinárias de um professor catarinense (Séc. XX). Florianópolis: Insular, 2015.

CUNHA, Maria Teresa Santos. *(Des) Arquivar arquivos pessoais e ego-documentos no tempo presente*. 1. ed. São Paulo: Florianópolis, 2019.

ECO, Umberto. *A vertigem das listas*. Rio de Janeiro: Record, 2010.

ESTIBEIRA, Maria do Céu L. *A marginália de Fernando Pessoa*. 2008. 328 f. Tese (Doutorado em Literatura Comparada) – Faculdade de Letras, Universidade de Lisboa, Lisboa, 2008.

FABRE, Daniel (org.). Ècritures ordinaires. Paris: Centre Georges Pompidou. Bibliotheque Publique d'Informatión, 1993.

FElGUEIRAS, Margarida louro; SOARES, Maria leonor barbosa. O projeto "Para um Museu Vivo da Escola Primária" – concepção e inventário. *In*: MENEZES, Maria Cristina (org.). *Educação, memória, história*: possibilidades, leituras. Campinas: Mercado das letras, 2004. p. 105-130.

HOUAISS, Antônio. *Pequeno dicionário Houaiss da Língua Portuguesa*. 1. ed. São Paulo: Moderna, 2015.

LOPEZ, Telê Ancona. A criação literária na biblioteca do escritor. *Ciência e Cultura*, v. 59, n. 1, p. 33-37, 2007.

MCKEMMISH, Sue. Provas de mim...Novas considerações. *In*: TRAVANCAS, Isabel; ROUCHOU, Joëlle; HEYMANN, Luciana (org.). *Arquivos Pessoais*: reflexões multidisciplinares e experiências de pesquisa. Rio de Janeiro: Editora FGV, 2013. p. 17-43.

MCKEMMISH, Sue. Provas de mim...*In*: HEYMANN, Luciana; NEDEL, Letícia (org.). *Pensar os Arquivos*: uma antologia. Rio de Janeiro: FGV Editora, 2018. p. 239-259.

MARQUES, Orminda. *A escrita na escola primária*. Biblioteca de Educação Vol. XXVI. São Paulo: Melhoramentos, 1936.

MIGNOT, Ana Crystina Venâncio. *Papéis guardados*. Rio de Janeiro: UERG, Rede Sirius, 2003. (org.)

MORENO, Claudio. *Brizoletas*. Zero Hora, Porto Alegre, 06 fev., 2019. Disponível em: https://gauchazh.clicrbs.com.br/colunistas/claudio-moreno/noticia/2019/02/brizoletas-cjrtskdle01f101tdmwuq2xc6.html. Acesso em: 03 mar. 2022.

PESAVENTO, Sandra Jatahy. *História e História Cultural*. 1. ed. Belo Horizonte: Autêntica, 2003. v. 1. 130p.

RICOUER, Paul. *A memória, a história, o esquecimento*. Campinas: Editora Unicamp. 2007.

ROCHA, João Cezar de Castro (org.). *Roger Chartier*. A força das representações: história e ficção. Chapecó: Argos, 2011.

SILVA, Lara de Oliveira e. *Transmissão Cultural e Sabores Culinários:* O Caderno de Receitas em transformação. Trabalho de Conclusão de Curso (Bacharelado Interdisciplinar em Ciências Humanas) – Universidade Federal de Juiz de Fora, Juiz de Fora, 2016.

SILVEIRA, Juzelia de Moraes. *Mulheres inscritas em cadernos de receitas*. Artigo produzido a partir da pesquisa de doutorado em Arte e Cultura Visual – PPGACV/FAV/UFG, iniciada em março de 2011.

VASCONCELOS, Maria Celi Chaves. Listar para não esquecer: reminiscências de um diário de lembranças. *Anais Eletrônicos* do IX Congresso Brasileiro de História da Educação João Pessoa. Universidade Federal da Paraíba, 2017. p. 5887-5901.

6

CARTAS SOBRE A SALA DE AULA E A CIRCULAÇÃO DOS AFETOS EM CLASSE

André Luiz Paulilo
Claudiana dos Reis de Sousa Morais

Na escola, as formas de demonstrar apreço e reconhecimento pela docência são muitas e variadas, embora deixem poucos vestígios. As cerimônias de formatura dão registro aos agraciados sem, no entanto, deixar pistas do porquê da escolha. A atribuição de prêmios ou a distinção entre os pares expressam mais as expectativas sociais ou os critérios da corporação docente do que, propriamente, as motivações das suas classes de estudantes. Do mesmo modo, as promoções ao longo da carreira deixam ver os atributos que o poder público valoriza e distingue aqueles apreciados pelo corpo discente. Tanto assim que a investigação do que faz da docência uma boa docência e o professor ou a professora reconhecida pela classe foi apenas minimamente historiado. Tentativas como as de Maria Isabel Cunha (1989) ou de Larry Cuban (1992) testemunham as dificuldades da tarefa.

Ao circunscrever o tema ao contexto de atuação docente, privilegiando a observação de seus procedimentos e habilidades, Maria Isabel Cunha (1992, p. 155) nota que o conceito de bom professor "é valorativo, com referência a um tempo e a um lugar" e que também é ideológico por que representa a ideia que socialmente é construída sobre o professor". A partir de métodos etnográficos de pesquisa, considera que é a compreensão do que faz da docência uma boa docência e o professor ou a professora reconhecidos pela classe depende do paradigma que é presente historicamente nas concepções escolares: "Os nossos bons professores são os melhores dentro de uma concepção de educação, de ensino e de aprendizagem. Se essas concepções forem alteradas, o conceito de bom professor certamente também o será" (CUNHA, 1989, p. 169).

Larry Cuban (1992, p. 126), estudando o alcance do impulso progressivo na prática docente estadunidense, conclui que as melhorias educacionais dispõem de uma margem estreita de mudança na prática de sala de aula. Nas informações que reúne, sumariando diferentes estudos de caso, Cuban mostra que são "seriamente limitadas" as evidências que se tem a respeito daquilo que exatamente os professores faziam nas salas de aula.[34] As limitadas evidências, no entanto, sugerem, segundo Cuban (1992, p. 117), que os métodos de ensino são incomumente estáveis a despeito da expansão dos programas de formação de professores e seus esforços para difundir melhores práticas. Para a pesquisa sobre os aspectos da boa docência, lidar com esse paradoxo exige cautela, afinal, tanto a insistência na tradição quanto o empenho na mudança justificam-se em nome das boas práticas.

Assim advertidos das dificuldades do tema, ocupamo-nos aqui da compreensão das representações de bom professor. Interessados no reconhecimento da boa docência pela classe de estudantes, analisamos a correspondência de Julio Cesar de Mello e Sousa em busca de manifestações acerca da sua prática de sala de aula. Não se trata de um professor anônimo, Julio Cesar de Mello e Sousa era tão orgulhoso da sua reputação como docente que, no fim da carreira, publicou um manual para o mau professor com o bem-humorado título de *A arte de ser um perfeito mau professor*.

Além do docente que elegemos, também a fonte principalmente analisada neste estudo demanda uma breve nota. As cartas de que tratamos pertencem ao acervo pessoal de Malba Tahan, atualmente sob a custódia do Centro de Memória da Educação da Unicamp. Selecionamos uma diminuta parte das quase 2.000 cartas que esse acervo reúne – aquelas que conservaram algum vestígio do que faz da docência uma boa docência e o professor ou a professora reconhecidos pela classe. Num período de 30 anos, entre 1933 e 1963, identificamos cinco cartas com esse tipo de conteúdo, uma única assinada por uma classe de alunas. O conjunto se completa com uma carta do pai de um aluno do Colégio Pedro II, outra da diretora da escola primária do Instituto de Educação de São Paulo, uma outra de um colega do Instituto de Educação do Rio de Janeiro e, por fim, de uma aluna do interior de São Paulo da Cades.

O estudo de testemunhos fora dos contornos institucionais sobre as práticas da sala de aula busca circunscrever aspectos da compreensão do trabalho docente pelo corpo discente. Ainda que apenas indiciária, abertamente

---

[34] O próprio Cuban refere-se, entre outras, às pesquisas de Goodland (1970) e Tyack (1974). Noutra perspectiva, e em textos que ganharam tradução no Brasil, Chervel (1990), Goodson (2008) e Escolano Benito (2017), por exemplo, refletem sobre a mesma dificuldade.

fragmentária e elementar, a análise das cartas conservadas por Julio Cesar de Mello e Souza sobre sua prática em sala de aula circunscreve atributos de conduta profissional, mas também pessoais, significativos para a compreensão daquilo que lhe trazia reconhecimento junto às alunas e alunos. Daí o título um tanto pretencioso para uma reflexão que se concentra num caso específico. Contudo, por se tratar de uma investigação da empatia, do reconhecimento e da admiração como aspectos das boas práticas da aula, pensamos ser adequada, mesmo no estágio elementar de um estudo acerca das qualidades apreciadas no magistério entre as décadas de 1930 e 1960, a remissão ao aspecto geral da pesquisa de que essas reflexões são uma primeira aproximação.

6.1 CARREIRA E CREDENCIAIS: O PROFESSOR

Até 1937, Julio Cesar de Mello e Souza lecionou no Instituto de Educação do Rio de Janeiro, escola de formação de professores da qual ele próprio era egresso. Nesse ano, o decreto-lei n. 24, de 29 de novembro, regulamentou o dispositivo constitucional da desacumulação de cargos de magistério e técnico-científicos e fez Julio Cesar de Mello e Souza se afastar do Instituto, optando por lecionar na Escola de Belas Artes, onde era professor catedrático.[35] Também havia lecionado História e Geografia em escolas do Lloyd brasileiro (MORAIS, 2023) e atuado como professor suplementar no Colégio Pedro II (SOARES; SILVA, 2018). No ano seguinte, dando continuidade à carreira de escritor iniciada em 1925, sob o heterônimo de Malba Tahan[36], publicou, pela editora ABC, o livro *O homem que calculava*, extraordinário sucesso editorial que marcou gerações de estudantes no Brasil[37].

Além de ficção, Mello e Souza publicou livros didáticos de Matemática. Sobretudo, entre as décadas de 1930 e 1940, publicou em coautoria com Cecil Thiré (1930) e Euclides Roxo (1933)[38]. Com Irene Albuquerque, publicou o

---

[35] A Lei de Desacumulação de cargos de magistério e técnico-científicos foi estabelecida pela Constituição de 1937 e regulamentada pelo Decreto-Lei n. 24, de 29 de novembro do mesmo ano.

[36] Trata-se do livro *Contos de Malba Tahan*, publicado pela Lux Editora do Rio de Janeiro (cf. SANTOS, 2019, p. 45).

[37] Ana Porto (2023, p. 3) explica que "há anúncios nos jornais da época anunciando a 2ª edição em finais de 1938, sendo que a primeira edição ainda era anunciada neste mesmo ano (O homem que calculava, 24 set. 1938, 22 dez. 1938). Possivelmente, em julho de 1939 havia quatro edições da editora Getúlio M. Costa. Em 1938, os anúncios são da Editora A.B.C. Não foram encontradas referências para o ano de 1937."

[38] De acordo com levantamento de Siqueira Filho (2008), com Cecil Thiré, Malba Tahan também publicou Matemática (1º ao 5º ano), Exercícios de Matemática (3º ano), Exames de Admissão. Juntos com Euclides Roxo, Malba Tahan e Cecil Thiré publicaram Curso de Matemática (3º, 4º e 5 º anos)

título *Tudo é fácil* (1937). Depois, como Malba Tahan, escreveu, ainda na área do ensino da matemática, o livro *Didática da Matemática*. Na última fase da sua carreira foi que Malba Tahan ocupou-se dos compêndios sobre a didática em geral com a publicação do já mencionado *A arte de ser um perfeito mau professor* e, também, dos livros *O professor e a vida moderna; O mundo precisa de ti, professor; Antologia do bom professor; Roteiro do bom professor* e *Páginas do bom professor*.[39]

Julio Cesar de Mello e Souza foi professor experimentado. Apresentava-se para crianças em aulas-espetáculo. As fotografias que registram sua atuação sugerem muita familiaridade com esse público. As imagens mostram atividades em teatros (Figura 1) e salões (Figuras 2 e 3) e alguns instantes de interação. Era comum o uso do jaleco (Figuras 1 e 3) e uma presença atenta de crianças e, também, de adultos (Figura 2). Em outro texto afirmamos que "a expressividade e interação, a movimentação na aula, que as imagens da ação de Malba Tahan expressam também fazem parte da sua obra" (PAULILO, 2022, p. 1628).

Figura 1 – Malba Tahan em um teatro

Fonte: autoria não identificada. CME/FE-UNICAMP-MT/11.001.0005-10

---

[39] Corrêa (2020) estudou essas publicações de Malba Tahan do ponto de vista das características editoriais e das estratégias de divulgação do material procurando localizá-los na sua diversificada produção literária. Especialmente no caso das obras publicadas em 1967, *A arte de ser um perfeito mau professor, O mundo precisa de ti, professor* e *O professor e a vida moderna*, Corrêa percebe o reemprego de textos produzidos na imprensa diária na composição da obra.

Figura 2 – Malba Tahan e sua plateia

Fonte: autoria não identificada. CME/FE-UNICAMP-MT/11.001.0006-10

Figura 3 – Malba Tahan em aula

Fonte: autoria não identificada. CME/FE-UNICAMP-MT/11.001.0007-10

O nome de Mello e Souza consta entre os docentes da Universidade do Ar, programa educativo de rádio da década de 1940. Há também roteiros de aula produzidos para a TV Tupi. Mas foi atuando como docente da Campanha de Aperfeiçoamento e Difusão do Ensino Secundário (Cades) entre 1958 e 1961 que Malba Tahan percorreu diferentes cidades do país lecionando Didática da Matemática e Didática Geral (CORRÊA, 2019, p. 54-55). Aluno de Malba Tahan no curso da Cades em São Carlos, que depois se tornou docente na Universidade Estadual de Campinas, Lorenzato (1995, p. 95) conservou uma memória da primeira aula:

> No primeiro dia de aula, o mestre, como sempre o faria, chegou caminhando tranquilamente, mas com passos firmes e coluna ereta. Ele se vestia impecavelmente e seu jaleco era da cor de seus alvos cabelos. Sempre acompanhado de sua ponteira, dela se utilizava com segurança e correção. Finalmente, o uso que fazia do quadro-negro, além de ser uma aula de didática aos professores, era também uma lição de respeito para com os alunos.
>
> Para sua primeira aula, Malba Tahan escolheu o estudo dos "métodos obsoletos" de ensino, comparativamente aos "métodos progressistas" e, para surpresa geral, ouvimos o mestre recomendar que, em nossas salas de aula, nos utilizássemos de laboratório de ensino de Matemática, de jogos matemáticos, de redescoberta, do raciocínio heurístico, de resolução de problemas, de histórias da matemática e de aplicações da Matemática. Embora muitos desses assuntos, hoje, estejam relativamente divulgados entre nós, professores, em 1958, falar sobre eles no interior de São Paulo era tarefa apenas para um precursor.

No ensino, segundo Lorenzato, Malba Tahan era seguro e respeitoso, além de um precursor de métodos progressistas. Às qualidades docentes que Lorenzato reconhece em Julio Cesar de Mello e Souza somava-se um assíduo trabalho de divulgação da Matemática. Sobretudo na imprensa, em colunas como "Lanterna Mágica", no *Diário da Noite*, "Matemática divertida e pitoresca", na *A Gazeta*, "Matemática recreativa", no Última Hora, e "A Escola e a Vida", na *Folha de S. Paulo*, Mello e Souza publicava histórias da Matemática, resoluções de problemas e anedotas sobre as aplicações da Matemática. De fato, seus esforços para popularizar a Matemática foram contínuos. Desde a publicação do livro *O homem que calculava*, em 1938, a mescla entre imaginação, curiosidades da Matemática e desafios de lógica foi uma característica da produção de Malba Tahan e, também, da sua atuação. Ao lado de Sam Loyd, de Yakov Perelman e de Martin Gardner, Julio Cesar de Mello e Souza foi um reconhecido popularizador da Matemática[40].

Ainda assim, é importante sublinhar que a produção e a atuação de Julio Cesar de Mello e Souza não se resumem ao ensino e à divulgação da Matemática[41]. E, pelos indícios reunidos na sua correspondência, as qualidades que Lorenzato identificou em Malba Tahan atributos apreciados em outras circunstâncias do exercício que fazia do magistério. A expressão de admiração das alunas e de um pai de aluno nas correspondências que se seguem pouco revelam sobre a disciplina ministrada. Em vez disso, ocupam-se de qualificar o saber e a cultura que possuía e o estímulo que provocava. Igualmente, os pares reconheciam-lhe o prestígio sem se preocupar em precisar a especialidade. A atenção que alunas, pais e pares prestaram no modo de lecionar de Julio Cesar de Mello e Souza é também do que nos ocupamos neste estudo sobre os atributos da boa docência num arquivo de professor.

6.2 A SALA DE AULA E A CIRCULAÇÃO DOS AFETOS

Além de São Carlos, onde, em curso da Cades, Sérgio Lorenzato o conheceu, em 1958, Julio Cesar de Mello e Souza esteve em Marília, também no estado São Paulo, pela mesma razão. No início de 1963, Mello e Souza ofereceu pela Cades um curso de Didática Geral naquela cidade. Ao menos é o que sugere a carta de sua então aluna, uma professora do Colégio Sagrado Coração de Jesus, no fim do mesmo ano, quando escreve assim a Julio Cesar de Mello e Souza:

> Professor Malba
>
> Um natal feliz, um ano de saúde e progresso, é o que deseja ao senhor e distinta família, sua aluna Rosalina.
>
> Aproxima-se o mês de janeiro e a lembrança me vem o curso da CADS (sic) com sua insubstituível presença.
>
> Será que vou revê-lo como aluna ou como professora de Geografia? De qualquer forma estarei no curso fora ou dentro desse Estado, pois gosto de aproveitar as férias, unindo o útil ao agradável.

---

[40] Ver artigo de André de Faria Pereira Neto e Pedro Paulo Sales (2012), na *Revista de História da Biblioteca Nacional*.

[41] Aspectos relevantes da obra literária de Malba Tahan são tratados por Siqueira Filho (2008) e Porto (2023).

> Quero ouvir novamente as histórias que me enchiam a alma e os olhos; os serões que me faziam esquecer o tempo.
>
> Tenho tido diversos professores, pois curso novamente a Faculdade de Filosofia, porém acredito que ela jamais me dará didática, esta só terei com ideal e vocação. Pode achar que eu só queira agradá-lo com essa lisonja, mas realmente nunca encontrarei em algum professor, tanta profundidade e vocação como encontrei no mestre Malba.
>
> Creio que o criador livrou-o de ser complicado e banal e suas lições cotidianas, pois eu não tenho nunca os ouvidos cansados para ouvi-las.
>
> Como conseguirei saber para onde vai professor? Sei que é um homem ocupado e não terá tempo para escrever-me, pois devem ser muitas as cartas que recebe, porém, mais uma vez repito: leva-me para onde for...
>
> Que a chama do seu entusiasmo envolva as minhas férias vazias.
>
> Com respeito e admiração, abraço-o saudosa.

A carta tem data de 16 de dezembro de 1963 e a aluna, Rosalina, trata Julio Cesar por Malba. Considera-o um mestre que se distingue pela profundidade e vocação. Informa sobre o seu desejo de ouvir novamente as histórias que lhe "enchiam a alma e os olhos", os serões que "faziam esquecer o tempo". Na condição de aluna da Faculdade de Filosofia, admite que, apesar de ter tido diversos professores, faltava-lhe ainda didática, conhecimento que entendia depender de "ideal e vocação". Atributos estes que reconhecia em Malba Tahan porque sem ser complicado, não era banal. Suas lições cotidianas, segundo o testemunho de Rosalina, não cansavam os ouvidos.

Trinta anos antes, as alunas da turma do 1º ano A do Instituto de Educação do Rio de Janeiro manifestaram-se para demover Julio Cesar de Mello e Souza da intenção de abandonar a regência da sua classe nos seguintes termos:

> Ilmo Exmo. Snor. Dr. Julio Cesar de Mello e Sousa.
>
> D. D. Professor do Instituto de Educação
>
> Antes de mais nada deixa-nos saudar-vos respeitosamente, fazendo votos aos céus para que os ares de Cambuquira vos tenham restaurado as forças para a nova luta deste novo ano.

A turma A pela primeira vez depois das férias reuniu-se no Instituto para atravessar a barreira do desenho alcançada em 2ª época.

Naquele convívio, onde todos os assuntos escolares são discutidos, a turma A teve por uma colega do mesmo ano, mas de turma diferente, notícia do vosso projeto em deixa-la por serem alunas pirralhas e passar a lecionar outra turma de discípulas maiores, que tivessem o siso da idade. Foi com dor, Dr. Julio, que recebemos esta notícia e nestas linhas vai o protesto de toda a turma ligado ao pedido de vossa desistência em proceder assim. Somos menores no tamanho, talvez... no talento, mas sabemos admirar o bom, apreciar o justo e glorificar o saber!

A mulher, prezado lente, desde aos 10 anos têm todas o mesmo sentimento, o mesmo modo de pensar, de admirar e de querer. Se alguma falta de linha vós notastes na turma A, não foi devido serem pirralhas, mas sim marinheiras de primeira viagem as quais saindo da escola primária seguiram para os bancos secundários. Esperançosas de sermos atendidas de vos ter por mestre, subscrevem-se com muita consideração e estima.

Alunas da turma do 1º ano A do Instituto de Educação

Ainda que o tom de protesto da carta dessa turma de alunas do Instituto de Educação difira substancialmente da missiva da saudosa Rosalina, tem em comum com ela a admiração pelo professor que Julio Cesar era. Na afirmação de que, embora pequenas, sabiam "admirar o bom, apreciar o justo e glorificar o saber", justificavam o pedido para Julio Cesar desistir de abandonar as aulas naquela turma. Tratava-se, de fato, de alunas que "saindo da escola primária seguiram para os bancos secundários" no Instituto de Educação.[42] Apesar de recém-chegadas e da dor da notícia sobre o projeto de Julio Cesar de Mello e Souza deixá-las "por serem alunas pirralhas e passar a lecionar outra turma de discípulas maiores, que tivessem o siso da idade", não deixam de insistir na permanência do professor, advertindo-o de que a mulher "desde aos 10 anos têm todas o mesmo sentimento, o mesmo

---

[42] Em 1932, Anísio Teixeira transforma a Escola Normal do Distrito Federal em Instituto de Educação e estabelece um regime de admissão à Escola Secundária que Diana Vidal (2001, p. 109) percebe como voltado para a seleção da "fina flor da população" e, assim, organizado para assegurar o ingresso apenas de um pequeno escol na carreira do magistério.

modo de pensar, de admirar e de querer". Diferentemente do julgamento de Julio Cesar, não lhes pareciam que as alunas maiores ofereceriam melhores condições de ensino.

A carta de um pai de aluno do internato do Colégio Pedro II também contribui para nos aproximar das virtudes de Julio Cesar de Mello e Souza como professor. Dessa vez, o estímulo e a cultura são as qualidades destacadas:

> Rio, 23 junho 1936
>
> Illmo Sr. Dr. Julio Cesar de Mello e Souza,
>
> Saudar cordial,
>
> Pai de um aluno do Internato Pedro II, observei o estímulo que vos é virtude, como educador emérito, a vossa cultura enciclopédica quanto excepcional e os ensinamentos que lho ministrastes embora na tenra idade de doze anos.
>
> Contribuis ainda para a evolução espiritual e técnica de varias gerações que tem bebido nesse filtro científico e de sã cultura que são as vossas obras publicadas (...)
>
> Tristão Araripe

O pai observou o estímulo que o modo de ensinar de Julio Cesar provocou no filho de 12 anos. Atribui essa qualidade à cultura enciclopédica e excepcional de Julio Cesar, associando-a também às obras de Malba Tahan que considera "um filtro científico e de sã cultura" e, por essa razão, uma contribuição "para a evolução espiritual e técnica de várias gerações". Diferentemente das cartas de Rosalina e da turma de alunas do Instituto de Educação, as impressões não são do aluno, mas da família e testemunham não a prática docente, mas algo dos seus efeitos. No entanto, valem tanto quanto as observações de discentes para circunscrever o lugar das representações quanto à boa docência na circulação dos afetos em sala de aula e seu papel para a reputação docente.

Segundo se pode ler nessas correspondências, Julio Cesar era bom professor, vocacionado, justo e sábio. Tinha um ideal e uma cultura enciclopédica e extraordinária. Como escreveu Rosalina, "o criador livrou-o de ser complicado e banal". Eram qualidades que não cansavam os ouvidos e estimulavam a aprendizagem e, portanto, valorizadas no magistério de Julio

Cesar. As cartas de Rosalina, da turma de alunas do Instituto de Educação e de Tristão Araripe testemunham episódios da atuação de Julio Cesar de Mello e Souza como professor. E ainda que, como adverte Haroche-Bouzinac (2016, p. 13), trate-se de "uma projeção da imagem do destinatário tal como o epistológrafo o idealiza em sua mente", as cartas fornecem uma percepção da atuação de Julio Cesar difícil de encontrar em outro tipo de documento.

Outros aspectos, no entanto, nos fazem participar da circulação desses afetos para além da sala de aula. Foi nas férias de fim de ano que Rosalina se confessa assaltada pelo desejo de acompanhar outra vez um curso de Julio Cesar. "Leva-me para onde for...", diz em meio à eminência de um período de férias vazias e com a esperança de, então, como gostava, "aproveitar as férias, unindo o útil ao agradável". Já o episódio que envolve a turma de alunas do primeiro ano do Instituto de Educação se dá a partir do retorno para as aulas, quando "pela primeira vez depois das férias reuniu-se no Instituto para atravessar a barreira do desenho alcançada em 2ª época". Nessa ocasião, tomam conhecimento, por uma diligente colega de outra turma do primeiro ano, do projeto de Julio Cesar abandonar as aulas em sua classe. A mobilização que a notícia exigiu para resultar na carta coletiva ou o estado de espírito que levou Rosalina a desdenhar das férias e buscar a "chama do entusiasmo" das aulas do seu antigo professor da Cades mostram que a circulação dos afetos em classe, por vezes, alcança outros espaços de sociabilização.

6.3 REPUTAÇÃO E RECONHECIMENTO: OS PARES

Os pares, docentes como Julio Cesar de Mello e Souza, confirmam as representações de discentes aqui tão sumariamente reunidas. Em 1938, Carolina Ribeiro e Edgard Sussekind de Mendonça escreveram por motivos e em circunstâncias diferentes para Malba Tahan. Em comum, naquele ano, passavam por mudanças profissionais em razão dos novos arranjos político-administrativos impostos pelo regime do Estado Novo e expressavam elogios superlativos para Malba Tahan.

Carolina Ribeiro amargava sua exoneração da direção da escola primária do Instituto de Educação de São Paulo, testemunhando a destruição do Instituto por meio de um singelo "PS." depois da assinatura da seguinte carta:

São Paulo, 19 de Julho de 1938

Illmo Sr. Dr. Julio C. de Mello e Sousa,

Saudações.

Quando de sua passagem por São Paulo, eu tive a exata impressão de que acabava de conhecer "alguém" diferente do resto dos homens que conheço. Porém, não me passou pela imaginação que estivesse tão perto – esse alguém – de ter nas mãos os meios e os poderes para imprimir à educação de um punhado de compatriotas o verdadeiro e grande sentido que lhe falta.

Por essa mais que justa investidura de que espero os mais ótimos frutos para o bem da nossa gente, quero apresentar-lhe (sem as fórmulas protocolares) as felicitações, as homenagens e as mais sinceras congratulações.

Carolina Ribeiro (ex-diretora da escola primária do Instituto de educação)

PS. Esse ex é o resultado do terremoto que destruiu o Instituto de Educação.

De fato, em 1938, um mês antes dessa carta, o Instituto de Educação foi extinto por decisão do interventor federal em São Paulo, Ademar de Barros, por meio do decreto n. 9.269.[43] Nessa condição é que Carolina Ribeiro escreve para Julio Cesar, depois da passagem dele por São Paulo, reconhecendo-o como aquele que tinha muito perto das mãos "os meios e os poderes para imprimir à educação de um punhado de compatriotas o verdadeiro e grande sentido que lhe falta". Ainda que ligeira e sem as fórmulas protocolares, a carta é carregada de significado pela remetente. Sua exoneração, expressa pelo "ex" e seu testemunho posto em "PS" faz do elogio que a carta contém uma expressão eloquente de reconhecimento do lugar de Julio Cesar de Mello e Souza como referência para a educação e de esperança no futuro.

Um pouco antes, em janeiro, Edgard Sussekind de Mendonça, colega de Julio Cesar de Mello e Souza no Instituto de Educação do Rio de Janeiro, propõe-lhe uma sociedade. Já sob os efeitos do Decreto-Lei n. 24, de 29 de novembro de 1937, que regulamentava o dispositivo da Constituição que determinava a desacumulação de cargos de magistério e técnico-científicos, Sussekind de Mendonça escreve de Petrópolis ao amigo:

---

[43] Além do testemunho do próprio diretor à época, Fernando de Azevedo (1974), o episódio conta com análises de Antunha (1974), Nadai (1991) e Evangelista (1997).

Petrópolis, 17 de janeiro de 1938

Amigo Mello e Souza,

Este bilhete é mesmo do Edgard Sussekind de Mendonça, que nunca te escreveu nos trinta anos em que te conhece, mas que, apesar disso, teve esta noite, ao ler a melancólica notícia das desacumulações uma ideia de que fizeste parte, como colega e, sobretudo, como amigo.

Lá vai a ideia, que longe está de ser bela, mas que talvez seja útil e, com certeza, bem-intencionada: - logo que tive conhecimento do decreto das desacumulações, eu, que fui um precursor forçado entre as vítimas, passei a considera-lo uma boa ocasião para nos voltarmos ao ensino particular. E vi fortalecido um projeto sonhado aos baloiços do "Pedro I" – fundar um "Explicandário" onde, livre das praxes oficiais, pudesse dar curso à minha velha mania de ensinar. Fiel de algumas simpatias trabalhosamente conquistadas no nosso saúdo Instituto de Educação, de que nos divorciaram, a mim com singular escândalo, a ti em tão boas companhias... mas a ambos, estou certo, violando o voto de grande maioria das alunas. Pois bem, foi essa velha ideia que ontem ganhou vida, e, como te vi na lista dos que tiveram de optar contra o Instituto, e como sei, pelas tuas antigas alunas, dos muitos pontos de contato que entre nós existem quanto à compreensão de ensino secundário feminino, nada quis resolver sem ouvir a tua opinião. Em lugar de trabalharmos separados, não seria possível e talvez melhor trabalharmos juntos? Mesmo com inteira autonomia, não haverá muita coisa em que poderemos somar esforços?

Está claro que trará para a soma a parcela maior, mas eu disponho de certos meios que, por experiência bem sucedida, exercem forte atração sobre alunas (excursões, cinema, etc...) e muito estimaria soma-los à tua incomparável verve didática, que era um dos raros aspectos de sadio bom-humor que tornavam menos carrancuda a vida das nossas alunas, naquelas galerias claustrais em que o apito da D. Palmira era e continua a ser um triste sinal bem sintomático...

[...]

Ao pensar na criação de um Explicandário, Sussekind procura recrutar Julio Cesar para a sua ideia. Partia do entendimento de que compartilhavam uma mesma compreensão do ensino secundário feminino. Em 1932, Edgard Sussekind de Mendonça foi signatário do *Manifesto dos Pioneiros da Educação Nova*, participando ativamente do movimento de renovação educacional dos anos 1920 e 1930. Sua percepção das opiniões das alunas de Julio Cesar do Instituto de Educação reconhecia muitos pontos de contato e pareceu dar-lhe confiança em fazer a proposta. Oferecia meios de ensino que atraia a atenção das alunas como o cinema e as excursões. Tratava-se de um repertório de atividades conhecido do movimento de renovação da educação dos anos 1920 e 1930 e que tinha uma aplicação bem-sucedida na Escola Regional de Merity, dirigida por Armanda Álvaro Alberto, sua esposa. Em troca, esperava que o imaginado Educandário pudesse se beneficiar da "incomparável verve didática" do amigo: "um dos raros aspectos de sadio bom-humor que tornavam menos carrancuda a vida das nossas alunas".

O reconhecimento da incomparável verve didática de Julio Cesar de Mello e Souza por Sussekind de Mendonça e, também, por Carolina Ribeiro é exemplo da atenção dos pares às práticas dos colegas. Pouco interrogado pelos estudos sobre a docência, o reconhecimento dos pares às práticas dos colegas é um aspecto relevante para a compreensão dos valores atribuídos ao magistério. Na correspondência ou em alguma inconfidência registrada em diário[44], a opinião de outros docentes é um indício significativo dos afetos que circulam entre a sala de aula e os demais espaços de sociabilização. Entrementes, circulam representações acerca da reputação das aulas que marcam a trajetória de um docente com o respeito ou a ressalva, a admiração ou o desdém dos seus pares.

CONSIDERAÇÕES FINAIS

As cartas que se conservaram da atuação de Julio Cesar de Mello e Souza confirmam a reputação que o orgulhava. Sobretudo, as manifestações acerca da sua prática de sala de aula reconhecem que era um professor excepcional. Incomparável na didática, tinha a capacidade de estimular os alunos conforme concordavam Sussekind de Mendonça e Tristão Araripe. Na apreciação das alunas do Instituto de Educação, era bom, justo e sábio. Rosalina admirava a sua vocação: profundo sem ser complicado, simples e cotidiano sem ser banal.

---

[44] Ver o estudo de Holly (2013) sobre diários biográficos de professores. Também Maria Teresa Santos Cunha (2002; 2007; 2019) refletiu sobre o uso de diários pessoais como fonte para a História da Educação.

Essa amostragem de atributos sobre a docência conseguida no arquivo pessoal de Malba Tahan importa para a pesquisa da história do bom exercício do magistério como objeto da análise e como fonte de pesquisa. Por um lado, os testemunhos que pudemos encontrar sobre a prática do magistério por Julio Cesar de Mello e Souza, embora poucos, informam algo sobre as sensibilidades e afetos desenvolvidos em classe. Quando diretos e coletivos, como no caso das alunas do Instituto de Educação, dão acesso à parte das relações entre a classe e o docente e, assim, a valores e critérios de julgamento um tanto compartilhados. Mesmo quando o testemunho é direto e individual, como o de Rosalina, expõe uma experiência de convívio que compartilha dos valores e critérios de julgamento do período. Nesse sentido, o estudo das representações que resultam da experiência de sala de aula tem na correspondência um documento ímpar.

Por outro lado, como adverte Brigitte Diaz (2016, p. 126), a carta não é um solilóquio, mas uma "forma socialmente organizada da circulação da palavra, perseguida por modelos retóricos, definida por hábitos" que "não escapa à formatação dos discursos". Como fonte, portanto, requer atenção à narrativa que engendra, às redes que ao seu redor se formam sutilmente. Quando produzidas por discentes ou colegas, as cartas sobre as qualidades de um docente dão da prática de ensino-aprendizagem uma impressão qualificada da relação professor-aluno. Igualmente, expressam uma ação, um querer que pretende produzir efeitos fora do espaço confidencial da correspondência. Como quaisquer outras correspondências, conforme explica Diaz (2016, p. 67), as cartas para docentes também são "o emblema e o substituto de um agir sobre o mundo".

Embora especialmente raras em acervos de intelectuais que também exerceram a docência, as cartas desse tipo são fontes imprescindíveis para o estudo da empatia, do reconhecimento e da admiração como aspectos das boas práticas da aula. Somam aos vestígios do exercício do magistério e do saber-fazer profissional docente pistas acerca das sensibilidades que emergem da relação de ensino-aprendizagem. Dessa perspectiva, mesmo que difícil de circunscrever, conforme observaram Isabel Cunha e Larry Cuban, a boa docência é um tema na correspondência com professores. E a atenção ao testemunho de estudantes e docentes sobre a atuação de Julio Cesar de Mello e Souza como professor contribui para também investigar as práticas do ofício a partir das sensibilidades que suscitam em sala de aula.

Sem o consórcio de outras fontes ou de uma série mais regular de missivas é impossível saber se Rosalina fez o curso de Malba Tahan nas férias de 1964, se Julio Cesar atendeu ao apelo das suas alunas da turma A do 1º ano do Instituto de Educação ou se respondeu a Edgard Sussekind de Mendonça. Ainda assim, esse pequeno conjunto de cinco cartas deixa ver algo do espólio que a interação em sala de aula e na escola produziu durante a trajetória docente de Julio Cesar. Especialmente, os afetos e as emoções oriundos desse tipo de interação circunscrevem características do bom exercício da docência que a um olhar curioso, mas extemporâneo, apenas uma escrita íntima permite o acesso.

REFERÊNCIAS

ALUNAS DA TURMA do 1º ano A do Instituto de Educação. *Correspondência*. Rio de Janeiro, 1933. CME/FE-UNICAMP-MT/01.003.0008-01.

ANTUNHA, Heládio. *Universidade de São Paulo*: fundação e reforma. São Paulo: CRPE, 1974.

ARARIPE, Tristão de. *Correspondência*. Rio de Janeiro, 1936. CME/FE-UNICAMP-MT/01.003.0055-01.

AZEVEDO, Fernando de. *História da minha vida*. Rio de Janeiro: José Olympio, 1974.

CHERVEL, André. História das disciplinas escolares: reflexões sobre um campo de pesquisa. *Teoria & Educação*, Porto Alegre, n. 2, p. 177-229, 1990.

CORRÊA, Leandro Piazzon. *A biblioteca e o arquivo feitos obra*: a publicação das antologias do bom professor de Malba Tahan. 2020. Dissertação (Mestrado em Educação) – Faculdade de Educação, Unicamp, Campinas, 2020. 122 p.

CUBAN, Larry. Como os professores ensinavam: 1890-1980. *Teoria & Educação*, Porto Alegre, n. 6, p. 115-127, 1992.

CUNHA, Maria Isabel. *O bom professor e sua prática*. 12. ed. Campinas: Papirus, 1989. (Coleção Magistério: Formação e Trabalho Pedagógico).

CUNHA, Maria Teresa Santos. *(Des)Arquivar*: arquivos pessoais e ego-documentos no tempo presente. Florianópolis: Rafael Copetti Editor, 2019.

CUNHA, Maria Teresa Santos. Escrever sobre si: diários íntimos e construção de subjetividades. *In*: SOMMER, Luís Henrique; BUJES, Maria Isabel Edelweiss (org.). *Educação e cultura contemporânea*: articulações, provocações e transgressões em novas paisagens. Canoas: Editora Ulbra, 2007. p. 119-136.

CUNHA, Maria Teresa Santos. Diários íntimos: memórias de professoras normalistas. *In*: CAMPOS, Maria Christina Siqueira de Souza; SILVA, Vera Gaspar da (org.). *Feminização do magistério*: vestígios do passado que marcam o presente. Bragança Paulista: EDUSF, 2002. p. 123-140.

DIAZ, Brigitte. *O gênero epistolar ou o pensamento nômade*. São Paulo: EDUSP, 2016.

ESCOLANO BENITO, Agustin. *A escola como cultura*: experiência, memória e arqueologia. Campinas: Alínea, 2017.

EVANGELISTA, Olinda. *A formação do professor em nível universitário – o Instituto de Educação da Universidade de São Paulo (1934-1938)*. 1997. 294f. Tese (Doutorado em Educação) – Pontifícia Universidade Católica de São Paulo, São Paulo, 1997.

GOODLAD, John I.; KLEIN, M. Frances. *Behind the Classroom Door*. Worthington, OH: Charles A. Jones Publishing Company, 1970.

GOODSON, Ivor. *As políticas de currículo e de escolarização*. Petrópolis: Vozes, 2008.

HAROCHE-BOUZINAC, Geneviève. *Escritas epistolares*. São Paulo: EDUSP, 2016.

HOLLY, Mary Louise. Investigando a vida profissional dos professores: diários biográficos. *In*: NÓVOA, António (org.). *Vidas de professores*. 2. ed. Porto: Porto Editora, 2013. p. 79-110.

LORENZATO, Sérgio. Um reencontro com Malba Tahan. *Zetetiké* – Universidade Estadual de Campinas, Faculdade de Educação, Círculo de Estudo, Memória e Pesquisa em Educação Matemática, Campinas, Ano 3, n. 4, p. 95–102, 1995.

MALBA TAHAN. *A arte de ser um perfeito mau professor*. Rio de Janeiro: Editora Vecchi, 1967.

MALBA TAHAN. *Antologia do bom professor*. Rio de Janeiro: Editora Vecchi, 1969.

MALBA TAHAN. *Didática da Matemática*. São Paulo: Editora Saraiva, 1965.

MALBA TAHAN. *O homem que calculava*. Aventuras de um singular calculista persa. Rio de Janeiro: Editora A.B.C., 1938.

MALBA TAHAN. *O mundo precisa de ti, professor*. Rio de Janeiro: Editora Vecchi, 1967.

MALBA TAHAN. *O professor e a vida moderna*. Rio de Janeiro: Editora Vecchi, 1967.

MALBA TAHAN. Páginas do bom professor. Rio de Janeiro: Editora Vecchi, 1969.

MALBA TAHAN. *Roteiro do bom professor*. Rio de Janeiro: Editora Vecchi, 1969.

MALBA TAHAN; Irene Albuquerque. *Tudo é fácil (Matemática infantil)*. Rio de Janeiro: Editora A.B.C., 1937.

MELLO E SOUZA, Julio Cesar; ROXO, Euclides; THIRÉ, Cecil. *Curso de Matemática*. Rio de Janeiro: Francisco Alves, 1933.

MELLO E SOUZA, Julio Cesar; THIRÉ, Cecil. *Matemática 1º ano*. Rio de Janeiro: Francisco Alves, 1930.

MENDONÇA, Edgard Sussekind. *Correspondência*. Petrópolis: CME/FE-UNI-CAMP-MT/01.004.0027-01, 1938.

MORAIS, Claudiana dos Reis de Sousa. *Correspondência de Julio Cesar de Mello e Souza: rede de sociabilidade e trajetória intelectual*. Relatório de Qualificação. Faculdade de Educação/Unicamp, Campinas, 2022. 71p.

NADAI, Elza. *Educação como apostolado*: história e reminiscências (1930-1970). 1991. Tese (Livre Docência) – Faculdade de Educação da USP, São Paulo, 1991. 450 p.

PAULILO, André Luiz. Números entre letras: o arquivo pessoal de Malba Tahan. *Revista Diálogo Educacional*, Curitiba, v. 22, n. 75, p. 1620-1641, out./dez., 2022.

PEREIRA NETO, André de Faria; SALLES, Pedro Paulo. O homem que criava. *Revista de História da Biblioteca Nacional*, Ano 7, n. 84, p. 66-69, set. 2012.

PORTO, Ana Gomes. De Malba Tahan a Mello e Souza: a construção de uma identidade (1923-1938). *Pro-Posições*, Campinas, v. 34, e20210071, 2023.

RIBEIRO, Carolina. *Correspondência*. São Paulo, 1938. CME/FE-Unicamp- MT/01.004.0019-01.

ROSALINA. *Correspondência*. Marília, 1963. CME/FE-UNICAMP-MT/01.026.0013-10.

SANTOS, Anderson Oramísio. *Vida, pensamento e obras do professor Julio Cesar de Mello e Souza - Malba Tahan*: o ensino de matemática no Brasil nas primeiras décadas do Século XX. 2019. 209f. Tese (Doutorado em Educação) – Faculdade de Educação, Universidade Federal de Uberlândia, Uberlândia, 2019.

SIQUEIRA FILHO, Moysés Gonçalves. *Ali Iezid Izz-Edim IBN Salim Hank Malba Tahan*: Episódios do Nascimento e Manutenção de um Autor-Personagem. 2008. Tese (Doutorado em Educação) – Faculdade de Educação da Unicamp, Campinas, 2008. 224 p.

SOARES, Jefferson da Costa Soares; SILVA, Gustavo da Motta Silva. Dentre a Reforma Rocha Vaz e o Estado Novo: Os Professores Suplementares do Colégio Pedro II. *História da Educação* [on-line], Porto Alegre v. 22, n. 56, set./dez., 2018. p. 146-164. Disponível em: https://seer.ufrgs.br/index.php/asphe/article/view/74062/pdf. Acesso em: 2 jan. 2023.

TYACK, David. *One best system*. Boston: Harvard University Press, 1974.

VIDAL, Diana. *O exercício disciplinado do olhar*: livros, leituras e práticas de formação docente no Instituto de Educação do Distrito Federal (1932-1937). Bragança Paulista: EDUSF, 2001.

ENSAIOS DO EU:
AS ESCRITAS AUTOBIOGRÁFICAS NOS PROCESSOS SELETIVOS DE RESIDENTES DA CASA DO ESTUDANTE UNIVERSITÁRIO APARÍCIO CORA DE ALMEIDA - CEUACA (PORTO ALEGRE/RS, 1987-2009)[45]

Marcos Luiz Hinterholz
Tatiane de Freitas Ermel

INTRODUÇÃO

O presente estudo analisou um conjunto de escritos de caráter autobiográfico de candidatos a vagas de moradia na Casa do Estudante Universitário Aparício Cora de Almeida (Ceuaca), instituição autônoma fundada na cidade de Porto Alegre, em 1934. As fontes examinadas compõem o arquivo da entidade, um singular e significativo conjunto documental produzido pelos estudantes ao longo de diversas décadas, composto por atas, ofícios, relatórios, correspondências, fichas de moradores, as referidas escritas autobiográficas, entre muitas outras tipologias. Atualmente, essa documentação se encontra salvaguardada no Arquivo Histórico do Rio Grande do Sul (AHRS).

As escritas examinadas trazem a marca do apelo, nos quais o candidato se atém à descrição da sua condição socioeconômica, fornecendo indícios sobre o perfil dos estudantes que procuravam a Ceuaca em busca de melhores condições de vida, entre os anos de 1987 e 2009. Essas produções

---

[45] Estudo realizado com auxílio do Plano: Movilidad de Investigadores e Investigadoras UVa-Banco Santander 2023.

autobiográficas são aqui entendidas como *ego-documentos* (CASTILLO GÓMEZ, 2001), nos quais, além das questões de classe, foi possível observar os movimentos desses estudantes pela cidade, pelo mundo do trabalho, suas astúcias para chegarem e se manterem no ensino superior, bem como identificar elementos da subjetividade do estudante escrevente.

A seleção das autobiografias se deu a partir de critérios como a busca por representatividade das diferentes décadas, bem como pelo conteúdo dos escritos. Nesse caso, foram levados em consideração as potencialidades das informações sobre o perfil socioeconômico e a identificação de elementos que permitissem pensar as *escritas de si* como um espaço subjetivo (RAGO, 2013). Embora, como se verá, as autobiografias sublinham o grupo social ao qual pertencem os escreventes, numa autopercepção como sujeitos de um discurso sobre o estudante empobrecido em busca de oportunidades, há nelas outros elementos que potencializam pensá-las em termos de narrativas de si. Também é importante enfatizar que optamos pela supressão dos nomes reais dos sujeitos em detrimento de pseudônimos, entendendo que tal escolha não comprometeria as análises das cenas nas quais esses agentes estiveram inseridos[46].

Para analisar esse corpus documental, nos aproximamos das discussões propostas por Amelang (2004), que trata dos dilemas acerca da autobiografia popular na Idade Moderna, sinalizando a necessidade de estarmos atentos a um sentido mais amplo, ou seja, *ego-documentos*, entendidos como toda a forma literária em primeira pessoa que expõe ou revela experiências pessoais. O mesmo autor, ao conjugar autobiografia com o conceito de "popular", destaca que apesar de os conceitos serem bastante problemáticos e multifacetados, no que diz respeito ao último, está a referir-se às classes mais baixas ou subalternas, como, por exemplo, eram os artesãos ou trabalhadores das cidades e, nas zonas rurais, os camponeses.

Na longa história dos trabalhos historiográficos a partir de documentos não oficiais e suas múltiplas vertentes, bem como dos movimentos

---

[46] Uma inquietação ética que se apresentou à pesquisa foi justamente a de como identificar no texto final os personagens dessas cenas? Pode-se dizer que não há, nas práticas acadêmicas, uma postura única ou universalmente aplicável frente à questão do anonimato ou não dos sujeitos sobre os quais se fala, sejam eles informantes diretos ou atores alcançados a partir dos arquivos. Assim, o pesquisador deve avaliar caso a caso, colocando em autoexame sua prática profissional (FONSECA, 2008). Variáveis como as consequências da revelação de dados íntimos, a publicização de acusações difamantes, a distância temporal (no caso de informações buscadas em arquivos) e os efeitos para os protagonistas e seus descendentes necessitam ser considerados na avaliação da pertinência da exposição dos nomes. Levando em consideração todas essas reflexões, optou-se pela adoção de pseudônimos, por entender que estes deixariam mais livres as análises desses escritos.

de preservação dessas fontes, Castillo Gómez (2001) aponta uma onda de valorização de escritos das classes populares a partir dos anos 1980, período que identifica como o auge da história social e no qual recordações, diários, agendas, correspondências, livros de memória, enfim, escritos de ordem pessoal e ordinária passam a ser valorizados como patrimônio documental. Ainda conforme diagnóstico do autor, nos anos 1990 e início dos 2000, o fator social cedeu seu protagonismo em favor das produções autobiográficas, quando as escritas de si foram valorizadas no conjunto das escrituras privadas e ordinárias. Nesse contexto, emerge e ganha força a noção de ego-documento, que, a despeito dos matizes e controvérsias, trata-se de um conceito cuja plasticidade engloba tipologias textuais diversas, como memórias, diários, álbuns de família, autobiografias, relatos de viagem, entre outros. O ego nesses documentos, portanto, não deve ser entendido como puramente introspectivo, mas como a enunciação *do eu* em diferentes suportes, com distintas finalidades ou demandas da vida, sejam elas com vistas ao espaço público ou privado. São escritos autorreferenciais, nos quais o sujeito tanto pode encontrar refúgio quanto converter-se em elemento de referência do discurso que enuncia (CASTILLO GÓMEZ, 2001; VIÑAO FRAGO, 2000).

Ao analisar as escritas autobiográficas que estiveram vinculadas aos processos seletivos de novos residentes da Ceuaca, consideramos tanto a noção de propósito, ou seja, a finalidade burocrática de um processo seletivo que motivou essas escritas, como as implicações da escrita em primeira pessoa, que pode ir muito além do enfoque funcionalista e dar a ver uma ampla gama de círculos e vínculos sociais e elementos de classe, como é o caso da família. Como se verá, essas escritas autobiográficas permitiram a seus autores um redimensionamento dos acontecimentos do passado, encontrando para eles um lugar no presente, criando uma espécie de espaço subjetivo no qual organizaram a própria vida, afirmaram seu próprio nome e instituíram uma identidade social (RAGO, 2013) para ser apresentada ante a instituição na qual pretendiam ser aceitos. Nesse entretecer narrativo de si mesmo, o indivíduo dá a ver um esboço da sua vida, vestígios de outrora, discursos, representações, práticas, valores morais, enfim, toda uma teia de relações por ele estabelecida. Embora essa escrita não tenha se dado de modo espontâneo, posto que produzida pela injunção das circunstâncias de um processo seletivo, e com claro objetivo de sensibilização do outro para um propósito específico, há neles uma autoria, por meio da qual o sujeito enuncia a si próprio. Considerada uma espécie de mistura entre os elementos internos e externos, entendemos a *escrita de si* das classes populares por meio do seu valor social e interpretamos como um "archivo de movilidad", ou seja, um "registro de los cambios en estatus social y en las expectativas personales, sociales y familiares". Nessa perspectiva, a "literatura del yo" poderia ser vista não apenas como um instrumento de auto-sustento, mas como de autotransformação, um tipo de recurso da esperança (AMELANG, 2004, p. 14).

Dito isso, o capítulo foi organizado em três partes: primeiro, elaboramos uma breve história da Ceuaca, desde sua inauguração na década de 1930 até seu colapso na segunda década do século XXI. Em seguida, abordamos aspectos relacionadas à classe e à precariedade de vida, nas quais identificamos o gênero, a idade, a cidade de origem dos estudantes, a instituição de ensino superior, as profissões dos pais, e a situação de trabalho no momento da escrita da autobiografia, entrelaçando com a consolidação de uma política neoliberal que marca a proliferação das instituições de ensino superior privadas, assim como o aumento significativo de matrículas. Nessa seção foram igualmente contemplados aspectos relacionados à formação básica e o ingresso, muitas vezes precoce, no mercado de trabalho. No terceiro e último segmento do capítulo, consideramos as dimensões mais subjetivas dessas escritas, os aspectos relacionados à descrição de características pessoais e familiares, sendo de especial relevância a narrativa do "sonho" da transformação das condições de vida por meio da conclusão do ensino superior.

7.1 CASA DO ESTUDANTE UNIVERSITÁRIO APARÍCIO CORA DE ALMEIDA (CEUACA)

Localizada na cidade de Porto Alegre, capital do Estado do Rio Grande do Sul, a Casa do Estudante Universitário Aparício Cora de Almeida (Ceuaca) foi a primeira organização de moradia para estudantes do estado, funcionando de modo autônomo e autogerido por mais de oito décadas. Espécie de cooperativa, sua criação esteve em sintonia com os ideais do Manifesto de Córdoba (1918) e as disputas em torno do modelo de universidade discutidos, na década de 1930, para o Rio Grande do Sul, especialmente no que diz respeito à função social e a democratização do ensino superior. Foi desse contexto que teve lugar o *Movimento Pró-Universidade* e posteriormente o *Movimento Pró- Casa do Estudante Pobre*, este último liderado pelo Centro Acadêmico do Direito, em 1931. Em 1934, após longa campanha de arrecadação de fundos, era inaugurada a Casa do Estudante, em prédio cedido por empréstimo pela prefeitura municipal de Porto Alegre.

Desde seus primórdios, a Casa esteve intimamente ligada à Federação Acadêmica de Porto Alegre, tanto institucionalmente quanto fisicamente. No momento da inauguração do prédio da residência estudantil, a Federação, que não tinha sede própria, lá se instalou. Isso acabou tornado a Casa do Estudante uma referência não apenas para os seus moradores, mas para uma comunidade acadêmica bem mais ampla. O espaço, embora pequeno, passou a sediar uma série de reuniões e eventos universitários (HINTERHOLZ, 2023).

Contudo, os anos iniciais da Casa do Estudante foram marcados por condições adversas, especialmente a precariedade de suas instalações, com sucessivas ações de despejo. Um importante ponto de inflexão ocorreu em 1944, quando o casal Israel Almeida e Maria Antônia Cora, pais de Aparício Cora de Almeida, doaram ao estado gaúcho um amplo prédio de propriedade da família, localizado no Centro Histórico de Porto Alegre, para que ali fosse sediada aquela que então passou a se chamar Casa do Estudante do Rio Grande do Sul. O gesto foi em homenagem à memória de Aparício, um destacado líder estudantil da segunda metade da década de 1920 e princípios de 1930. Membro do Partido Comunista Brasileiro (PCB) e Secretário da Aliança Nacional Libertadora (ANL), acabou morrendo em outubro de 1935, sob indícios de assassinato político.

A transferência para o novo endereço representou um significativo incremento de vagas de moradia (chegando a 120 em seu auge), bem como a implementação de uma grande estrutura de assistência estudantil, oferecendo restaurante universitário, gabinete médico, odontológico e barbearia. Tais serviços eram oferecidos não apenas aos moradores, mas a uma comunidade acadêmica bem mais ampla. Da mesma forma, outras dependências do prédio, como o salão social, passaram a servir à sociabilidade de toda a classe universitária.

A Casa viveu seus anos dourados entre as décadas de 1950 e 1960, período em que recebeu os maiores aportes financeiros da Reitoria da UFRGS e do Ministério da Educação (MEC). Isso pode ser compreendido pelo papel que a Ceuaca ocupava no período, respondendo, até 1957, por toda a assistência estudantil disponível e, depois desse ano, sua atuação em caráter suplementar ao que passou a ser oferecido pela Federação Acadêmica (Feurgs) e a UFRGS. Contudo, o perfil dos estudantes por ela atendido mudaria ao longo das décadas, especialmente a partir dos anos 1970. À medida que a UFRGS ia construindo suas próprias casas para estudantes e oferecendo ela mesma os demais serviços de assistência estudantil, o público atendido pela Ceuaca passou a ser constituído predominantemente de estudantes-trabalhadores e alunos de instituições privadas de ensino. Estes, ao se livrarem do ônus do aluguel, podiam custear as mensalidades das universidades e faculdades particulares, tais como: Pontifícia Universidade Católica (PUC-RS), Faculdades São Judas Tadeu, Faculdades Porto-Alegrenses (Fapa), Universidade do Vale do Rio dos Sinos (Unisinos), Universidade Luterana do Brasil (Ulbra) e do Instituto Porto Alegre Metodista (IPA).

Sem uma fonte fixa de recursos financeiros, a Casa sempre foi dependente de negociações por verbas junto à Reitoria da UFRGS, do MEC, do governo estadual e de emendas parlamentares. Com a referida mudança do perfil de seus moradores, as verbas foram progressivamente diminuindo, fazendo com que a instituição tivesse de recorrer às mais diversas estratégias para seu financiamento: pedidos de doações junto a empresas, realização de reuniões dançantes semanalmente e aplicação de taxas mensais aos moradores, a fim de custear despesas básicas como água e energia elétrica.

A despeito desses esforços, essa cultura organizacional, solidificada ao longo das décadas, não resistiu às injunções externas. A partir da década 1980, fatores ligados à conjuntura econômica do país e mudanças nas políticas de financiamento da assistência estudantil nas esferas federais, estaduais e da própria UFRGS, resultariam no progressivo subfinanciamento da entidade. Os serviços de alimentação e atendimento médico foram suspensos e a instituição chegou aos anos 1990 sem nenhum tipo de subsídio público, levando a Casa a um quadro de asfixia orçamentária. A partir de então, passou a se manter exclusivamente por meio do pagamento de taxas mensais dos moradores. Sem recursos para a manutenção do prédio sede, maior ativo da entidade, a edificação foi se deteriorando até colapsar, em 2014, quando os seus moradores foram remanejados para imóveis alugados por meio de aluguel social, com a promessa de reforma do prédio original por parte do estado.

Passados mais de nove anos da evacuação do edifício, as promessas de reforma não se efetivaram e o Governo do Estado deixou de pagar os aluguéis dos imóveis que alocavam os estudantes, resultando em ações de despejo. Com isso, na prática, a associação se dissolveu. Antigos moradores têm se congregado no chamado *Movimento CEUACA Viva*, que reivindica as obras de restauração e devolução do prédio aos estudantes. A histórica organização estudantil, nascida nos anos 1930, tem destino incerto e nenhuma perspectiva de voltar a funcionar.

7.2 QUESTÕES DE CLASSE E PRECARIEDADE DA VIDA (1987-2009)

Em sua grande maioria, os relatos autobiográficos aqui examinados foram escritos a próprio punho, em folhas de ofício em tamanho A4, folhas pautadas ou ainda folhas de caderno. Tendo extensão média de uma ou duas páginas, tais produções eram anexadas às fichas de inscrição do processo seletivo de novos moradores e enviadas à Casa, prática que passou a ser adotada a partir de 1987. Essas fichas incluíam, além dos dados de identificação, estudos e trabalho do estudante, questões relacionadas à sua família, especialmente quanto ao âmbito econômico. Eram solicitadas informações como os bens, fontes de renda, despesas, a profissão e o salário dos pais, assim como o número de irmãos e quantidade de trabalhadores na família. A maioria dos escritos, 59,6%, aparecem tituladas como "Autobiografia", por vezes escrita por separado, "Auto biografia". Em três escritos aparecem "Autobiografia de vida"; "Pequena autobiografia" e "Minha história". Apenas uma delas está escrita em terceira pessoa.

Figura 1 – Autobiografia do candidato a morador da Ceuaca (1992)

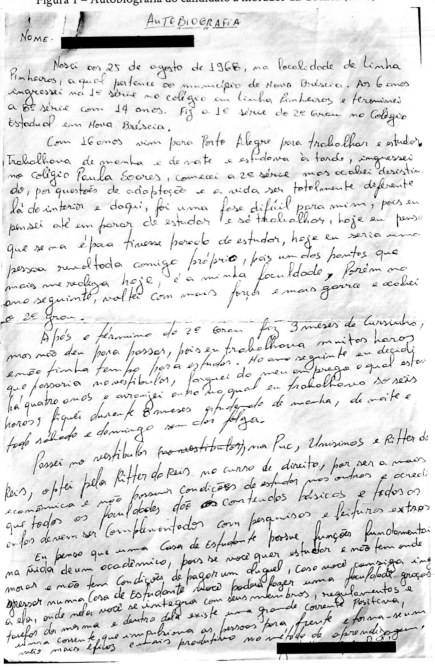

Fonte: arquivo Ceuaca/AHRS

Foram selecionadas, pelo critério da pertinência para as questões da pesquisa, um conjunto de 52 exemplares dessas *escritas de si*. Com base nesse corpus documental, foi possível identificar uma predominância de estudantes do gênero masculino (31 homens e 22 mulheres), de instituições privadas (28 de faculdades ou universidades pagas e 24 da UFRGS) e de estudantes traba-lhadores (18 declararam não trabalhar ante 30 que trabalhavam[47] ou estavam procurando emprego e 4 que não informaram). São números que, somados a outros documentos que serão examinados neste capítulo, sinalizam sobre o perfil de moradores que a Ceuaca viria a atender, especialmente em decorrência das casas que a UFRGS construiu para seus alunos a partir de 1960, além da participação cada vez maior do setor privado na educação superior brasileira.

Conforme dados obtidos a partir do periódico *Boletim UFRGS*[48], em 1991, apenas 30% dos moradores da Ceuaca eram estudantes da Universidade Federal. Quanto aos pais desses estudantes, há um predomínio de profissões de baixa escolaridade e remuneração. Estes atuam, em sua maioria, como agricultores, metalúrgicos, pedreiros e motoristas. No caso das mães, é possí-vel notar a recorrência do trabalho doméstico, sendo elas identificadas como donas de casa ou do lar. Fora do âmbito privado, prevalecem as atividades de diaristas, costureiras e agricultoras. Nos casos mais raros de profissões que exigissem maior qualificação, há o registro de 2 mães professoras, 1 enfermeira e 1 contabilista. Embora não possam ser tomados como dados estatísticos, tais informações apontam para uma tendência no perfil dos moradores da Ceuaca, a saber, filhos de trabalhadores de baixa renda. Da mesma forma, comunicam um processo de ruptura que é simultaneamente de formação intelectual, de classe e geracional, posto serem esses estudantes, em sua grande maioria, os primeiros da família a ingressar no ensino superior e, em decorrência, contarem com uma perspectiva de ascensão social de curto ou médio prazo.

Conforme sinalizamos anteriormente, a partir da década de 1960 é possível notar o aumento progressivo da participação do ensino privado no Brasil. Desde então, as principais características do ensino superior têm sido a privatização (maioria dos estudantes em instituições privadas) e a fragmentação institucional (faculdades isoladas ou associações de faculdades). Especialmente nas décadas de 1960, 1970 e 1980, esse fenômeno pode ser entendido nas chaves do processo social, político e econômico decorrente da industrialização, urbanização e crescente ingresso de capitais de empresas

---

[47] Foram considerados estudantes trabalhadores tanto os que estavam formalmente empregados quanto os que exerciam bolsas e estágios remunerados.

[48] Boletim UFRGS, abr. 1991. Ano III, n. 4.

estrangeiras no país (CUNHA, 2016; BARREIRO, 2008). Sobretudo durante o Regime Civil-Militar iniciado em 1964, o ensino superior se tornaria uma importante estratégia de reprodução e ampliação da classe média, uma das fontes de legitimação da Ditadura (SILVA JR.; SGUISSARDI, 2001 *apud* BARREIRO, 2008). O crescimento exponencial da oferta de vagas em instituições privadas, tanto no período do Regime quanto nos anos que se seguiram a ele, colocou centenas de milhares de jovens estudantes oriundos de camadas sociais historicamente empobrecidas em faculdades e universidades, por meio das quais vislumbraram uma possibilidade de ascensão social. Muitos destes, pouco ou nenhum auxílio financeiro poderiam esperar do núcleo familiar.

Além da descrição das condições socioeconômicas da família, a busca por trabalho, os baixos salários, assim como as dificuldades de pagar aluguel ou estar em uma situação incômoda na casa de amigos ou familiares em Porto Alegre, podemos observar que os aspectos mais recorrentes nas escritas autobiográficas são: relatos relacionados à escolarização básica, merecendo destaque as narrativas acerca dos estudos realizados em escolas públicas; a falta de oportunidades de formação nas cidades do interior e, em muitos casos, a necessidade de conciliação entre estudos e trabalho durante infância e/ou adolescência, perfazendo um 61,5% dos escritos analisados.

É o caso de Cláudio, que, em 1992, com 18 anos e nascido na cidade de Tuparendi, Rio Grande do Sul, inicia a sua autobiografia relatando sobre a sua formação básica, destacando a mudança constante de cidade, as dificuldades no trajeto para assistir as aulas da escola primária e a falta de recursos de seus pais para seguir sustentando os seus estudos:

> Comecei a estudar com 7 anos numa escola chamada Santa Inês. Cursei da 1ª a 4ª série, depois a 5ª fiz em Campo Alegre, na vila onde os meus pais moram atualmente. Da 1ª a 5ª série tive que caminhar muito para estudar de 7 a 8 km por dia. Na sexta série minha vida mudou entrei no juvenato, com apenas 12 anos de idade, em Carazinho. Cursei a 6ª, 7ª e 8ª séries em Carazinho. [...] O 2º graus fiz em Canoas ainda como juvenista, mas no final de 1991 decidi sair pois vi não ser isso que eu queria e também por meus pais não terem mais condições de me sustentarem (CLAUDIO, 1992).

Cláudio relata ainda que durante sua época de formação no juvenato, que compreendia um período de estágio para jovens em algumas ordens religiosas católicas com vistas à vida eclesiástica, trabalhava duas horas diárias e, nas férias, ajudava na lavoura dos pais. A relação com o trabalho é uma das questões mais recorrentes, sendo em alguns casos marcados por trabalhos em fábricas, como no ensaio de Gerônimo, de 26 anos, que buscava entrar na Ceuaca em 1999. Inicia seu texto relatando o êxodo rural de sua família, ocorrido em 1975, quando os pais e seus nove irmãos deixaram Casca-RS e se estabeleceram em Marau-RS. Após esse preâmbulo, o estudante assim segue sua autobiografia:

> [...] Comecei a trabalhar aos 09 anos em uma fábrica de móveis, por meio turno, pois estudava de manhã. Aprendi muitas coisas e permanecei trabalhando lá até os 14 anos de idade, quando consegui um emprego formal na Perdigão Agroindustrial S.A. em 1988, trabalhando no setor de produção e derivação de produtos animais, onde fiquei até 1993, quando tive que prestar serviço militar. [...] Procuro a Casa do Estudante como um local onde todos são estudantes e buscam um ideal, onde todos tem um ponto em comum que é a busca da conclusão do curso superior e uma realização profissional e social (GERÔNIMO, 1999).

Outro caso é o de Daniel, de 23 anos, nascido em Nova Renânia, uma localidade de Santa Maria do Herval-RS, e que cursava Ciências Contábeis na UFRGS, em 1999. O estudante relata o início de sua escolarização e, ao mesmo tempo, a incursão no mundo do trabalho em uma fábrica de calçados, com apenas oito anos de idade. Sua trajetória, marcada pela conciliação entre estudos e trabalho, especialmente após o agravamento da situação de saúde dos pais, foi descrita como exitosa, pois apesar das dificuldades, havia união e a ajuda familiar.

> Aos cinco anos de idade, comecei a ajudar os meus pais na roça. Aos seis, iniciava minha frequência nas aulas, na escola do município. Meu pai começou a ter problemas de saúde, e, em 1984, como ele não podia mais trabalhar pesado, nos mudamos para Dois Irmãos. Para ajudar no orçamento da família, eu trabalhava um turno num ateliê de calçados, sem carteira assinada, pois eu tinha apenas oito anos de idade. No outro turno, eu ia à escola. [...]. No mesmo ano, minha irmã se mudou para Caxias do Sul, com o filho. Nossa família é muito unida, e com a ajuda da minha mãe consegui terminar o 2º Grau na Escola Estadual de 2º Grau Dois Irmãos, sem repetir ano algum, pois era um aluno que estudava bastante, apesar do cansaço do trabalho (DANIEL, 1999).

O exame desses escritos também deu a ver que os estudos, a transição e adaptação pelo novo espaço social, representado pelo ambiente universitário e Casa do Estudante, não se dava num único ato. Por vezes, poderia ser um processo longo e sinuoso, como sugere a autobiografia de Rafael, nascido na comunidade rural de Linha Pinheiros, interior do município de Nova Bréscia-RS:

> Com 16 anos, vim para Porto Alegre para trabalhar e estudar. Trabalhava de manhã e de noite estudava no Colégio Paula Soares. Mas acabei desistindo, por questões de adaptação e a vida aqui ser totalmente diferente lá do interior. Foi uma fase difícil para mim, pois eu até pensei em parar de estudar e só trabalhar. Porém, em seguida, voltei com mais força e mais garra e terminei o segundo grau. Hoje eu penso que se na época tivesse parado de estudar, hoje eu seria uma pessoa revoltada comigo próprio, pois um dos pontos que mais me realiza hoje é a minha faculdade (RAFAEL, 1992).

Chegar em Porto Alegre, arrumar um emprego e estudar. Mais do que um projeto claro e definido, frequentemente as narrativas desses jovens deixam transparecer uma aposta. Lançavam-se no mundo sem muitas certezas. Movimentos de risco de quem não tinha muito a perder. Ainda que os relatos sejam marcados pelo "sonho de estudar", esse projeto, no momento em que esses estudantes saíam da casa dos pais, em boa medida estava em aberto e o acaso muitas vezes mostrava-se um elemento decisivo. Como se pode ler no excerto anterior, Rafael encontrou dificuldades de adaptação, posto que, para ele, a vida na capital era totalmente diferente da levada no interior. Mais uma vez é possível grafar o caráter muitas vezes aventureiro da entrada desse estudante no novo território e de todos os impactos daí decorrentes. Conforme o relato em análise, Rafael acaba voltando para Linha Pinheiros para, depois de algum tempo, "com mais força e mais garra", retornar a Porto Alegre, em nova incursão pelo mundo do trabalho e da educação. A necessidade de trabalhar durante o ensino médio e também durante o curso preparatório para o vestibular sustentam uma retórica da superação que marca esse ensaio. Conquistando sua vaga no curso de Direito, os desafios se mantiveram: escolher a instituição mais barata, manter-se trabalhando, conseguir uma vaga na Casa do Estudante. O mergulho no arquivo foi trazendo muitas trajetórias singulares e demonstrando que os caminhos tortuosos até o ensino superior não eram exceções, como deixa ver o caso de Vitória. Filha de pai soldador e mãe costureira, assim narra seu percurso até o curso de Medicina Veterinária na UFRGS:

> Estudei sempre em colégios públicos. Comecei a trabalhar como manicure aos 12 anos, aos 20 anos comecei a trabalhar em casas de família como empregada doméstica. Meus últimos patrões, vendo meu interesse pelos estudos, conseguiram uma bolsa junto a candidatos políticos, num ótimo curso pré-vestibular. Fiquei como suplente de Medicina Veterinária na UFRGS. Fui chamada em 12 de agosto, através do jornal Zero Hora. Fui pega totalmente desprevenida, pois já me considerava dispensada. Hoje estou em casa de amigos, procuro um lugar para me estabelecer (VITÓRIA, 1999).

Outra história localizada no arquivo é a da estudante Elaine, nascida e criada na zona rural da cidade de Frederico Westphalen-RS. Filha de pequenos agricultores e com 15 irmãos, somente aos 25 anos deixa a localidade para seguir os estudos de nível médio. Após longo período de moradia com irmãs de uma congregação religiosa não mencionada, precisou deixar a pensão por elas mantida e na qual residia. Ingressou tardiamente no ensino superior, aos 38 anos, no curso de Terapia Ocupacional, no Centro Universitário Metodista (IPA). Quando procurou a Casa do Estudante, tinha 40 anos de idade. A documentação indica que Elaine foi aceita e morou na Ceuaca até concluir seu curso.

> Morei com meus pais até os 25 anos e nosso trabalho era a agricultura. Venho de uma família simples e humilde. O primeiro grau eu fiz ainda adolescente. Como na minha localidade não tinha segundo grau, fui procurar meios para seguir com meus estudos. Uma pessoa conhecida me indicou um pensionato aqui em Porto Alegre que era das irmãs. Fiz contato com as mesmas e elas conseguiram-me um lugar com elas. Trabalhei com as irmãs de 1988 até janeiro de 2001. Ali eu pude concluir o segundo grau e fazer o curso técnico em enfermagem. Trabalhava durante o dia e a noite eu ia no colégio. Mas como o pensionato ia fechar, elas pediram que eu procurasse outro lugar (ELAINE, 2001).

Contar com a ajuda e o estímulo "dos patrões", no caso de Vitória, ou o apoio de um pensionato de irmãs de uma ordem religiosa, como ocorreu com Elaine, são apenas alguns dos muitos trajetos possíveis e formas tateantes de contornar obstáculos até a chegada nesses espaços acadêmicos imponderáveis para muitos e que, como dito, não foram projetados e nem estiveram preparados para acolher os grupos sociais em questão.

Assim como esses enfrentamentos aos papéis historicamente atribuídos aos gêneros, é possível encontrar narrativas de subversão ao *destino* de classe. O estudante de Filosofia Érico, natural do interior de Minas Gerais, assim narra seu percurso:

> Sou filho único da relação entre meus pais. Meu pai tem uma filha do primeiro casamento. Minha mãe, depois da separação em 1994, casou-se novamente e teve mais três filhas. De 1994 a 2002 vivi com meu pai – porque minha mãe recusou a guarda do filho. [...] Não sei se quem vai ler isso sabe o que é estudar numa escola pública de uma cidade do interior. Não havia, naquela época, perspectiva alguma de emprego. Algum tempo depois, fui para Belo Horizonte. A ideia de ser metalúrgico, casar, ter filhos, envelhecer e pronto, não me atraía. A situação econômica dos meus pais nunca foi boa. Minha mãe estudou até a quarta série, sempre foi dona de casa, e com três filhas do segundo casamento, está recebendo bolsa família de duas delas, porque estão na escola. É, no mínimo, desconfortável ter que falar isso... Meu pai nunca estudou, é analfabeto, mal sabe usar o telefone. Sempre me virei, mas agora estou precisando de um lugar melhor para morar (ÉRICO, 2009).

A despeito do já tão citado caráter pragmático dessas escritas, a subjetividade sempre teima em se mostrar. Ao dizer que a "mãe recusou a guarda do filho", Érico deixa transparecer um possível sentimento de abandono materno, remetendo aos traços confessionais ou mesmo terapêuticos desses ensaios. Mesmo se considerando independente, característica que o estudante frisa nessa escrita de si, uma questão fundamental se coloca para ele: a necessidade de um lugar para morar. Aqui a casa – ou a falta dela – se apresenta como situação limite. O desejo e a necessidade de um espaço para si são relativamente universais e atravessam os tempos e as civilizações: um lugar isolado para dormir, amar, quedar-se doente, rezar, meditar, ler, escrever, enfim, atender as necessidades do corpo, mas também as da alma (PERROT, 2011).

Para Érico, de igual modo, esse abrigo em outro território estava entre as condições de possibilidade para sua insurgência contra o horizonte que lhe apresentavam e que não o atraía: "ser metalúrgico, casar, ter filhos, envelhecer e pronto". O ensaio de Érico deixa ver sua autopercepção como estudante em condição de empobrecimento socioeconômico e o quanto para ele era "desconfortável" pensar-se nesses termos. É ponderando esse desconforto que ele conta sua vida, mencionando a baixa escolaridade da mãe, sua dependência dos programas sociais do governo e o analfabetismo do pai.

Pode-se dizer, portanto, que essas autobiografias, como atos de palavra, constituíram-se em exercícios por meio dos quais os estudantes voltaram os olhos para si mesmos e se examinaram, pensando na precariedade das condições da própria vida. Uma experiência reflexiva na qual, além da constatação da vulnerabilidade das suas existências, é possível entrever esperanças e o desejo de ruptura com a classe social de origem. Um romper que não significava apenas busca por trabalhos melhor remunerados, mas imaginar outras possibilidades de ser no mundo. Assim, sentimentos como coragem, medo, desejos de liberdade e questões morais também compareceram nesses textos, como se poderá melhor notar nos escritos examinados a seguir.

7.3 AS *ESCRITAS DE SI* COMO UM ESPAÇO SUBJETIVO E UMA POSSIBILIDADE DE INVENÇÃO DA PRÓPRIA EXISTÊNCIA

Um olhar a partir do contexto em que se deu a produção das escritas em análise permite compreendê-las como um dos primeiros movimentos relacionais dos candidatos à moradia com a Casa do Estudante, ou ainda, o ato inaugural da relação com esse espaço de possibilidades experienciais representado pela instituição. Embora essa escrita não tenha se dado de modo espontâneo, posto que produzida pela injunção das circunstâncias de um processo seletivo, e com vistas à sensibilização do outro para um propósito específico, há neles uma autoria, por meio do qual o sujeito enuncia a si próprio. Desse modo, foi possível observar o *ego* presente nesses documentos a partir de diferentes trechos que referenciam sentimentos, medos, angústias, esperanças, sonhos, dentre outros aspectos das subjetividades desses jovens que, ao narrar-se, estão a inventar sua própria existência.

Ler essas autobiografias nos fez caminhar pelos territórios do sensível. Entre os desafios a serem considerados no processo de deixar para trás amigos, família, enfim, um lar, para se aventurar por outros espaços, está o sentimento de saudade. Muitas narrativas apontam nessa direção, como a de Marina (1999), natural de Barra do Ribeiro-RS, filha de pequenos agricultores e que conseguiu aprovação no curso de Geologia da UFRGS:

> Minha aparência externa não é tão apreciada quanto o meu interior. Sou morena clara, cabelos curtos, olhos castanhos, tenho 1,67m de altura, peso em média 55kg dependendo da estação do ano. Meu caráter é marcante. Sei como dizer não a alguém sem magoar. Sou de fácil convivência pois tenho uma paciência quase invejável, assim como o bom humor. [...] Enfim, sou uma pessoa normal que está fazendo seu destino em busca da realização de um sonho que é o de

> formar-se em geologia pela Universidade Federal e que por
> isso renunciou à comodidade do seu lar e da companhia da
> sua família (MARINA, 1999).

Como se observa, essas fontes nos permitem alcançar aspectos subjetivos desses jovens. Em seu exercício autobiográfico, Marina faz menção às renúncias inerentes a esses deslocamentos em direção aos grandes centros urbanos e universitários, posto que significam deixar para trás o conforto da casa e da companhia familiar. São perdas inaugurais, movimentos que demandam o enfrentamento da saudade, e implicam a criação de um lar no novo território. O excerto em análise também deixa transparecer problemas da estudante com sua autoestima. O que a teria levado a confessar essa insegurança quanto à sua "aparência externa"? Quais características físicas fizeram com que ela se sentisse depreciada? A quais padrões julgou não corresponder? São questões que sinalizam o quanto esses escritos foram capazes de tocar dimensões profundas do sujeito escrevente. A esse sentimento de vulnerabilidade quanto à fisionomia, contudo, contrapõe o que considera serem seus atributos: um caráter marcante, a fácil convivência, a paciência e o bom humor, qualidades que supôs serem desejadas para a vida coletiva de uma residência estudantil.

Movidos por razões de ordem prática, a do sustento, o encontro com o outro no espaço da moradia estudantil acaba sendo um corolário. O fato de ser consequência de uma razão que a precede, não a torna menos radical. Cientes dessa dimensão do viver coletivamente, muitos candidatos buscavam exaltar suas características de boa sociabilidade ou mesmo experiências anteriores de moradia compartilhada em seus escritos autobiográficos.

> Sou muito natural, não escondo minha personalidade, gosto
> de fazer amizades, de dialogar quando surgem problemas, sou
> contra as drogas e me disponho a ajudar seja qual for a tarefa
> sempre que estiver disponível. Eu já morei em colégio interno,
> onde limpava toda a escola, estudava e dividia quarto com
> quatro moças, aprendi muitas coisas para ser organizada e
> fraterna (ou na gíria, "parceira). Espero que me avaliem bem,
> pois sou de uma família muito humilde e se eu não conseguir,
> uma das soluções seria voltar para o interior (MARIA, 1999).

> Já tenho grande experiência com relação a vivência em grupo,
> pois fui aluno interno de uma escola agrícola e esta vivência
> sem dúvida enriqueceu muito o meu ser como pessoa. Procuro sempre lutar pelos meus objetivos, acho que se pode

> perder uma batalha, mas jamais perder a guerra. Não tomo decisões precipitadas, penso muito antes de fazer alguma coisa. Sou bastante ligado à família e, geralmente, não faço nada sem antes consultar a opinião desta. Gosto de praticar esportes, de ler e ouvir música. Procuro não perder tempo com coisas inúteis (FRANCISCO, 1992).

Em seu ensaio, Maria exalta sua espontaneidade, seu gosto em fazer novas amizades, sua disponibilidade em auxiliar nos trabalhos da Casa, sua capacidade de diálogo ante conflitos que surgem. Diz ainda ser "contra as drogas", declaração que, se considerada em sua dimensão de preceito de ordem moral, busca informar sobre a posição do sujeito em relação a esse código da moralidade, enunciando uma determinada prática de si, "um certo modo de ser que valerá como cumprimento moral dele mesmo" (FOUCAULT, 2014, p. 206). Em complemento, a candidata invoca sua passagem por um colégio interno, no qual relata os trabalhos de limpeza da escola em troca da isenção das mensalidades, situação que, mais uma vez, comunica sobre as múltiplas formas de manejo tático dos obstáculos impostos à escolarização desse grupo social. Da vivência no internato, Maria refere ter aprendido a ser "organizada e fraterna", uma forma de apresentar-se carregada por marcas de gênero. Saber limpar, ser organizada ou manter uma casa são preceitos enraizados num pensamento simbólico de diferença entre os sexos, no qual esses trabalhos e características são entendidos como naturais às mulheres. Ademais, a "capacidade de ceder" é muito mais imputada à mulher que ao homem, de modo que, nas disputas pelo poder, é socialmente esperado que elas tenham atitudes mais polidas e apaziguadoras do que enérgicas. São ideias sobre uma vocação feminina em benefício da sociedade inteira (PERROT, 1998).

É interessante notar como essas representações de longa duração foram invocadas como predicados naqueles finais dos anos 1990, num espaço que, na década anterior, vedava o ingresso de mulheres como moradoras. De certo modo, elas mobilizaram o uso do gênero – e as representações historicamente atribuídas – a seu favor, como uma espécie de barganha, um *saber-fazer*. Trata-se da capacidade de exercer em público as qualidades maternais, do cuidado e da doçura numa insurgência surda às injunções do poder, num movimento que pouco a pouco vai deslocando as fronteiras entre os sexos (PERROT, 1998).

Ainda na análise dos excertos em foco, Francisco, estudante homem, também buscando trazer a vivência pregressa no internato como um qualificador, realça sua "grande experiência com relação a vivência em grupo", atribuída a sua passagem como aluno interno de uma escola agrícola, algo que teria enriquecido o seu "ser como pessoa". Termina afirmando sua ligação com a família, seus gostos, entre eles o esporte, e sua característica de "não querer perder tempo com o que é inútil", um qualificador de racionalidade e objetividade que, no imaginário social, tradicionalmente esteve mais ligado ao masculino. Como lembra Sarlo (2007), a subjetividade é histórica.

Instância de encontro com o outro, esses escritos, da mesma forma, trazem as marcas do encontro consigo mesmo. No processo seletivo do ano de 2000, a estudante Magnólia escrevia sobre ter deixado sua cidade natal, Constantina-RS, aos 15 anos, para viver na praia de Quintão-RS, onde relata ter tido problemas, sem especificar quais, que a fizeram abandonar os estudos. Posteriormente os retomou, fazendo um supletivo e, a seguir, prestando vestibular:

> Venho de uma família muito pobre, meu pai além de tudo é alcoólatra. Nunca tive esperança de fazer uma faculdade. Meus sonhos ficavam até o casamento e um monte de filhos. Não vou pagar as mensalidades para forçar um crédito educativo. [...] Na minha vida até hoje já enfrentei muitos desafios, mas este é o mais difícil porque faz parte de uma escada, onde cada degrau é para atingir o outro. Essa vaga na casa é o degrau mais importante para mim, porque não tenho como pagar o aluguel de um apartamento. Faço faxinas em casas de família, faço bicos e vendo roupas, mas isso não tem sido suficiente para que eu consiga pagar um aluguel e uma faculdade. Não quero mudar a minha vida para atingir meus sonhos, como essas garotas de programa que vendem o corpo para sobreviver. Respeito isso, mas vou lutar com todas as minhas forças, e ainda vou achar mais forças, para isso não acontecer comigo. Eu sempre tive poucas aspirações na vida, sempre achei que era mais fácil se acomodar e até mesmo casar e ter filhos. Hoje eu penso de outra forma, penso que devo sonhar mais alto, devo lutar batalhar, enfrentar a sociedade e achar um lugar para mim (MAGNÓLIA, 2000).

Ao passo que permite vislumbrar os jogos táticos de muitos desses estudantes para se manter em instituições privadas de ensino, como deixar de pagar as mensalidades na tentativa de "forçar um crédito educativo", a escrita de Magnólia traz as marcas da sua condição de mulher. Num primeiro momento, a ruptura com o que lhe estava sendo socialmente oferecido, em virtude do gênero ao qual pertencia: o casamento e a maternidade. No dizer da própria escrevente, sua busca é fruto de uma mudança de pensamento. Procura um lugar para si, processo para o qual, naquele momento, a vaga na Casa do Estudante seria o "degrau mais importante" na caminhada por afirmação no novo território social. Por outro lado, paira uma sombra sobre a mulher jovem e pobre que sai de casa e se lança no mundo, indo tentar a vida numa capital. Ao falar do medo de se tornar uma garota de programa, deixa transparecer as marcas deixadas em sua subjetividade pelos discursos e os imaginários sociais relativos à moral, à sexualidade e aos modelos de feminilidade.

Conforme Rago (2013), são muitos os estudos que apontam os modos como a Medicina emergente no século XIX criou a figura da mulher assexuada e higiênica, em oposição à mulher pública, "noturna, erotizada, perigosa e destruidora da civilização" (RAGO, 2013, p. 236). Para a autora, essas figuras dominaram o imaginário social até a explosão feminista dos anos 1960 e 1970. Não se pode descartar, no entanto, a partir de uma perspectiva temporal estratificada (KOSELLECK, 2014), a pregnância desse discurso pelas décadas seguintes e mesmo no tempo presente. E, no caso em análise, para além dos temores de Magnólia acerca da prostituição, um dos trabalhos que viria efetivamente a conseguir (faxineira), nos confronta com as especificidades do ser mulher no quadro geral desses jogos táticos do estudante empobrecido. Como se pode notar, ainda que no ano 2000, em alguma medida essa mulher sentiria sobre si o peso da ruptura com uma educação para o confinamento na esfera do privado. E é nesse contexto que a Casa do Estudante parece ter despontado como requisito elementar de afirmação, um primeiro passo para se estabelecer no novo lugar social.

Em nosso processo de pesquisa, a leitura desses escritos, um após o outro, permitiu notar o quanto essas produções tocam o existencial, o quanto era a vida que estava em jogo nesses deslocamentos e busca por afirmação no novo território. Mesmo as *escritas de si* marcadas pelo devaneio e pela utopia se mostram potenciais para a compreensão de valores e sentidos que moviam esses jovens:

> A minha visão de mundo é constituída de cores psicodélicas, na qual cada uma tem seu brilho próprio. Acredito no amor, na amizade, nas pessoas, na bondade e na utopia de que o mundo será um lugar melhor, constituído de pessoas que sonham e que vivem a vida sem preconceitos, velhas opi-

> niões ou feridas abertas. Evitar o consumismo, a busca pelo
> poder, pelo controle a obsessão por dinheiro e a desenfreada
> compulsão pelo reconhecimento dos outros. Pois no final,
> quando acordarmos, veremos que são sonhos, desejos e
> recordações que são preciosos e importantes, e que as outras
> coisas são apenas acessórias (JÚLIA, 2009).

Como visto, essas autobiografias foram uma maneira dos estudantes oferecerem-se ao olhar do outro a partir do que dizem sobre si mesmos. Da mesma forma, do lado dos responsáveis pelo processo seletivo, tão importante quanto o aspecto socioeconômico era conhecer o ser com quem se estabelecerá relação, o novo sujeito que comporá essa institucionalidade. Daí a importância do elemento relacional na experimentação da moradia estudantil, permitindo reafirmar a centralidade assumida pela questão da coexistência no espaço social da Ceuaca e todas as suas implicações. Disso resulta uma interessante dinâmica, na qual a finalidade administrativa que ensejou a produção dos textos não obliterou a dimensão autoral desses escritos, aqui entendidos como verdadeiros trabalhos sobre o pensamento.

CONCLUSÕES

A despeito de serem escritas regidas pela formalidade e produzidas em resposta a uma demanda de ordem burocrática, foi possível, por meio delas, captar alguns dos movimentos desses estudantes que, deixando para trás sua família, cidade, estado ou país, lançavam-se ao mundo da educação superior. Na arena institucional, as autobiografias examinadas permitem ver em operação os jogos de sensibilização do outro e a centralidade que a Ceuaca assumia nos movimentos pela afirmação do grupo social em questão no ambiente acadêmico e na cidade de Porto Alegre-RS. Ter um lugar para ficar, um endereço, um quarto, e a possibilidade de fazer as refeições diárias representa o acesso à urbe, uma possibilidade de inclusão e autonomia durante os anos de formação universitária.

Um dos aspectos a serem sublinhados são os riscos e apostas vividos por esse estudante e seus movimentos, em muitos casos precoces, pelo mundo do trabalho e as diferentes estratégias para conseguir acesso e a permanência na educação superior. Foram identificadas inventividades desses personagens na superação dos obstáculos impostos em suas incursões pelo mundo acadêmico. Em grande parte das escritas foi possível observar que a precariedade econômica familiar lançou muitos desses jovens ao mercado de trabalho informal e familiar. Há ocorrências de trabalhos em lavouras e cuidado dos irmãos menores, nas fábricas, em casas de família, como auxiliar de pedreiro, faxineira e manicure, dentre outras atividades que foram ou não conciliadas com a escolarização básica no período correspondente. Nessa perspectiva, a documentação trouxe à cena jovens sem reservas financeiras ou outras formas de previdência, e que necessitavam, por meio de exercícios escritos e habilidades retóricas e argumentativas, comprovar e convencer a instituição *Casa do Estudante* acerca de sua condição socioeconômica e das aptidões para a convivência coletiva. Essas táticas discursivas focadas na demonstração de uma vulnerabilidade socioeconômica e no interesse em cooperar com a Casa, muitas vezes acabavam por tangenciar outras angústias da condição humana.

Assim, a análise dessas *escritas de si* foi dando a ver as formas como os estudantes se apresentavam àquele espaço, os modos por meio dos quais esses sujeitos constituíram-se autobiograficamente, suas redes de relações, a importância dos elementos de classe, geracionais, características pessoais e de gênero. O processo seletivo de novos moradores demandava que o estudante se examinasse, realizando um ensaio sobre si, confessasse seus medos e expectativas, percebesse suas vulnerabilidades ou mesmo a precariedade das condições de sua própria vida. Constatou-se que tais movimentos, ao passo que implicam a difícil emancipação do núcleo familiar para "manter-se por si mesmo", também significava um campo de possibilidades existenciais que a eles se abria.

O conjunto documental examinado permite, pela sua singularidade, alcançar dimensões sensíveis da subjetividade de jovens que ingressaram no ensino superior entre os anos 1980 e 2000. Por meio dessas histórias de vida se pode acessar matizes das realidades dos estudantes universitário brasileiros, além de reafirmar a importância de políticas de assistência estudantil para garantir a permanência nas universidades.

REFERÊNCIAS

AMELANG, James. Los dilemas de la autobiografía popular. *Trocadero. Revista del Departamento de Historia Moderna, Contemporanea, de America y del Arte*, Cádiz (Espanha), n. 16, p. 9-17, 2004. Disponível em: https://doi.org/10.25267/Trocadero.2004.i16. Acesso em: 13 mar. 2024.

BARREIRO, Gladys Beatriz. *Mapa do Ensino Superior Privado*. Brasília: Inep/MEC, 2008.

BOLETIM UFRGS, abril de 1991. Ano III, n. 4.

CASTILLO GÓMEZ, Antonio. Outras vozes, outros arquivos. A memória escrita das classes subalternas. *Cadernos de História da Educação*, Uberlândia, v. 20, n. 43, p. 01-23, 2001.

CUNHA, Luiz Antônio. Ensino Superior e Universidade no Brasil. *In*: FARIA, Luciano Mendes Filho; LOPES, Eliane Marta Teixeira; VEIGA, Cyntia Greive (org.). *500 Anos De Educação No Brasil*. 5. ed. Belo Horizonte: Autêntica, 2016.

FONSECA, Cláudia. O anonimato e o texto antropológico: Dilemas éticos e políticos da etnografia 'em casa'. *Teoria e Cultura*, Juiz de Fora, v. 2, n .1 e 2, jan./dez., 2008.

FOUCAULT, Michel. O sujeito e o poder (1982). *In*: FOUCAULT, Michel. Genealogia da Ética, Subjetividade e Sexualidade. *Ditos & Escritos IX*. Rio de Janeiro: Forense, 2014, p. 118-140.

HINTERHOLZ, Marcos Luiz. *Entre artes de fazer e experimentações*: a Casa do Estudante Universitário Aparício Cora de Almeida como instituição educativa e sua inscrição na história das organizações estudantis sul-rio-grandenses (1934-2021). Tese (Doutorado em Educação) – Programa de Pós-Graduação em Educação da Universidade Federal do Rio Grande do Sul, 2023.

KOSELLECK, Reinhart. *Estratos do tempo*: estudos sobre história. Rio de Janeiro: Contraponto: Ed. PUC-Rio, 2014.

PERROT, Michelle. *História dos Quartos*. São Paulo: Paz e Terra, 2011.

PERROT, Michelle. *Mulheres Públicas*. São Paulo: Fundação Editora da Unesp, 1998.

RAGO, Margareth. *A aventura de contar-se*: feminismo, escrita de si e invenção da subjetividade. Campinas: Editora da Unicamp, 2013.

SARLO, Beatriz. *Tempo Passado*: cultura da memória e guinada subjetiva. São Paulo: Companhia das Letras, 2007.

SILVA JR. João dos Reis; SGUISSARDI, Valdemar. Novas faces da Educação superior no Brasil: reformas do Estado e mudanças na produção. São Paulo: Cortez, 2001. *In*: BARREIRO, Gladys Beatriz. *Mapa do Ensino Superior Privado*. Brasília: Inep/MEC, 2008.

VIÑAO FRAGO, Antonio. A modo de prólogo: Refúgios del yo, refúgios de otros. *In*: MIGNOT, Ana Chrystina V.; BASTOS, Maria Helena C.; CUNHA, Maria Teresa S. (org.). *Refúgios do Eu*: educação, história, escrita autobiográfica. Florianópolis: Mulheres, 2000. p. 9-15.

8

QUERIDA AFILHADA, QUERIDO AFILHADO
AS LEMBRANÇAS DE BATISMO ENTRE OS POMERANOS DO SUL DO BRASIL (1950 - 1980)

Vania Grim Thies

É daqui que eu evoco todos esses lás onde eu estava

(RICOUER, 2007, p. 57)

INTRODUÇÃO

Querida afilhada ou *Querido afilhado* é o enunciado que faz a abertura do texto da maioria dos artefatos analisados no conjunto de 14 lembranças de batismo problematizadas neste artigo[49]. São materiais efêmeros, materializados em forma de uma *caixinha* expressando os sentimentos e bons desejos como presentes de padrinhos e madrinhas para os afilhados ou afilhadas no dia do ritual de batismo da criança.

Ainda poucos estudados nas pesquisas acadêmicas, deixam a efemeridade quando encontradas nos arquivos pessoais e passam a construir uma memória no tempo presente (RICOUER, 2007) muitas vezes na ocasião de repasse do material que permanece, via de regra, com as matriarcas das famílias, tendo em vista que são recebidos pelas crianças e posteriormente permanecem guardados nos arquivos das famílias.

São consideradas como ego-documentos, manifestando a "diversidad de las formas de expresión escrita de los sentimientos y experiencias perso-

---

[49] O artigo apresenta um dos resultados do projeto Universal (CNPQ 18/2021) "Modos de produção e participação nas culturas do escrito por pomeranos da região sul (Século XX)" e do estágio Pós-doutoral na Universidade do Estado de Santa Catarina (Udesc), sob a supervisão da Prof.ª Dr.ª Maria Teresa Santos Cunha.

nales" (AMELANG, 2015, p. 17), problematizadas como fontes históricas a partir do conceito de representação e materialidade (CHARTIER, 2002; 2014), inseridas em um tempo e contexto específicos, o texto busca "uma proximidade no tempo e uma curiosidade em relação ao seu próprio tempo" (ROUSSO, 2016, p. 19) com as reflexões e os recuos relativos que a empiria escolhida permite demonstrar.

Essas lembranças, desde o ritual religioso do batismo, foram preservadas em um arquivo pessoal reunindo o material de mais de uma pessoa de uma mesma família, considerando assim um acervo geracional (do pai, duas filhas e um filho) datado entre os anos de 1950 (três do pai), 1977 (quatro da filha mais velha), 1975 (quatro do filho) e 1980 (três da filha mais jovem). A guarda dos materiais foi realizada não pelas crianças que receberam as lembranças no dia do batismo, mas sim pela mãe e, por esse motivo, foi possível encontrar o acervo geracional de maneira conjunta no arquivo pessoal da matriarca da família.

Descritos adiante no texto, são artefatos presentes na cultura do grupo étnico de origem pomerana, cujos integrantes habitaram a região sul do Rio Grande do Sul[50] e estavam ligados à religião luterana[51]. Os primeiros pomeranos chegaram a São Lourenço do Sul, na região Sul do Brasil, em 1858, e instalaram-se primeiramente nas regiões rurais. A vinda desses imigrantes foi associada a um investimento privado do colonizador Jacob Rheingantz.

A região europeia conhecida como Pomerânia, de onde vieram esses imigrantes, era, naquele período, uma Província da Prússia situada junto ao mar Báltico que, em 1871, com a união dos estados alemães, passou a fazer parte do Império Alemão[52]. Até o ano de 1945, a Pomerânia estava dividida entre Pomerânia Ocidental e Oriental. A partir da derrota da Ale-

---

[50] Na região denominada de Serra dos Tapes, que atualmente compreende a região serrana dos municípios de São Lourenço do Sul, Turuçu, Pelotas, Arroio do Padre, Canguçu, Capão do Leão e Morro Redondo. É composta por uma diversidade de grupos étnicos, fruto dos processos de imigração – com a vinda de italianos, franceses, alemães, pomeranos – que aconteceram ao longo dos anos. É também importante ressaltar a presença de afrodescendentes, indígenas e luso brasileiros na região (CERQUEIRA, 2011; SALAMONI, WASKIEVICZ, 2013).

[51] No sul do Brasil há três instituições luteranas: a Igreja Luterana do Brasil (ILB), vinculada ao Sínodo de Missouri, a Igreja Evangélica de Confissão Luterana no Brasil (IECLB), vinculada ao Sínodo Rio-grandense e a Igreja Evangélica Luterana Independente (IELI), também chamadas de Comunidades Luteranas Livres, pois não estão vinculadas à nenhum sínodo. Os estudos de Maltzahn (2011) e de Oswald (2014) aprofundam as questões ligadas às diferentes instituições entre os pomeranos na região da Serra dos Tapes e afirmam que, "embora cristãs e luteranas, é possível perceber diferenças entre elas na perspectiva de seus membros, o que de certa forma distingue quem pertence a esta ou aquela comunidade religiosa. Dessa forma, observa-se que a religiosidade luterana presente na região da Serra dos Tapes não pode ser vista como uma igreja homogênea" (MALTZAHN, 2011, p. 38).

[52] Para saber mais sobre esse contexto, ver, entre outros: Salamoni (1996); Weiduschadt (2012); Weiduschadt & Tambara (2014); Krone (2014).

manha na II Guerra Mundial, a parte oriental desse território foi anexada à Polônia e a ocidental à Alemanha, fazendo com que a Pomerânia como tal desaparecesse do mapa da Europa.

No Brasil, a presença dos pomeranos está distribuída em diferentes estados além do Rio Grande do Sul: no Espírito Santo, Rondônia, Santa Catarina e em outras regiões. Assim também se encontra distribuída, pelas questões culturais, a presença da lembrança de batismo. No estado do Espírito Santo, em pesquisa etnográfica com os pomeranos, a antropóloga Joana Bahia (2011) denominou os artefatos de carta de batismo ou cartão de padrinhos, mas comumente chamados de *Peetasetal*, em pomerano, ou *Peetabrief*, em alemão, assim como também são denominadas na região Sul do Brasil.

Assumidos como ego-documentos, que Rudolf Dekker (2002) considerou como os documentos relativos aos eventos pessoais e às experiências de vida, as lembranças de batismo testemunham a cultura de um grupo familiar pomerano, revelando o desejo dos padrinhos e das madrinhas para os afilhados quando estes recebem o ritual do batismo na primeira infância.

Artières (1998) afirmou que "o indivíduo deve manter seus arquivos pessoais para ver a sua identidade reconhecida" (ARTIÈRES, 1998, p. 14), o que corrobora com o encontrado no conjunto de ego-documentos analisados, pois as *caixinhas* estavam preservadas em um arquivo pessoal por mais de 70 anos, considerando os materiais iniciais dos anos 1950, de maneira a afirmar a identidade social do grupo de descendência pomerana. Entre esse grupo étnico é comum também a guarda de outros artefatos da cultura pomerana em seus arquivos pessoais e familiares, tais como as cartas de proteção e os panos de parede, mantendo a identidade coletiva dos pomeranos nas comunidades e localidades onde moram.

Realizada essa introdução, as lembranças de batismo serão a seguir descritas de forma a empreender os conceitos de materialidade e representação, passando posteriormente à discussão da memória e suas relações com o tempo. Por fim, apresentam-se as palavras finais de modo a reunir as conclusões da escrita do capítulo.

8.1 AS LEMBRANÇAS DE BATISMO: ENTRE AS MATERIALIDADES E AS REPRESENTAÇÕES POMERANAS

Os rituais religiosos, tais como o nascimento, o batizado, a confirmação, o casamento e a morte são considerados de grande importância para os descendentes de pomeranos. Segundo Bahia (2011, p. 154), "temos na igreja o eixo da vida social para os pomeranos e no batizado da criança a sua apresentação à comunidade". É no dia do batizado, ao final do ritual religioso do batismo, que a criança recebe a sua *caixinha* da lembrança de batismo de seus padrinhos e de suas madrinhas. Segundo a guardiã do conjunto analisado, tais lembranças eram colocadas em cima da barriga da criança que estava no colo da mãe, no momento em que o pastor entregava a certidão de batismo aos pais, configurando, assim, a finalização do ritual do batizado.

Em estudo anterior realizado por Storch e Thies (2016), as autoras consideraram as lembranças de batismo como um objeto material e simbólico vinculado à cultura do escrito e passadas entre as gerações familiares que representam de forma significativa a cultura pomerana. As autoras descreveram o artefato da seguinte maneira:

> A lembrança de batismo é um artefato presenteado pelo(s) padrinho(s) e/ou madrinha(s) a(o) seu(sua) afilhado(a) no dia do batizado. Cada padrinho ou madrinha presenteia o afilhado com uma lembrança, ou seja, se a criança tiver 5 padrinhos ela receberá 5 lembranças que normalmente são dadas no final do ato religioso na igreja. Este gesto representa uma tradição significativa para os pomeranos, que costuma ser passada entre as gerações e que ainda prevalece nos dias atuais. É uma forma de demonstrar tudo que se deseja para a vida futura do afilhado(a) e, também, como o próprio nome diz, uma lembrança do padrinho e/ou da madrinha (STORCH; THIES, 2016, p. 771).

As lembranças de batismo apresentam-se na forma de uma *caixinha* de papel, tridimensional, medindo 9 cm de largura, 12,5 cm de altura e 2 cm de profundidade, fechada com uma tampa que é encapada com papel colorido. Dentro da pequena caixa está um escrito religioso impresso e com espaços em branco para o preenchimento manuscrito do nome da criança, do nome de quem a presenteia, da data e da localidade/igreja do batizado da criança.

Os espaços a serem preenchidos variam no conjunto em análise: os materiais dos anos 1950 apresentam duas linhas em branco para serem completadas, nas quais estão o nome do padrinho ou da madrinha e o nome do afilhado. Já para os materiais dos anos de 1975, 1978 e 1980, após o texto religioso, há espaços em branco com a indicação de preenchimento do nome da igreja onde o batizado ocorreu, da localidade e da data de batismo e ainda uma linha em branco para o nome do padrinho ou madrinha.

Em ambos os casos, é possível verificar que as pessoas que realizaram o preenchimento desses espaços algumas vezes subverteram as ordens estabelecidas, preenchendo os espaços apenas com a escrita do nome do afilhado ou afilhada, não preenchendo o nome da localidade e/ou da igreja. Ainda é possível afirmar que, para o período analisado, muitos padrinhos e madrinhas não possuíam escolarização ou tiveram permanência apenas no início da escolarização primária, fato que pode ter contribuído para a presença da escrita de formas diversas nas lembranças de batismo.

Na Figura 1, é possível verificar uma das lembranças do ano de 1950, as primeiras do conjunto analisado, pertencentes a um menino, que na geração familiar é o patriarca do acervo que é preservado há mais de 70 anos. As três lembranças de 1950 apresentam o envelope com arabescos na cor marrom com a imagem de uma criança representando a figura de um anjo. No entorno há adornos com pequenos tecidos e pigmentos metálicos. O envelope é o lugar onde fica o texto impresso de forma dobrada.

Figura 1 – Lembrança de batismo de 1950 – escrita impressa em língua alemã

Fonte: arquivo pessoal da autora

O texto impresso, no caso da Figura 1, está com a escrita em língua alemã (as outras duas de 1950 são escritas em português), que foi a língua escrita utilizada no contexto de imigração, já que o pomerano era uma língua apenas oral, falada no contexto da casa e da comunidade. Assim também o alemão foi a língua aprendida e falada na escola até o período da Campanha de Nacionalização do Estado Novo no governo de Getúlio Vargas, entre 1937-1945. O alemão também era usado para os cultos nas três instituições religiosas (ILB, IECLB, IELI), durante os quais o pastor realizava a pregação em língua alemã.

A maioria dos descendentes de pomeranos podiam ser considerados como trilíngues, pois falavam a língua pomerana[53], aprendiam a língua alemã na escola e conheciam o português. É importante ressaltar que essas variações também dependem do período histórico e do contexto de determinadas regiões, pois as pessoas de descendência pomerana de mais idade costumam afirmar que aprenderam o português apenas quando foram para a escola, referindo-se ao decreto de nacionalização do ensino no Brasil, que proibia as manifestações em outras línguas que não fosse o português.

Posta essa explicação, também é possível verificar que há algumas modificações entre os artefatos de 1950 e os demais de 1975, 1977 e 1980 no que tange ao formato do envelope. Para o caso dos materiais desses últimos anos, o texto religioso já está impresso no papel que é dobrado, formando assim o próprio envelope junto com os adornos e as imagens decorativas.

Dentro da *caixinha*, os padrinhos e madrinhas geralmente colocam pequenos objetos como representações simbólicas daquilo que cada padrinho e madrinha deseja para a criança no futuro. É uma crença e uma forma de desejar bons presságios para que, no segmento da vida adulta, o(a) afilhado(a) tenha sucesso. Os elementos simbólicos são variados, mas sempre vinculados ao trabalho com a terra ou a vida doméstica das famílias: fios do rabo de animais, sementes, moedas ou cédulas, linhas de costura ou bordado, agulhas, retalhos de tecidos, entre outras coisas. São formas que identificam o contexto de imigração e o trabalho realizado no momento da chegada na nova terra, e que, embora já bastante refratados pelo tempo, retomam a identidade coletiva do grupo pomerano.

---

[53] Já a escrita da língua pomerana é bastante recente e pode ser datada a partir dos anos 2000, quando começam os estudos no estado do Espírito Santo, com o Programa de Educação Escolar Pomerana (Proepo). Em 2006, Tressmann publica o dicionário da língua pomerana. Segundo Tressmann (2012, n.p.), o pomerano é língua baixo-saxônica (das terras baixas), e descende do antigo saxão, assim como o vestfaliano e o inglês (língua anglo-saxônica). Atualmente, é considerada uma língua brasileira de imigração. É possível saber mais sobre a língua pomerana no Brasil a partir de Morello e Silveira (2022).

Cabe ressaltar que existem diferenciações entre as *caixinhas* presenteadas para os meninos e para as meninas da geração familiar analisada, no que se refere à cor dos elementos iconográficos presentes no envelope: rosa ou branco para as meninas e azul ou branco para os meninos. Essa diferença também está presente nos elementos simbólicos inseridos na pequena caixa com aquilo que se deseja para as crianças: para as meninas, agulhas, linhas de costura ou bordado, pequenos retalhos de tecido, penas de galinha, cédulas e/ou moedas. Para os meninos: sementes variadas, fios de rabo do cavalo ou de porco, cédulas e/ou moedas, e ainda, em alguns casos, pedaços pequenos de argila ou tijolo, bem como um pouco de terra.

Os elementos colocados variam de família para família, dependendo das comunidades e localidades onde vivem, pois ainda é possível afirmar que a vivência em comunidade, bem como as redes de sociabilidade, são os fatores que fortalece os vínculos de identidade do grupo étnico pomerano.

Na Figura 2 é possível verificar a *caixinha* da lembrança de batismo de uma das filhas do acervo geracional estudado, datado de 1980, e com a simbologia das penas de galinha e fios de bordado.

Figura 2 – Lembrança de batismo de uma das meninas (1980)

Fonte: arquivo pessoal da autora

Os elementos colocados na *caixinha* são formas de desejar coisas boas para o futuro (BAHIA, 2011). Por exemplo: as sementes para os meninos, para que tenham boas colheitas e para que não passem fome, para que possam ter terras para bons plantios e criações de animais. Para as meninas, os pequenos retalhos, agulha e linha revelam o desejo de que sejam boas costureiras e tenham conforto e segurança na casa, além de servir como desejo de fertilidade. Esses materiais também configuram o desejo de que as mulheres possam cuidar bem da casa e da família. As penas de galinha podem desejar a sorte na criação de animais ou ainda o antigo instrumento de escrita (caneta de pena), significando uma boa educação como parte da herança.

Tais explicações não são repassadas oralmente no dia do batismo da criança, mas são referenciadas e repassadas por tradição entre as famílias quando o assunto se refere às *caixinhas* das lembranças de batismo. Também foram referidas pela guardadora do arquivo analisado em conversa informal sobre a preservação do material. Bahia (2011, p. 157) descreve ainda que:

> Estes objetos estão intimamente associados aos elementos que compõe os valores fundamentais da vida camponesa, são símbolos que marcam a distinta socialização dos homens e mulheres e o equilíbrio dos elementos fundamentais para a boa manutenção da colônia (BAHIA, 2011, p. 157).

O texto religioso impresso também apresenta diferenciações entre os anos 1950 e os demais, dos anos de 1975, 1978 e 1980. Mesmo assim, o texto mantém o viés de desejar a proteção para os afilhados e afilhadas. A análise é de que as gráficas realizavam a impressão por alguns anos utilizando o mesmo texto e posteriormente o mudavam, pois, para além do material estudado, há no acervo do Centro de memória e pesquisa Hisales[54] um conjunto familiar desses materiais que apresentam textos que diferem do conjunto analisado. Para o caso das lembranças dos anos 1950, o texto se apresenta em forma de um pequeno poema, nos quais os versos (Quadro 1 e Figura 1) invocam a proteção e a segurança da criança:

---

[54] O História da Alfabetização, Leitura, Escrita e dos Livros Escolares (Hisales) é um centro de memória e pesquisa, constituído como órgão complementar da Faculdade de Educação (FaE) da Universidade Federal de Pelotas (UFPel), que contempla ações de ensino, pesquisa e extensão. O Hisales é também um grupo de pesquisa cadastrado no Diretório dos Grupos de Pesquisa do CNPq desde 2006. Está localizado no *Campus* II da UFPel, na Rua Almirante Barroso, 1202 – Sala 101 H, CEP 96.010-280 – Pelotas/RS. Mais informações sobre os acervos e as ações de ensino, pesquisa e extensão podem ser conferidas via internet, no *site* www.ufpel.edu. br/fae/hisales/, nas redes sociais Facebook e Instagram (@hisales.ufpel) e pelo *e-mail* grupohisales@gmail.com.

Quadro 1 – Texto da lembrança de batismo com escrita em língua alemã (1950)

Texto escrito em língua alemã	Texto traduzido para língua portuguesa
ZUR ERINNERUNG AN DIE TAUFE	PARA RECORDAR O BATISMO
Bei der taufe Weihe	Na consagração batismal
Sende Her, O Gott	Envia-a, ó Deus
Deine Himmelsboten	Seus mensageiros celestiais
An den heil'gen Ort	Para o lugar sagrado
Dass sie treu beschirmen	Que eles protejam fielmente
Dich, mein TaufKindlein,	Você, meu filho batizado,
In des Schicksals Stürmen	Nas tempestades do destino
Wachend um Dich sein	Esteja vigilante ao seu redor
Glaube, Liebe, Hoffnung,	Fé, amor, esperança,
Glück, Zufriedenheit,	Felicidade, contentamento,
Möge Gott Dir geben	Que Deus te dê
Bis in Ewigkeit	Para sempre

Fonte: elaborado pela autora com base na lembrança de batismo

Já nas 11 lembranças de batismo dos anos 1975, 1978 e 1980, o anúncio desses desejos continua afirmando a vontade de proteção para a criança, no entanto, o texto impresso já não está em versos, mas enunciado em um pequeno parágrafo no papel, que depois de dobrado já é o próprio envelope. O texto se apresenta da seguinte forma:

> Querid_ afilhad_ _____ Ao receberes o Santo Batismo, cumprirás a vontade de nosso Deus, sem mancha nem Pecado, serás um verdadeiro Cristão. Por isso, este dia é de grande alegria para todos e, neste instante, elevamos nossas preces para que tenhas uma vida digna, útil e feliz, de acordo com os ensinamentos bíblicos, para que, quando prestarmos contas de nossos atos estejas em estado de graça igual ao dia do teu Santo Batismo[55] (Lembrança de batismo de 1980).

---

[55] Texto foi escrito tal como está no documento.

Assim, após as descrições e a partir das 14 *caixinhas* analisadas de maneira comparativa, é possível afirmar que a materialidade é compreendida no conjunto dos artefatos, ou seja, na ligação entre o texto impresso, a escrita manuscrita pelos padrinhos e madrinhas, os espaços sem preenchimento, o envelope e seus aspectos iconográficos e os objetos simbólicos.

Segundo Roger Chartier (2014), a materialidade para o caso do livro é "compreendida como a modalidade de sua inscrição na página ou de sua distribuição no objeto escrito" (p. 37). Tomando como referência o conceito de materialidade do autor, é possível pensar as lembranças de batismo de forma semelhante: no conjunto dos materiais que compõem a *caixinha*, ou seja, a disposição do texto, a forma do envelope, as iconografias presentes e suas colorações, a escrita manuscrita dos nomes e os materiais simbólicos. Chartier (2002) também assegura que o estudo dos materiais não se dá só pelas informações que oferecem, mas "são também estudados em si mesmos, em sua organização discursiva e material, suas condições de produção, suas utilizações estratégicas" (CHARTIER, 2002, p. 13), tal como se deu a análise do conjunto de materiais.

A partir disso, um questionamento que perpassa a análise é bastante pertinente: é possível presentear uma criança com uma *caixinha* carregada de sentimentos e de bons desejos? A empiria demonstra que sim, é possível, porque a materialidade é composta pelo conjunto da caixa e por isso também podemos dizer que ela possui uma representação daquilo que se quer passar para as crianças no ritual do batismo a partir da tradição dos descendentes pomeranos.

As lembranças de batismo, dadas no dia do rito religioso do batismo, revelam pouco sobre o ato religioso em si, mas apresentam-se como uma maneira de perpetuar a identidade pomerana constituindo um *ethos* social por meio da representação da comunidade étnica. Assim, entende-se a lembrança de batismo na materialidade da caixinha como uma representação que identifica as pessoas de descendência pomerana, fazendo "reconhecer uma identidade social, exibir uma maneira própria de estar no mundo, significar simbolicamente um estatuto e uma posição" (CHARTIER, 1990, p. 23).

As lembranças de batismo agem de forma simbólica, firmando o *ethos* pomerano desde a infância tal como "as formas de exibição e de estilização da identidade que pretendem ver reconhecida" (CHARTIER, 2002, p. 11), tanto pelos modos de agir quanto pelas formas com as quais gostariam de ser identificados.

8.2 *ANDENKEN - LEMBRANÇA*: A PRODUÇÃO DA MEMÓRIA NA RELAÇÃO COM O TEMPO

Se a materialidade das lembranças de batismo produz uma representação sobre os descendentes de imigração pomerana de maneira a afirmar e continuar perpetuando a identidade, é também possível pensar a problematização desses artefatos na evidência de um tempo presente e na sua relação com o passado, ou seja, "as formas de experiências do tempo, aqui e lá, hoje e ontem. Maneiras de ser no tempo" (HARTOG, 2006, p. 263). Assim, temos na experiência do tempo presente a produção de uma memória passada.

Tomando a referência do termo *Andenken*, que significa "lembrança" na língua alemã, temos então o objeto da memória: a lembrança. Nas palavras de Ricoeur (2007):

> Lembrar-se é não somente acolher, receber uma imagem do passado, como também buscá-la, fazer alguma coisa. O verbo lembrar-se faz par com o substantivo lembrança. O que esse verbo designa é o fato de que a memória é exercitada (RICOEUR, 2007, p. 71).

E como exercitamos a memória? Nesse sentido, é possível pensar que a criança que recebe a *caixinha* no rito de batismo terá, nas possibilidades de vida adulta, uma lembrança do passado que produzirá uma memória no presente, expressando uma relação com as experiências do tempo de formas variadas, tais como as "formas diversas de traduzir, refratar, seguir, contrariar a ordem do tempo" (HARTOG, 2006, p. 265). A criança que recebeu a *caixinha* no batismo poderá ou não a guardar, poderá ou não presentear os seus afilhados e afilhadas com o artefato: estas são formas de refratar, de seguir ou de contrariar a ordem do tempo, de acordo com as modificações culturais da sociedade.

Contrariando a ordem do tempo, nas palavras de Hartog (2006), é relevante afirmar que as *caixinhas* não são facilmente encontradas na atualidade nas casas comerciais, conforme narrado pela guardadora dos ego-documentos em seu arquivo pessoal: "hoje já não é mais assim, está tudo diferente".

Trabalhando com tais artefatos, fui conferir *in loco* para saber se era possível comprar esses materiais. Para isso, realizei uma visita nas casas comerciais no município de Canguçu, no Rio Grande do Sul, considerado pelo poder executivo municipal[56] como a capital da agricultura familiar com maior número de minifúndios no Brasil, lugar onde é possível encontrar falantes da língua pomerana interagindo pelas ruas da cidade, nos comércios locais, em bares e restaurantes. Esses artefatos deixaram de ser produzidos em escala maior, de forma industrial pelas gráficas da região Sul do Rio Grande do Sul.

No entanto, contrariando a lógica mercadológica da sociedade, a produção das *caixinhas* atualmente se dá de maneira artesanal por mulheres que executam um trabalho de produção em pequena escala no âmbito doméstico, realizando a impressão do escrito religioso, incluindo desenhos de anjinhos ou crianças para enfeitar o envelope, deixando apenas os elementos simbólicos para que o padrinho e a madrinha possam colocar posteriormente à compra do artefato. Depois de prontas, as lembranças de batismo na materialidade de *caixinha* são disponibilizadas para a venda em pequenas livrarias e bazares da cidade que oferecem aos consumidores um misto de produtos, e entre eles estão as lembranças de batismo ou, como popularmente chamadas, *peetasetal*.

Tais comparações realizadas entre os artefatos de diferentes décadas do século XX são uma forma de verificar que mudaram alguns elementos (texto, formato do envelope, a maneira de produção das *caixinhas*, por exemplo), mas a essência do que significa a lembrança de batismo permaneceu, ou seja, a tradição na busca de fortalecer a identidade e dar sentido de pertencimento ao grupo de descendência pomerana.

Koselleck (2006, p. 14) confirma isso ao dizer sobre o tempo histórico que este "está associado à ação social e política, a homens concretos que agem e sofrem as consequências de ações, as suas instituições e organizações", ou ainda, são as formas de sobreviver ao tempo.

Essa relação, ao estudarmos as *caixinhas* de batismo, fornece reflexões e permite algumas análises sobre as formas como se produzem a memória individual e coletiva, ao que Ricouer (2007, p. 130), inspirado em Halbwachs, afirma: "para se lembrar, precisa-se dos outros".

As lembranças de batismo são assim artefatos que guardamos como membros de um grupo social, que recebidas na infância e guardadas nos arquivos pessoais e familiares, são testemunhos das crenças, das práticas, dos costumes e tradições de descendência pomerana, tanto de seu passado

---

[56] Ver em https://www.cangucu.rs.gov.br/

quanto reveladores do presente ativados na produção da memória. As lembranças, pensadas na própria palavra expressa no substantivo que lhes dá nome e as lembranças como as *caixinhas* de batismo, oferecem, nas palavras de Ricouer (2007, p. 131):

> A oportunidade privilegiada de se recolocar em pensamento em tal ou tal grupo. Do papel do testemunho dos outros na recordação da lembrança passa-se assim gradativamente aos papéis das lembranças que temos enquanto membros de um grupo (RICOUER, 2007, p. 131).

É isso que os padrinhos e madrinhas oferecem aos seus afilhados e afilhadas no dia do ritual batismal: uma identidade de grupo, revelando representações por meio da materialidade das lembranças de batismo constituídas por meio das *caixinhas*. Essas experiências no tempo – passado, presente, futuro – refletem a constituição de um patrimônio que "define menos o que se possui, o que se tem e se inscreve mais ao que somos" (HARTOG, 2006, p. 266). Nesse sentido, as caixinhas são um patrimônio constituído por esse grupo social estudado, os descendentes dos pomeranos, e repassado na forma de um pequeno testemunho, de maneira silenciosa, entre as diferentes gerações familiares.

8.3 PALAVRAS FINAIS

Investigar artefatos materiais nos arquivos pessoais e familiares exerce uma função importante sobre a reflexão da guarda dos traços cotidianos de homens e mulheres comuns e de seus fazeres, de suas práticas e crenças, sobre suas redes de socialização, entre outros aspectos. Na análise das lembranças de batismo do grupo étnico de descendência pomerana é possível verificar que há uma grande diversidade de ego-documentos existentes nos arquivos pessoais, para além daqueles mais conhecidos nos estudos da temática (cartas, diários, agendas, cadernos de recordação etc.).

Esse fato possibilitou o encontro e uma análise sobre as lembranças de batismo, as *caixinhas* que carregam sentimentos e desejos para que a criança, desde o batismo, fortalecendo sua identidade e a pertença ao grupo pomerano.

É possível afirmar que as lembranças de batismo analisadas desde 1950, passando pelos anos de 1975, 1978 e 1980, permanecem utilizadas até os dias atuais no sentido de perpetuar essa relação de pertencimento étnico de um grupo, mesmo que no decorrer do tempo apresentem algumas modificações.

Esse pertencimento está tanto na produção das mulheres que atualmente confeccionam as *caixinhas* como também na conservação destas nos arquivos pessoais e familiares, como foi o caso aqui analisado.

Um questionamento é ainda relevante: quando, na vida adulta, ao abrir o artefato do batismo e, após verificar que os desejos do padrinho ou da madrinha não se configuraram como indicavam os elementos simbólicos colocados, o que ainda poderia ser dito? A *caixinha* da lembrança de batismo é, para além de uma tradição dos pomeranos, um patrimônio que constitui a forma de, por meio de artefatos simbólicos representados, dizer algo sobre os pomeranos, sua origem e descendência, sua relação e/ou vínculo com o trabalho na terra, sua religiosidade, suas formas de socialização em comunidade, suas práticas de guarda dos objetos da cultura escrita.

Por meio da lembrança de batismo é possível encontrar ecos sobre a memória construída no presente, como é daqui que eu evoco todos esses *lás onde eu estava*, utilizando as palavras de Ricouer na epígrafe inicial do capítulo, ou seja, há a pertença ao grupo étnico e isso, por si, basta na explicação das representações que a lembrança de batismo carrega em sua materialidade: a) uma identidade que é revelada nos objetos simbólicos nos desejos do presente, b) mas vinculados aos traços da imigração passada, entremeada de disputas territoriais, do vínculo com o trabalhos na lavoura – um presente passado, c) invocando um horizonte de expectativas para o futuro – um presente futuro.

Assim, as várias temporalidades são refratadas, recriadas, refletidas, fortalecendo a interpretação do presente e obedecendo uma distância que possibilita a interpretação entre as diferentes passagens do tempo.

REFERÊNCIAS

AMELANG, James. Apresentação do dossiê "De la autobiografia a los ego-documentos: un fórum abierto". *Revista Cultura Escrita & Sociedad*, n. 1. Edicciones Trea: Gijón, España, 2005.

ARTIÈRES, Philippe. Arquivar a própria vida. *Estudos Históricos*, Rio de Janeiro, v. 11, n. 21, 1998.

BAHIA, Joana. *O tiro da bruxa*: identidade, magia e religião na imigração alemã. Rio de Janeiro: Garamond, 2011.

CERQUEIRA, Fábio Vergara. Serra dos Tapes: mosaico de tradições étnicas e paisagens culturais. *Anais* do IV Seminário Internacional em Memória e Patrimônio: memória, patrimônio e tradição. Pelotas: Ed. UFPel, 2011.

CHARTIER, Roger. À beira da falésia: a história entre incertezas e inquietude. Porto Alegre: Ed. Universidade/UFRGS, 2002.

CHARTIER, Roger. *A história cultural*: entre práticas e representações. Lisboa: Difel, 1990.

DEKKER, Rudolf. Jacques Presser's Heritage: Egodocuments in the Study of History. *Memoria y Civilización*, v. 5, p. 13-37, 2002. Disponível em: http://www.egodocument.net/pdf/2.pdf. Acesso em: 04 de jan. de 2023.

HARTOG, François. Tempo e Patrimônio. *Varia História*, Belo Horizonte, v. 22, n. 36, p. 261-273, jul./dez., 2006.

KOSELLECK, Reinhart. *Futuro passado*: contribuições à semântica dos tempos históricos. Rio de Janeiro: Contraponto: Ed. PUC Rio, 2006.

KRONE, Evander Eloi. *Comida, memória e patrimônio cultural*: a construção da pomeraneidade no extremo sul do Brasil. 2014. 175 f. Dissertação (Mestrado em Antropologia) – Programa de Pós-Graduação em Antropologia, Universidade Federal de Pelotas, Pelotas, 2014.

MALTZAHN, Gislaine Maria. *Família, ritual e ciclos de vida*: Estudo Etnográfico sobre narrativas pomeranas em Pelotas (RS). 2011. 151 f. Dissertação (Mestrado em Ciências Sociais) – Instituto de Sociologia e Política, Programa de Pós-Graduação em Ciências Sociais, Universidade Federal de Pelotas, Pelotas, 2011.

MORELLO, Elisângela; SILVEIRA, Mariela (org.). *Inventário da língua pomerana*: língua brasileira de imigração. Florianópolis: Editora Garapuvu: Ipol – Instituto de Investigação e Desenvolvimento em Política Linguística, 2022.

OSWALD, Tamara. *As igrejas Evangélicas livres e independentes em São Lourenço do Sul*. 2014. 118 f. Dissertação (Mestrado em História) – Universidade Federal de Pelotas/UFPel, Pelotas, 2014.

RICOUER, Paul. *A memória, a história, o esquecimento*. Campinas: Editora da Unicamp, 2007.

ROUSSO, Henry. *A última catástrofe*: a história, o presente, o contemporâneo. Rio de Janeiro: FGV Editora, 2016.

SALAMONI, Giancarla (org.). *Valores culturais da família de origem pomerana no Rio Grande do Sul – Pelotas e Rio Grande do Sul*. Pelotas: UFPel, 1996.

SALAMONI, Giancarla; WASKIEVICZ, Carmen Aparecida. Serra dos Tapes: espaço, sociedade e natureza. *Tessituras*, Pelotas, v. 1, n. 1, p. 73-100, jul./dez., 2013.

STORCH, Letícia Sell; THIES, Vania Grim; Lembranças de batismo: a cultura escrita em três gerações de uma família pomerana. *Anais* do 22º Encontro da Asphe - Unipampa, 2016. v. 01. p. 769-782.

TRESSMANN, Ismael. *Dicionário Enciclopédico Pomerano-Português*. Santa Maria de Jetibá, Espírito Santo, 2006.

TRESSMANN, Ismael. *Arte icnográfica pomerana*: tema do Pomerisch Kalener. Santa Maria de Jetibá. Espírito Santo: Secretaria Municipal de Educação. Prefeitura Municipal de Santa Maria de Jetibá, 2012.

WEIDUSCHADT, Patrícia. *A revista "O Pequeno Luterano" e a formação educativa religiosa luterana no contexto pomerano em Pelotas- RS (1931-1966)*. 2012. 273 f. Tese (Doutorado em Educação) – Programa de Pós-Graduação em Educação/ PPGE, Unisinos, São Leopoldo, 2012.

WEIDUSCHADT, Patrícia; TAMBARA, Elomar. Cultura escolar através da memória dos pomeranos na cidade de Pelotas, RS (1920-1930). *Cadernos de História da Educação*, Belo Horizonte, v. 13, n. 2, p. 687-704, 2014.

9

REVELAÇÕES DE ESCRITAS ORDINÁRIAS NO ARQUIVO PESSOAL DE BEATRIZ GÓIS DANTAS (1956-2016)

Marluce de Souza Lopes
Joaquim Tavares da Conceição

INTRODUÇÃO

Este capítulo apresenta uma compreensão historiográfica das práticas de escritas ordinárias reveladas no arquivo pessoal da professora e antropóloga Beatriz Góis Dantas, desenvolvidas por ela no período de 1956 a 2016, especificamente os escritos intitulados *Meu Álbum* (1956), *Caderno de inventário de livros* (1964), *Figuras da Infância* (2011) e *Antônio Germano de Góis: a saga de um fazendeiro* (2016).

Beatriz Ribeiro de Góis[57] nasceu em 21 de setembro de 1941, na Fazenda Santo Antônio, no município sergipano de Lagarto, sendo filha de Ana Ribeiro de Góis e Antônio Germano de Góis. Concluiu sua graduação em Geografia e História pela Faculdade Católica de Filosofia de Sergipe em 1963 e obteve o título de mestre em Antropologia Social pela Universidade Estadual de Campinas (Unicamp) (1980). Ao longo de sua trajetória acadêmica, lecionou na Faculdade Católica e foi professora na Universidade Federal de Sergipe de 1967 a 1991, recebendo dessa Universidade, no ano de 1996, o título de professora emérita (LOPES, 2020). Em 2023, recebeu o prestigioso *Prêmio Anpocs de Excelência Acadêmica Gilberto Velho em Antropologia*, uma honra merecida por suas contribuições significativas para a área.

Destacando-se como uma notável pesquisadora na área da Antropologia, Beatriz se dedicou a estudos abrangentes, abordando temas como

---

[57] Ao casar-se com o historiador sergipano José Ibarê Costa Dantas, em 1964, ela adotou o nome Beatriz Góis Dantas.

folclore, etnohistória indígena, artesanato e cultos afro-brasileiros. Sua contribuição significativa para os estudos antropológicos resultou em diversas publicações, entre as quais se destacam os livros *A Taieira de Sergipe: pesquisa exaustiva sobre uma dança tradicional do Nordeste* (Editora Vozes, 1972) e *Vovó Nagô e Papai Branco: usos e abusos da África no Brasil* (Editora Graal, 1988), este último originado de sua dissertação de mestrado defendida na Unicamp em 1982. Em 2009, o livro *Vovó Nagô e Papai Branco* chamou a atenção da Editora da Universidade da Carolina do Norte, resultando na sua publicação em língua inglesa com o título *Nagô Grandma & White Papa: Candomblé and the creation of afro-brazilian identity*. Essa obra consolidou a relevância do trabalho de Beatriz Góis Dantas, evidenciando sua importante contribuição para a compreensão da religiosidade afro-brasileira.

Figura 1 – Beatriz em trabalho de campo na Ilha de São Pedro – SE (1980)

Fonte: fotografia do acervo de Beatriz Góis Dantas

Além de sua consolidada produção acadêmica, o arquivo pessoal de Beatriz revela uma outra faceta de sua prática de escrita: as escritas ordinárias (HÉBRARD, 2000). Essas escritas são portadoras de lembranças, evidenciando experiências e singularidades de uma época, valores, crenças. São escritos memorialísticos que fazem referências a lugares, pessoas e acontecimentos (POLLAK, 1989; 1992) relacionados à sua trajetória pessoal e do seu núcleo familiar, manifestando-se em diversos artefatos, notadamente nos livros escritos por ela, interpretáveis como "objetos biográficos" (MORIN, 1969; CUNHA, 2009).

Portanto, as práticas de escrita que emergem do arquivo pessoal da intelectual podem ser categorizadas em práticas de escritas ordinárias (arquivamento do eu, construção de si, narrativas e pretensão autobiográfica) e práticas de escritas acadêmicas. Este capítulo se concentra exclusivamente nas primeiras. As escritas ordinárias (CUNHA, 2019) materializadas em livros são objetos ricos em significados, integrantes da vida e portadores de memórias da esfera privada. Tratam-se de verdadeiros "objetos-relíquia" (RANUM, 2009), impregnados de registros memorialísticos, exemplificados pelos escritos registrados por Beatriz.

As recordações de Beatriz mais longínquas, gravadas em textos, remetem às práticas de escritas que ela produzia por solicitação das freiras do Colégio Nossa Senhora de Lourdes[58], no período em que estudou na instituição como aluna interna. As irmãs sacramentinas estimulavam a produção literária, provavelmente acompanhando as aptidões das alunas, tornando costumeira a ocorrência de discursos no colégio, especialmente nas solenidades, nas quais eram produzidos e lidos por alunas e também por professores (COSTA, 2003). São traços de uma cultura escolar que expressava o caráter solene das cerimônias e festividades que marcavam o cotidiano do intenato-escolar do Colégio (CONCEIÇÃO, 2017).

9.1 MEU ÁLBUM

Os registros de escritas ordinárias, muitas vezes grafadas na forma de manuscritos, fazem parte do elenco de lembranças-objeto que pertenceram ou pertencem particularmente a um indivíduo, mas seu sentido é compreendido por outras pessoas, ainda que eles sejam analisados ou observados muito depois que foram produzidos, adquiridos ou presenteados (RANUM, 2009; CUNHA, 2009, 2019). São objetos carregados de memória, dos quais é exemplo o caderno que Beatriz transformou em "álbum de poesias" e intitulou *Meu* Álbum. É um caderno de capa dura, medindo 22 x 15 cm, cor bordô, no qual ela copiou, "[...] ao longo do tempo, poesias que achava bonitas. Tem de tudo: tema do amor, mãe e filho, mas também poemas épicos celebrando feitos de guerra, de cunho social" (DANTAS, 2020).

Meu Álbum, produzido por Beatriz, teve seu início em 1956 e apresenta transcrições das poesias que ela apreciava, de autores com os quais

---

[58] Colégio particular, confessional católico, fundado em Aracaju no ano de 1903, pela Congregação das Religiosas do Santíssimo Sacramento, que oferecia a instrução feminina, em regime de internato, semi-internato e externato (CONCEIÇÃO, 2017).

se identificava. Com cuidado meticuloso, ela ornamentou a contra-capa com uma imagem de flores em decalque, a qual era aplicada à página após ser mergulhada em água para proporcionar embelezamento. O decalque, ocupando quase toda a extensão da página, foi emoldurado, e o título *Meu Álbum* foi grafado na parte superior, enquanto o nome "Beatriz Ribeiro Góis" apareceu na parte inferior, escrito em letras góticas, enfatizando a inegável autoria do objeto (Figura 2).

Figura 2 – Capa do caderno de poesias confeccionado por Beatriz Góis Dantas

Fonte: *Meu Álbum* (1956). Acervo de Beatriz Góis Dantas

O ritual da cópia de poesias revela uma época da adolescência de Beatriz na qual ela manifestou a sua predileção por um gênero literário e por uma experiência individual que, segundo ela, não era muito comum nas práticas do cotidiano escolar à época.

> O que era mais comum na minha época do colégio era um caderno em que as colegas, em geral no final do curso, deixavam registradas opiniões sobre a dona do caderno. Algumas acrescentavam uma foto 3x4, ou um cromo como fiz no meu álbum de poesias.

> *Outras copiavam pensamentos, enfim era um trabalho mais coletivo, uma tentativa de imortalizar momentos da vida, das colegas e dos anseios das jovens. Eu me dediquei ao trabalho solitário de copiar poesias* (Beatriz Góis Dantas, 2020).

A prática de copiar poesias revela as circunstâncias de um período em que, entre as obrigações escolares e o afastamento dos familiares decorrente do internamento escolar, tornava-se crucial registrar emoções, mesmo que apenas para si, transformando esse registro em um repositório de lembranças. O índice preparado por Beatriz em *Meu Álbum* mostra uma variedade de escrita lírica de autores distintos, ocupando três páginas do caderno, indicando os títulos dos poemas ou poesias. São 62 obras de escritores de nacionalidades distintas, como Alberto Lamego, Camões, Castro Alves, Olavo Bilac, Tobias Barreto, Machado de Assis, Rudiard Kipling, que estão dispostos nas páginas envelhecidas, sem uma ordem definida, em uma sequência aleatória.

Seguindo a disposição gráfica do caderno, preenchendo meticulosamente cada linha em todas as páginas, observando espaçamentos e pontuações, conferindo uma organização ao texto escrito, a escrita comum foi delineada com uma letra elegante, firme e arredondada. Esse resultado é provavelmente fruto de um treinamento caligráfico cuidadoso, característico dos primeiros anos de aprendizado escolar ou mesmo da atividade professoral.

9.2 CADERNO DE INVENTÁRIO DE LIVROS

Outro "objeto-relíquia" do arquivo pessoal da intelectual Beatriz Góis Dantas começou a ser produzido por ela no ano de 1964, após o casamento com José Ibarê Costa Dantas, no mesmo ano. Nesse período, Beatriz iniciou a catalogação dos livros que o casal possuía até então, com a intenção de continuar atualizando as informações à medida que mais títulos fossem sendo adquiridos. Para tanto, páginas foram deixadas em branco entre blocos de informações agrupadas por temas, em um caderno medindo 22 cm x 15 cm, com capa dura na cor cinza. Os títulos das obras foram organizados em três tipos de disposição, distribuídos por todo o caderno. Um primeiro bloco de títulos apresenta relações contendo livros em ordem alfabética; o segundo é composto de livros divididos por assunto, enquanto o terceiro bloco traz uma relação contendo os nomes dos autores, em ordem alfabética, alguns apontando o prenome, outros o último sobrenome, sem um padrão configurado, exceto pela letra delineada.

Distribuídos entre os 20 temas, há 274 títulos de livros, nem sempre repetidos nos outros blocos. No bloco organizado em ordem alfabética, constam 408 livros, sem contabilizar a *Coleção de História Geral das Civilizações*, composta por 17 volumes distribuídos em sete tomos. Essa coleção foi adquirida por Ibarê Dantas em 1961, quando ainda eram namorados, marcando o início da formação da biblioteca do casal. Detalhes sobre essa obra são reproduzidos no caderno, incluindo os temas tratados em cada volume. A descrição dos tomos e volumes ocupa cinco páginas do caderno, indicando os autores de cada tomo, contendo os temas distribuídos nos volumes que compõem cada um dos tomos da coleção. No bloco dos livros apresentados por assunto, os títulos de cada relação estão grafados com letras desenhadas.

A maior parte das anotações realizadas por Beatriz no *Caderno de inventário de livros* foi realizada em 1964, as quais foram sendo anotados nos livros adquiridos em 1965, conforme registros escritos a lápis ao lado de alguns títulos. Ao fim do caderno, ocupando as seis últimas páginas, estão dispostos 135 títulos que, segundo informação colocada posteriormente, foram lidos por Beatriz. Não há precisão das datas em que foram lidos, no entanto, a presença, na relação, do livro *Guerra e Paz*, sugere leituras no ano de 1961. A página que antecede a lista com os livros lidos traz um comentário escrito em data posterior, indicando que duas entre as obras inventariadas constavam na biblioteca da Faculdade Católica de Filosofia de Sergipe – instituição em que Beatriz se formou – : *Historia de la etnologia*, escrita por Robert H. Lowie, em 1946 e *Una teoria cientifica de la cultura*, de autoria do antropólogo Bronislaw Malinowski, escrita em 1948, ressaltadas, no caderno, com um asterisco.

Não obstante o projeto de catalogação dos livros ter sido interrompido, o caderno que serviu para fazer o inventário demonstra a circulação de obras em um determinado período histórico, assim como proporciona a compreensão acerca de interesses, preferências e, sobretudo, explicita uma prática singular de escrita, que teve como objetivo a preservação das memórias de leitura desenvolvidas em momentos específicos. Nesse sentido, é possível destacar obras de autores brasileiros, a exemplo de Machado de Assis, Jorge Amado, Aluísio Azevedo, Graciliano Ramos, Érico Veríssimo, José de Alencar, Visconde de Taunay, Luciano José Cabral Duarte, Manuel Antonio de Almeida. Sobre os autores estrangeiros foram especificadas obras de Leon Tolstói, Fiódor Dostoiévski, Maxim Gorki, Oscar Wilde, Juan Ramon Jimenez, Walter Scott, Roger Dombre, Antoine de Saint-Exupéry, além dos nomes ligados à Antropologia, como Bronislaw Malinowsky e

Robert Lowie. Já entre os escritores brasileiros, destacam-se, principalmente, pela recorrência de obras, Machado de Assis, Graciliano Ramos e José de Alencar, demonstrando uma predileção por contos, crônicas, poemas, sonetos e romances, gêneros literários desses autores. Convém assinalar, na relação de livros lidos, a presença de títulos pertencentes à *Coleção Menina e Moça*, publicada pela editora José Olympio, destinada à formação de meninas leitoras.

Ao elaborar um inventário dos livros adquiridos, bem como dos livros lidos, Beatriz exercitou aquilo que Artières (1998) expressa como "arquivar a própria vida" e que consiste em preservar pertences, papéis, guardar objetos, classificar e categorizar elementos do cotidiano, registrando, por meio da escrita, uma prática comezinha. No entanto, nesse arquivamento há uma escolha, uma intencionalidade, os registros não são aleatórios, nem tudo é, efetivamente, arquivado.

9.3 FIGURAS DA INFÂNCIA

Uma das formas do arquivamento da vida a ser ressaltada consiste numa intenção autobiográfica. Segundo o historiador francês, "[...] numa autobiografia, a prática mais acabada desse arquivamento, não só escolhemos alguns acontecimentos, como os ordenamos numa narrativa" (ARTIÈRES, 1998, p. 11), demarcando uma "construção de si". Ao escrever um texto sobre aspectos de sua vida pessoal, o escritor parte do presente em busca do passado e refaz situações que já ocorreram, memórias constituídas de acontecimentos, pessoas e lugares (POLLAK, 1992). No momento em que são lembrados, esses elementos adquirem uma significação consistente quando são relacionados a grupos de convívio social, tais como a escola, a família, espaços de coletividade aos quais os indivíduos estão, em maior ou menor medida, ligados.

No ordenamento de suas reminiscências, Beatriz rememora parte do passado que, apesar das imprecisões próprias do ato de lembrar, associadas às interposições do presente, permaneceu configurado na memória pela importância afetiva, retornando como uma recordação delineada pela vontade de perenizar os momentos longínquos. "Iniciados como rabiscos despretensiosos, quase desabafos de saudade" (DANTAS, 2011, n.p.), Beatriz escreveu, entre 1985 e 2011, quatro pequenos textos que ela denominou "registro de memórias" (DANTAS, 2011) e reuniu em uma pequena encadernação com 84 páginas presas por capa e espiral de material plástico, com intenção de fazer circular no círculo familiar, intitulado *Figuras da Infância*.

Já no preâmbulo, a autora mostra que se tratam das "[...] lembranças de quatro figuras, de certo modo dependentes de meu pai, com quem convivi no espaço das fazendas no final da década de quarenta e ao longo dos anos cinquenta do século XX" (DANTAS, 2011, n.p.), escritas ao sabor das recordações afloradas pela morte de algumas delas, ou levada por aqueles momentos em que o passado insiste em se fazer presente. E foi esse passado que ela quis compartilhar com um "[...] jovem nascido e criado na cidade, geração shoping-center" (DANTAS, 2011, n.p.), seu neto, mais de cinco décadas após ter vivenciado aventuras inesquecíveis com as suas *Figuras da Infância*.

A dedicatória em uma obra escrita compreende um ritual, afirma Chartier (1998), sendo revestida de aspectos formais. Nessa formalidade, o autor transmite ao leitor o texto que escreveu, conferindo a destinação que deseja dar à sua produção. É ato de troca, de permuta, no qual aquele que escreveu "[...] com bela caligrafia e ricamente ornamentada" (CHARTIER, 1998, p. 39) espera receber em troca "manifestações de benevolência" que, no caso de Beatriz, se consolidariam na leitura do texto ofertado. Na dedicatória de Beatriz para o neto, são elencados argumentos para a efetivação da leitura por parte do receptor, carregados de estímulos reunidos nas temáticas existentes na história contada. "Poder", "sagacidade", "solidariedade", "sabedoria" são algumas características apontadas como estando presentes nas memórias consolidadas nos escritos que Beatriz registrou com uma leveza de estilo peculiar, livre das amarras acadêmicas.

Sem pretensão de publicação, *Figuras da Infância* apresenta a construção de uma memória familiar, o texto revela situações envolvendo quatro mulheres, Bernardina, Juana, Dona Anjinha e Josina, que conviveram com Beatriz e seus irmãos no início do século XX, fim dos anos 1940 e no decorrer dos anos 1950. Remete ao cotidiano da vida nas fazendas, sem preocupação com uma cronologia linear, ressaltando os traços da personalidade de cada uma delas, apontados na condução dos trabalhos desenvolvidos na hierarquia familiar, bem como nos afazeres domésticos mesclados com a devoção aos seus patrões (DANTAS, 2011).

9.4 ANTÔNIO GERMANO DE GÓIS: A SAGA DE UM FAZENDEIRO

Preservar a memória familiar significa refletir sobre histórias de vida e sobre fatos que constituíram uma trajetória na qual acontecimentos estão intimamente associados. Essa reflexão sobre fatos relacionados com a sua própria história de vida resultou em outro escrito de Beatriz, dessa feita, tendo como foco a figura de seu pai, intitulada *Antônio Germano de Góis: a saga de um fazendeiro*. O texto apresenta, na introdução, o esclarecimento da autora, afirmando que possuía uma antiga pretensão de escrever sobre a história de seu genitor, situando o fazendeiro no contexto histórico sergipano em que viveu e, para isso, ouviu irmãos, empregados, parentes em geral, e consultou velhos papéis guardados. No entanto, "o projeto desandou, sempre adiado por outras solicitações mais urgentes", até que "o amor filial falou mais alto" (DANTAS, 2016, p. 9).

O livro apresenta a trajetória de Antônio Germano de Góis, um próspero fazendeiro, em uma narrativa que abrange o nascimento no sertão sergipano, a infância, a descoberta da aptidão para a lida no campo, casamento, nascimento dos filhos, netos e bisnetos, a trajetória de vida que inclui as atividades de Beatriz. Elaborado para circulação entre os membros da família, é dedicado aos descendentes de Antônio Germano de Góis em uma epígrafe nas primeiras páginas. Medindo 21,5 cm x 15,5 cm, o livro foi impresso em papel brilhoso resistente, ricamente ilustrado com 40 fotografias distribuídas ao longo de suas 80 páginas. Ao final, apresenta uma cronologia que, embora considerada "breve", resume os principais acontecimentos da vida do fazendeiro.

Na introdução, Beatriz explica o caminho percorrido para a elaboração do texto em homenagem aos 100 anos de nascimento de seu pai, afirmando que "[...] resumi tudo que havia laboriosamente levantado ao longo dos anos, e vali-me muito das minhas lembranças pessoais e experiências vividas ao seu lado, como a filha mais velha" (DANTAS, 2016, p. 10). Além da introdução, o livro está dividido em nove capítulos que, pelos títulos apresentados, dão uma ideia do que está sendo descrito em cada um deles: *Do sertão ao agreste*; *No Vaza-Barris: aprendendo a ser fazendeiro*; *No São Francisco: administrando o que era dos outros*; *Na Glória: senhor de si e do seu cabedal*; *Cadernos de anotações das fazendas*; *Os livros e as leituras de meu pai*; *O legado de Antônio Germano*; *Descendência*; *Breve cronologia*.

Cumpre ressaltar duas práticas desenvolvidas por Antônio Germano, relatadas por Beatriz em capítulo do livro *Antônio Germano de Góis: a saga de um fazendeiro*. No capítulo "Os livros e as leituras de meu pai", são descritos os hábitos e as preferências de leitura demonstradas por meio do *Almanaque do Pensamento* e dos livros de cordel, referentes às práticas de leitura pai . A prática de ler almanaques tinha, para o fazendeiro, o sentido utilitário de consulta a respeito de práticas agrícolas a serem desenvolvidas nas suas terras, seguindo as orientações adequadas ao calendário anual. As indicações eram atualizadas a cada ano, tão logo chegava a edição nova e o exemplar do ano que findava ia ocupar um lugar na escrivaninha. Os livrinhos de cordel eram adquiridos semanalmente, aos sábados, nas feiras, e lidos em silêncio, por vezes quebrado com uma gargalhada e alguns comentários a respeito do tema.

No capítulo "Cadernos de anotações das fazendas", Beatriz apresenta a escrituração das fazendas que seu pai fazia em cadernos de folhas pautadas, às vezes em folhas soltas, destinados à administração dos bens e das atividades relativas ao trabalho nas suas terras. Nas anotações de Antônio Germano, é possível vislumbrar a contabilidade que o fazendeiro fazia após as atividades de contagem dos gados existentes nas suas fazendas, cuidando de registrar a quem pertenciam, entre filhos e empregados incluindo, nesses registros, a movimentação entre as diferentes propriedades.

Para escrever sobre a trajetória de vida de seu pai, Beatriz utilizou a narrativa para expressar as lembranças de experiências vividas por ela própria, além de outras pessoas que participaram dos mesmos acontecimentos, caracterizando a escrita autobiográfica que "[...] é uma forma de história autorreferente, portanto plena de significado, em que o sujeito se desvela, para si, e se revela para os demais" (ABRAHÃO, 2004, p. 202), na qual o uso da memória é condição indispensável.

Segundo a concepção de Halbwachs (1990), nunca se está só, visto que todos são seres sociais, por isso "[...] nossas lembranças permanecem coletivas, e elas nos são lembradas pelos outros, mesmo que se trate de acontecimentos nos quais só nós estivemos envolvidos" (HALBWACHS, 1990, p. 26). Sendo assim, o indivíduo que lembra é alguém que está inserido em um determinado grupo social, dele participando ou já tendo participado, por conseguinte, seus pensamentos estão, de certa forma, vinculados a outras existências e são remetidos a outras pessoas, por isso as lembranças são construídas socialmente.

CONSIDERAÇÕES FINAIS

Nos escritos *Meu Álbum* (1956), *Caderno de inventário de livros* (1964), *Figuras da Infância* (2011) e *Antônio Germano de Góis: a saga de um fazendeiro* (2016), a autora revela representações de uma época em que a escrita desempenha o papel de adornar a vida cotidiana e perpetuar momentos marcados por relações familiares e atividades formativas.

As práticas de escrita registradas nos ego-documentos (CUNHA, 2019) do arquivo de Beatriz Góis Dantas indicam o potencial memorialista da autora. Sem a intenção de produzir uma escrita acadêmica, esses documentos não apenas revelam elementos afetivos relacionados ao convívio com pessoas que passaram por sua vida em épocas e lugares distantes, mas também evidenciam a prática da "escrita de si" pela intelectual. Escrevendo para um círculo restrito, abordando aspectos específicos, a autora intencionalmente fixou a memória familiar e intimista, caracterizando o "arquivamento" de sua própria vida com o propósito de perpetuar a identidade (ARTIÈRES, 1998).

Rememorando o passado, Beatriz evocou, também, as lembranças de outras pessoas, dentro de um limite de espaço e de tempo, para construir uma produção biográfica e autobiográfica, caracterizando suas escritas ordinárias, com singularidades distintas das escritas acadêmicas. A relação de livros e autores lidos registrada em cadernos destinados a essa finalidade é um exemplo do desejo de manter a lembrança de atitudes e momentos que foram importantes e que devem ser guardados, selecionados na triagem que mantém uma relativa organização da vida cotidiana que se quer preservar.

Por fim, são escritos que também revelam a potencialidade dos documentos de arquivos pessoais e suas possibilidades para o desenvolvimento da escrita historiográfica.

REFERÊNCIAS

ABRAHÃO, Maria Helena Menna Barreto (org.). *A Aventura (auto)biográfica*: teoria e empiria. Porto Alegre: EDIPUCRS, 2004.

ARTIÈRES, Philippe. Arquivar a própria vida. *Estudos Históricos*, v. 11, n. 21, p. 9-34, 1998. Disponível em: http://bibliotecadigital.fgv.br/ojs/index.php/reh/article/view/2061/1200. Acesso em: 15 nov. 2022.

CHARTIER, Roger. *A Aventura do livro*: do leitor ao navegador. São Paulo: Imprensa Oficial do Estado de São Paulo: Editora Unesp, 1998.

CONCEIÇÃO, Joaquim Tavares da. *Internar para educar*: colégios-internatos no Brasil (1840-1950). Aracaju: Edise, 2017.

COSTA, Rosemeire Marcedo. *Fé, civilidade e ilustração*: as memórias de ex-alunas do Colégio Nossa Senhora de Lourdes (1903-1973). Dissertação (Mestrado em Educação) – Programa de Pós-graduação em Educação, Universidade Federal de Sergipe, São Cristóvão, 2003. 120 p.

CUNHA, Maria Teresa Santos. Copiar para homenagear, guardar para lembrar: cultura escolar em álbuns de poesias e recordações. *In*: STEPHANOU, Maria; BASTOS, Maria Helena Câmara (org.). *Histórias e memórias da educação no Brasil*: século XX. 3. ed. Petrópolis: Vozes, 2009. v. III.

CUNHA, Maria Teresa Santos. *(Des) Arquivar*: arquivos pessoais e ego-documentos no tempo presente. São Paulo/Florianópolis: Rafael Copetti Editor, 2019.

DANTAS, Beatriz Góis. *Meu Álbum* [Manuscrito não publicado]. Arquivo pessoal de Beatriz Góis Dantas. Aracaju, 1956.

DANTAS, Beatriz Góis. *Figuras da Infância* [Não publicado]. Arquivo pessoal de Beatriz Góis Dantas. Aracaju, 1964.

DANTAS, Beatriz Góis. *Caderno de inventário de livros* [Manuscrito não publicado]. Arquivo pessoal de Beatriz Góis Dantas. Aracaju, 1964.

DANTAS, Beatriz Góis. *Antônio Germano de Góis*: a saga de um fazendeiro. Aracaju: Criação, 2016.

DANTAS, Beatriz Góis. [Entrevista concedida a] Marluce de Souza Lopes. Aracaju, 19 de fevereiro de 2020.

HALBWACHS, Maurice. *A Memória coletiva*. São Paulo: Vértice, Editora Revista dos Tribunais, 1990.

HÉBRARD, Jean. Por uma bibliografia material das escritas ordinárias. A escrita pessoal e seus suportes. *In*: MIGNOT, A. C. V.; BASTOS, M. H. C.; CUNHA, M. T. S. *Refúgios do eu*: educação, história e escrita autobiográfica. Florianópolis: Editora Mulheres, 2000. p. 29-61.

LOPES, Marluce de Souza. *Interfaces de uma antropóloga*: as práticas de leitura e escrita de Beatriz Góis Dantas (1941-2013). 2020. 225 f. Tese (Doutorado em Educação) – Universidade Federal de Sergipe, São Cristóvão, SE, 2020. Disponível em: https://ri.ufs.br/jspui/handle/riufs/15459. Acesso em: 15 de dez. 2023.

POLLAK, Michael. Memória, esquecimento, silêncio. *In*: *Estudos Históricos*. Rio de Janeiro: Fundação Getúlio Vargas, v.2, n.3, 1989, p.3-15. Disponível em: https://periodicos.fgv.br/reh/article/view/2278/1417. Acesso em: 15 dez. 2023.

RANUM, Orest. Os refúgios da intimidade. *In*: ARIÉS, Philippe; CHARTIER, Roger (org.). *História da vida privada 3*: da renascença ao século das luzes. São Paulo: Companhia das Letras, 2009. p. 211-265.

10

ARQUIVO PESSOAL NATO-DIGITAL: O CASO DO ACERVO DE RODRIGO DE SOUZA LEÃO NA FUNDAÇÃO CASA DE RUI BARBOSA (RJ)

Nádia Maria Weber Santos

Já há alguns anos pesquisando o acervo de Rodrigo de Souza Leão (doravante, no texto, Souza Leão ou RSL), depositado no Arquivo Museu de Literatura Brasileira da Fundação Casa de Rui Barbosa (FCRB) no Rio de Janeiro, observo alguns detalhes que se tornam específicos por ser um arquivo pessoal produzido e armazenado totalmente de forma digital. A história da constituição desse acervo nato-digital mescla-se com a história da loucura de seu produtor.

RSL foi um escritor, poeta, músico e artista plástico carioca, com uma vasta obra, e que morreu em 2009, aos 43 anos, possivelmente por suicídio. Ele tinha diagnóstico de esquizofrenia e foi internado três vezes em clínicas (psiquiátricas) no Rio de Janeiro e, fora delas, tinha uma vida reclusa em casa, com intensa atividade criativa e na internet, o que impulsionou a constituição de seu acervo diferenciado. Com sua morte, o acervo foi passado a um curador e depositado na FCRB com inúmeros detalhes e especificidades que o diferenciam de arquivos físicos, incluindo algumas contradições, que serão discutidas neste artigo. É nesse caminho de reflexão e análise que rumará este texto. [59]

---

[59] Além da pesquisa do material em seu arquivo pessoal digital, sites e blogs fidedignos sobre o autor (elencados nas Referências ao final), tive a oportunidade, no Rio de Janeiro, durante o início da pesquisa em 2017, de conversar com duas pessoas importantes a fim de compreender melhor a vida e a obra de RSL: o curador de sua obra, o escritor e jornalista Ramon Nunes Mello, que me contou um pouco sobre Rodrigo, algumas peculiaridades de sua vida e internações, sobre a ida de seu acervo para o AMLB da FCRB, sobre a fase de Rodrigo pintor no Parque Lage e me autorizou a pesquisar seu acervo, coletar material para meus escritos e ir ao Museu de Imagens do Inconsciente ver as pinturas de Rodrigo e tomar algumas fotografias; o arquivista estagiário do AMLB da FCRB, Jorge Phelipe Lira de Abreu, mestre em Gestão de Documentos e Arquivos pela Unirio, onde defendeu a dissertação intitulada "Existir em bits: gênese e processamento do arquivo nato digital de Rodrigo de Souza Leão e seus desafios à teoria arquivística", que me explicou tudo sobre o acervo digital da obra de RSL e é um dos responsáveis pela sistematização do acervo. Agradeço a ambos as oportunidades que me deram de me aproximar dessa instigante obra e dessa personalidade ímpar. Atualmente, dou continuidade a essa pesquisa dentro do quadro de minha bolsa de Produtividade (PQ2) do CNPq, com a pesquisa intitulada: *"Diálogos entre Brasil e Portugal: sensibilidades e expressões criativas em arquivos da loucura pessoais e asilares"*, com fim previsto para fevereiro de 2025.

Não sou arquivista e sim historiadora e médica-psiquiatra. Como historiadora, debrucei-me ao longo de minha trajetória sobre alguns arquivos pessoais[60], os quais estudei com afinco, procurando sempre perceber a marca do produtor do arquivo (ou acervo) em seus conteúdos. Como psiquiatra, escolhi muitos desses arquivos exatamente por se tratar de arquivos de pessoas que tiveram o rótulo de loucas, seja em sua comunidade, seja por algum diagnóstico psiquiátrico, como é o caso de RSL.

Sendo assim, as reflexões sobre arquivologia que surgem neste texto não são minhas, pois sigo o arquivista Lira de Abreu (2017, 2018), que me abriu as portas para esse arquivo na Fundação Casa de Rui Barbosa, no Rio de Janeiro. Originais são minhas percepções e, por assim dizer, as análises relativas ao arquivo nato-digital de uma pessoa tida como "louca" em seu meio e que conseguiu de forma exemplar arquivar sua vida pessoal e artística, ainda numa época em que a internet não tinha o alcance e a avalanche de redes sociais que tem atualmente.

Para Lira de Abreu (2018, p.21), "Os arquivos pessoais digitais caracterizam-se, pois, como um espaço tão complexo quanto fértil, que desafia o conhecimento estabelecido e requer novas e contínuas discussões".

Observei, na minha longa trajetória pensando a loucura e estudando muitos dos arquivos constituídos, que as histórias de vidas das pessoas acometidas por transtornos mentais, leves e graves, são as mais variadas possíveis e que interferem, positiva ou negativamente, em suas práticas cotidianas de lidar com a saúde, tanto física quanto mental. Os indivíduos estabelecem, assim, relações com a saúde e com a doença dentro de perspectivas individuais e, ao se depararem com ações criativas e artísticas (por exemplo, na escrita e no trabalho plástico com imagens – como no caso de RSL), estas se tornam estímulos para a recomposição de uma saúde psíquica e emocional, bem como instrumentos ágeis e produtores de sentido para suas vidas. Pelo tempo que for...

Mesmo com o diagnóstico de esquizofrenia e com a possível morte por suicídio, Souza Leão se beneficiou de sua escrita e de sua obra plástica, a qual também pude ter acesso no Museu de Imagens do Inconsciente, no Rio de Janeiro, onde estão depositadas na Reserva Técnica, mas que não é assunto para este texto. O material autoarquivado digitalmente, e que

---

[60] Dentre vários, o do poeta quebequense Émile Nelligan, em Quebec, Canadá, durante meus pós-doutorado na Université Laval em 2014. Mais recentemente, em função de minha pesquisa citada na nota anterior, debruço-me sobre alguns arquivos em Portugal e este de Rodrigo de Souza Leão. Fui também a organizadora e sou a curadora, desde 2015, do Acervo pessoal da historiadora Sandra Jatahy Pesavento, depositado no Instituto Histórico e Geográfico do Rio Grande do Sul, em Porto Alegre. Muitos artigos e capítulos de livros foram já publicados sobre esses arquivos e pesquisas. Ver meu Currículo Lattes: http://lattes.cnpq.br/3929583037339642 .

se tem acesso na FCRB, demonstra uma profundidade ao tratar do tema loucura e de sua própria, porém, lidando com todo esse material da forma como a internet permite, ou seja, o compartilhamento digital. Seria essa uma das contradições para a noção de arquivo pessoal? Até que ponto seu arquivo pessoal já não é mesclado com as possíveis trocas que ocorrem na internet? Seria isso uma interferência no arquivo pessoal?

RSL queria investir na música e começou a escrever por acaso, como ele mesmo revelou e deparou-se, aos 18 anos, com a escrita. Aos 23 anos, soube-se esquizofrênico por diagnóstico e, mesmo assim, nunca parou de escrever... [61]

"A produção literária de RSL se insere no cerne dos avanços da tecnologia digital na década de 1990. Neste contexto, a internet despontou como o principal veículo de sua obra" (RONDINELLI; LIRA DE ABREU, 2015, p. 242).

Resumidamente, Souza Leão foi adepto da publicação em rede, tendo fundado e colaborado com revistas eletrônicas, criado blogs e site e participado de um site denominado Escritoras Suicidas, sob o pseudônimo de Romina Conti (RONDINELLI; LIRA DE ABREU, 2015). [62] Fora da internet, mas

---

[61] "Eu sou esquizofrênico. Descobri isso – apesar de já ter sintomas desde os 15 anos – somente aos 23. Consegui me formar com 22, em jornalismo. Queria ser locutor de rádio. Nunca tinha escrito nada, nem pensava em literatura. Meu negócio era ouvir rádio e ser DJ. Meu irmão comprou uma bateria e começaram os ensaios aqui em casa. Comecei a querer cantar. De locutor, passei a sonhar com o canto. Fiz aulas com o tenor Paulo Barcelos. Comecei a cantar na banda Pátria Armada. Toquei no Circo Voador, na Metrópolis, no Let it Be, no Made in Brazil entre outros: locais onde a Legião, Paralamas e Capital tocavam. Comecei a escrever letras de música. Foi meu primeiro contato com a escrita. Aos 18 anos. Depois passei a escrever poemas." Entrevista a Fernando Ramos. Disponível no link Entrevistas do site http://www.rodrigodesouzaleao.com.br/ . Acessado em 22-02-2024.

[62] Uma mini-bio está disponível no site http://www.rodrigodesouzaleao.com.br/. "Escritor, jornalista e músico, Rodrigo [Antonio] de Souza Leão nasceu no Rio de Janeiro/RJ, em 04 de novembro de 1965. Publicou dez e-books de poesia: *25 Tábuas, No Litoral do Tempo, Síndrome, Impressões sob Pressão Alta, Na Vesícula do Rock, Miragens Póstumas, Meu Primeiro Livro que é o Segundo, Uma temporada nas Têmporas, O Bem e o Mal Divinos, Suorpicious Mind e Omar*. Seus poemas foram publicados nas revistas Coyote, Et Cetera, Poesia Sempre, El Piez Naufrago (México), Oroboro. Premiado com o quarto lugar no Concurso de Contos José Cândido de Carvalho, em 2002. Participou, como músico, do CD *Melopéia*, de Glauco Mattoso. Consta da antologia *Na Virada do Século — Poesia de Invenção no Brasil*, organizada por Claudio Daniel e Frederico Barbosa (São Paulo: Editora Landy, 2002). Publicou *Há Flores na Pele* (João Pessoa: Editora Trema, 2001) e *Todos os cachorros são azuis* (Rio de Janeiro: Editora 7Letras, 2008), com incentivo do Programa Petrobrás Cultural – Edição 2006/2007. O livro foi um dos 50 finalistas do Prêmio Portugal Telecom, edição 2009. Em 2008, publicou também a plaquete *Desequilivro*, de poesia visual, em parceria com Paulo de Toledo. Em 2009 foi a vez de *Caga-Regras* (Pará de Minas: Virtual Books). Fundador e coeditor da Zunái — Revista de Poesia & Debates [www.revistazunai.com]. Criou o site Caox [fora do ar] e veiculou o e-zine Balacobaco [http://balacobaco08.vilabol.uol.com.br], com entrevistas com mais de 150 poetas e escritores. Suas entrevistas também foram divulgadas em vários sites e muitas delas estão na Germina — Revista de Literatura e Arte [www.germinaliteratura.com.br], da qual foi um dos primeiros e mais assíduos colaboradores. Editou o blogue Lowcura [http://lowcura.blogspot.com], que participou da mostra *Blooks — Tribos & Letras na Rede* (coordenação de Heloísa Buarque de Holanda e curadoria de Bruna Beber e Osmar Salomão, 2007). Sob o pseudônimo de Romina Conti, foi uma das Escritoras Suicidas [www.escritorassuicidas.com.br]. Escreveu artigos e resenhas para os jornais "O Globo" e "Jornal do Brasil". Morreu no Rio de Janeiro, em 02 de julho de 2009. Deixou, cheios de saudade e orgulho, os pais Antonio Alberto e Maria Sylvia; os irmãos Maria Dulce e Bruno; a sobrinha Marina, a madrinha e tia Rita, muitos amigos, que ele juntou com sua atenção, afeto e generosidade. E vários livros inacabados.". Acessado em 22-02-2024.

ainda no suporte digital, ele produziu poesias, romances e entrevistas, tendo publicado dez e-books de poesia e disponibilizado alguns romances para download gratuito (como é o caso de *Carbono Pautado*, escrito em 2003, que marcou a estreia dele na prosa). Em formato físico (papel), foram publicados poucos livros em vida, mas importantes, também, para sua biografia. Por exemplo, *Todos os Cachorros são Azuis* (Rio de Janeiro: Editora 7Letras, 2008) foi publicado a partir do incentivo do Programa Petrobrás Cultural – Edição 2006/2007 e foi um dos 50 finalistas do Prêmio Portugal Telecom, edição 2009. Outra obra publicada em 2009, antes de sua morte, foi *Caga-Regras* (Pará de Minas: Virtual Books, 2009, s/p), na qual se pode ler: "Estou sempre esbarrando em alguém para ser livre. Se houvesse liberdade o mundo seria uma loucura. [...] Hospícios são lugares tão bonitos ... lembram os cemitérios.". Além de obra escrita, Souza Leão também deixou obras plásticas, que pintou na Escola de Artes Visuais do Parque Lage e algumas obras musicais, participando do CD Melopéia, de Glauco Mattoso e musicando poemas seus para o projeto da banda "Krâneo e seus neurônios" (SANTOS, 2018).

O arquivo pessoal digital de RSL (98% do acervo é digital), caracterizado como híbrido, chegou no AMLB em 2013 em quatro tipos de mídias (disquetes, DVD, CD e pendrive) e compreendia, como conteúdo, correspondências (correio eletrônico), poemas, contos, crônicas, fotografias, desenhos, filmes, músicas etc. (RONDINELLI; ABREU, 2015).

Quando examinado *in loco* por mim, inicialmente em 2017, o Fundo Rodrigo de Souza Leão compreendia 12 seções: concursos e prêmios, correspondência, cursos, documentos colecionados, documentos complementares, documentos de imagem em movimento, documentos iconográficos, documentos pessoais, documentos sonoros, produção intelectual, produção intelectual de terceiros, produção intelectual NI (não identificada). [63]

A produção literária de RSL estava toda nesse acervo digital, de 2,23 Gigabytes até então. Das 12 seções do arquivo, divididas em dossiês, chamaram-me a atenção as seguintes, pelo teor de seus conteúdos e pelas temáticas destes: seção 2 (Correspondências), seção 7 (Documentos iconográficos) e seção 10 (Produção Intelectual), sendo esta última de maior interesse para o que pesquiso.

---

[63] A fim de adentrar a discussão sobre os detalhes e problemas a serem resolvidos com esse tipo de arquivamento digital, com todas as normas arquivísticas respeitadas e discussões teóricas realizadas, remeto os leitores ao excelente texto, já citado, sobre a constituição desse acervo digital, dos autores Rondinelli e Lira de Abreu, 2015. Também, de forma mais detalhada, a fim de ler sobre a gênese, identidade (questões de autenticidade) e processamento do arquivo pessoal digital em questão, ver a dissertação de mestrado de Lira de Abreu (2017), no PPG, em Gestão de Documentos e Arquivos da Unirio, publicada em livro em 2018. Nas referências ao final.

A seção 10 (Produção Intelectual) está subdividida em seis subseções: Música, Poemas, Produção de Publicações Eletrônicas, Produção em Publicações Eletrônicas, Projetos e Prosa.

O que mais "salta aos olhos" são os títulos e os conteúdos de sua produção. Há uma enorme quantidade de títulos e letras de músicas e poemas que se referem a nomenclaturas psiquiátricas e psicológicas, como nome de doenças, sintomas e seus sentimentos – expressos em prosa ou em versos. Um exemplo de documento na subseção Música chama-se DJ Krâneo e Surtomania, e revela: "Ele é o que restou de si mesmo e de internações psiquiátricas". No CD "Surtomania" há: "Bem-vindo a este mundo de loucura musical". [64]

Para Lira de Abreu (2018, p. 77), uma das características dos arquivos digitais, que é conjugar uma ampla gama de material sem ocupar tanto espaço quanto o material analógico, ganha um matiz próprio na reflexão em perspectiva arquivística, uma vez que a "importância dos documentos reside na sua ligação com o produtor e acumulador". Os conteúdos, como ele refere, apontam para o perfil do titular do arquivo.

> Documentos aparentemente irrelevantes podem, pela relação orgânica com outros, ganhar inteligibilidade ou produzir estranhamento no exercício de inter-relacionamento, característico do tratamento dos arquivos. Nesse sentido, embora a discussão sobre 'valor' dos documentos em arquivos pessoais não seja uma novidade, ela se amplia em virtude da facilidade de capturar e armazenar documentos em ambientes digitais (LIRA DE ABREU, 2018, p. 77-78).

No livro *Todos os cachorros são azuis*, que consta, também, no acervo, na Subseção Prosa da Seção 10 de Produção Intelectual (publicado em vida, em 2008), o autor revela um surto psicótico e uma internação psiquiátrica do personagem, misturando ficção e realidade. O romance inicia no capítulo intitulado "Tudo ficou Van Gogh", com a frase "Engoli um chip ontem", e continua com "Danei-me a falar sobre o sistema que me cerca. Havia um eletrodo em minha testa, não sei se engoli o eletrodo também junto com o chip. Os cavalos estavam galopando. Menos o cavalo-marinho que nadava no aquário." (SOUZA LEÃO, 2008, p. 9)[65].

---

[64] Tenho a permissão de Ramon Nunes Mello, curador da obra de RSL, para citar em material acadêmico apenas alguns excertos da obra recolhidos do arquivo digital pessoal.

[65] Embora tenha lido o livro no arquivo digital, aqui faço a referência ao livro publicado pela editora 7 Letras em 2008, para poder indicar a paginação. Referência completa ao final.

Segundo ele, na entrevista de 2009 mencionada na nota 3 desse texto, embora tenha apresentado sintomas de esquizofrenia desde os 15 anos, foi com 23 que a descobriu, ao pensar que havia engolido um grilo, transformado na metáfora do chip em seu texto ficcional e depois, no próprio grilo.

> Tudo começou quando eu engoli um grilo em São João da Barra. Eu tinha 15 anos de idade. Estava indo ou voltando. Sempre estava indo ou voltando. Só parava para voar. Assim eram meus 15 anos, e foi como tudo começou. Nenhuma mulher saiu de mim. Nunca. Fui eu que sempre entrou em minha mãe. Lá estava ela bela e bonita, transando com papai. E eu vi, e era apenas mil novecentos e setenta. Não foi um trauma. Eu costumava andar com um cachorro azul de pelúcia. Meu cachorro não era gay por ser azul. (SOUZA LEÃO, 2008, p. 11).

Engolir um chip é uma imagem um tanto comum no imaginário de muitos doentes em surto.[66] Embora ele tenha dito, na entrevista de 2009 ao *Jornal Vaia* [67], que não tinha alucinações, ele relata em sua ficção experiências muito fortes e paradigmáticas de surtos psicóticos alucinatórios e de conteúdos persecutórios. E todos altamente simbólicos. O eletrodo pode estar fazendo menção ao eletrochoque que recebeu e que é mencionado em outras partes do livro.

Na entrevista, ele argumenta que esse livro começou a ser escrito em 2001, após sua segunda internação psiquiátrica, no qual ele mixou suas duas internações, fazendo uma espécie de catarse: "Ao mixar as duas experiências eu fiz uma catarse muito forte. Algo que busquei foi uma linguagem próxima à da loucura" (SOUZA LEÃO, 2009)[68].

O autor se coloca como fazendo experimentações com a linguagem, criando a partir de suas experiências e das experiências de seu irmão, que também tinha diagnóstico psiquiátrico e sofria de alucinações, as personagens e as situações de hospício. "Também misturei pessoas e criei fatos. Eu não sofro alucinações. Tenho sensações persecutórias. Sou portador de uma esquizofrenia específica, chamada atualmente de distúrbio delirante. Nunca ouvi vozes. Nem tive delírios. Achava e ainda acho que sou perseguido por agentes.". (SOUZA LEÃO, 2009)[69].

---

[66] Observação minha, por ser psiquiatra e trabalhar em clínica desde 1986.

[67] Entrevista concedida a Fernando Ramos, do Jornal Vaia de Porto Alegre, em 2009. Na íntegra, no site http://www.rodrigodesouzaleao.com.br/, link "Entrevistas". Acessado em 22 fev. 2024.

[68] Entrevista concedida a Fernando Ramos. Disponível no link Entrevistas do site http://www.rodrigodesouzaleao.com.br/. Acessado em 22 fev. 2024.

[69] Entrevista concedida a Fernando Ramos. Disponível no link Entrevistas do site http://www.rodrigodesouzaleao.com.br/. Acessado em 22 fev. 2024.

Tanto na sua escrita em prosa e poesia, nas letras de músicas, como nas suas entrevistas e mesmo nos escritos de internet (e arquivados por ele mesmo em grandes e extensos registros, como se vê no arquivo), RSL aproximou sua escrita de sua loucura e de seus sintomas de esquizofrenia. Mesmo que sua literatura seja considerada por muitos como uma literatura de urgência, uma "literatura-limite escrita em um estado emergencial"[70], ou uma escrita autobiográfica, não é desprezível, muito antes pelo contrário, a quantidade e a qualidade de sua produção escrita, digital, original e criativa – que podemos registrar como sendo uma 'escrita de si' (SANTOS, 2008). Porém, Sousa Leão queria mesmo que sua literatura fosse considerada como uma ficção (LIRA DE ABREU, 2018).

O que nos interessa aqui neste texto é discutir esse arquivo pessoal nato-digital na sua relação com seu produtor, em termos de conteúdo (que se mescla a suas características arquivísticas), e não pelas características de sua literatura, como já escrevi em outros textos (SANTOS 2018; SANTOS, 2019) – mesmo que eu utilize alguns mesmos exemplos.

Os registros digitais, fugindo de suportes convencionais, assumem novas características. "Se por um lado, a formação de arquivos em ambiente digital apresenta uma série de vantagens no custo, produção, transmissão e acesso, por outro lado implica documentos altamente sensíveis e mani-puláveis" (LIRA DE ABREU, 2028, p. 45) e essa diferença pode ser uma desvantagem na medida em que no mundo digital os suportes são constante-mente atualizados e mudam quase o tempo todo com o avanço tecnológico.

RSL escrevia, nas décadas de 1980 e 90, quando ainda esses suportes não eram tão avançados como hoje. Seus escritos 'digitais' conseguiram ser conservados e na medida em que foram arquivados de forma mais 'profis-sional', no Arquivo Museu de Literatura Brasileira da Fundação Casa de Rui Barbosa, ganharam vida útil, devido ao tratamento recebido.

Em 1995, ele comprou um computador, o que redefiniu sua vida e, ao mesmo tempo, seus escritos e sua relação com eles. Foi quando sua produção se intensificou e ele passou a falar mais aberta e intensamente sobre a loucura. No mesmo ano, ingressou na internet e começou a fazer suas colaborações em blogs e a dedicar-se novamente ao ofício jornalístico (LIRA DE ABREU, 2018).

---

[70] O desenvolvimento do conceito de *Literatura de urgência* é proposto pela professora Dr.ª Luciana Hidalgo (HIDALGO, 2008, p. 47), "para definir um tipo de escrita realizado sob estado de emergência, consolidado como inscrição capaz de ir além das técnicas de controle corporal no hospital psiquiátrico", quando ela estuda a obra *Diário de Hospício*, de Lima Barreto, também, estudado por mim em minha tese de doutorado (SANTOS, 2008). Mas não é sob esse prisma que trabalhamos aqui neste texto.

Essa mudança significativa em sua literatura e, consequentemente, em seu arquivamento, se faz sentir também nos conteúdos arquivados. Escreve ele, numa crônica não publicada: "O computador mudou minha relação com a escrita e às vezes penso que ele pode sair escrevendo sem mim, tamanha capacidade de estar quase falando quando eu quero. São muitas horas que passo junto a ele." (SOUZA LEÃO, 2003[71]).

Ficamos sabendo, nesta crônica, Backup, que ele deu um nome ao seu computador: Hall. É uma homenagem aos computadores do filme *2001, uma odisseia no espaço*, de Stanley Kubrick. "O escritor torna a máquina sua companheira e a humaniza", escreve Lira de Abreu (2018, p. 83). Sendo que o próprio autor dá essa pista: "Hall também tem problema comigo, mas não os mesmos que o do filme [...]. A principal relação delicada do meu computador é com a impressora. Quando eles brigam, não há cristão que faça os dois funcionarem harmoniosamente. É uma relação de conflitos." (SOUZA LEÃO, 2003).

Nem todos seus escritos possuem data, mas por serem digitais, o próprio computador registra quando aquele arquivo foi feito, como sabemos, o que é uma grande vantagem do arquivamento digital.

Na série "Poemas avulsos', na qual constam 922 itens, da Seção 10, que foi a que eu mais examinei, há poesias com conteúdo expressivo de sua situação mental, escritos muito sensíveis e que, de forma direta ou indireta, tocam em diversos motivos que movem sua vida: tristezas, sexo, poesia, loucura, medicação, música, internação psiquiátrica, entre outros. Alguns poemas são muito curtos, outros bem mais longos, nos quais um imenso desfile de símbolos aparece, cuja maioria, se interpretados agora, mostraria o aspecto criativo de sua personalidade que transformou a doença e a dor psíquica em versos.

No poema "Ainda ontem", ele revela sua angústia frente à loucura que o acomete, sem cura, e se refugia na literatura...

> Havia um louco
>
> No século passado
>
> Que via dois sóis
>
> E se curou lendo Rousseau
>
> Quando fecho os olhos vejo muitos sóis
>
> Quantos sóis há em nós

---

[71] SOUZA LEÃO, Rodrigo de Souza. *Backup*. Rio de Janeiro, 2003. Digitado. [Crônica não Publicada]. ARQUIVO RSL, AMLB, FCRB.

Quantos livros para ler

Quando a cura virá? (SOUZA LEÃO, s/d)[72]

Há também um senso quase cômico em algumas de suas ideias poéticas, como neste poema, intitulado "Amor de Louco":

Não há nada como

O amor de um louco

Por sua mulher

Não existem facas

Num hospício

Só tem colher

Então não dá

Para partir um coração

Só se come a refeição

Com a mão. (SOUZA LEÃO, s/d)[73]

São poemas/crônicas de hospício, como eu diria, e que já identifiquei em escritos de dois autores que pesquisei para minha tese de doutorado (defendida no PPGH da UFRGS em 2005): TR, um louco internado pela família, no hospício de Poto Alegre/RS em 1937, simplesmente porque "lia e escrevia demais"; e Lima Barreto, o conhecido escritor, que escreveu Diário de Hospício, quando foi internado no Hospício Nacional de Alienados, no Rio de Janeiro, por duas vezes, 1918 e 1920 e que mais tarde transformou-se em seu romance inacabado, Cemitério dos Vivos.[74]

Para RSL, no poema "A maior prisão", ele confessa:

Não é a prisão de ventre

É a prisão da mente. (SOUZA LEÃO, s/d)[75]

---

[72] Poema "Ainda ontem", consta no Fundo Rodrigo de Souza Leão, Seção 10, subseção Poemas, Série Poemas Avulsos. Sem data. Acessado em maio de 2017. ARQUIVO RSL, AMLB, FCRB.

[73] Poema "Ainda ontem", consta no Fundo Rodrigo de Souza Leão, Seção 10, subseção Poemas, Série Poemas Avulsos. Sem data. Acessado em maio de 2017. ARQUIVO RSL, AMLB, FCRB.

[74] Para detalhes, ver meu livro *Narrativas da Loucura e Histórias de Sensibilidades*, publicado a partir da tese de doutorado, em 2008 pela editora da Universidade UFRGS. Nas referências ao final: SANTOS, 2008.

[75] Poema "Ainda ontem", consta no Fundo Rodrigo de Souza Leão, Seção 10, subseção Poemas, Série Poemas Avulsos. Sem data. Acessado em maio de 2017. ARQUIVO RSL, AMLB, FCRB.

E, por fim, gostaria de deixar mais um "depoimento" em forma de verso, digitado em computador e que permanece arquivado neste sensível formato digital: "Anjos têm asas":

Salve-me da loucura

Só o meu abismo me circunda

Só a sua voz me cega

Eu quero me jogar

Mas os olhos abetos

Preciso de você pare que me dê coragem

E apenas me empurre

Tudo não passa de uma mesma viagem

Eu tomo os remédios

Eu bebo você

Eu tremo

Eu babo

E nunca nada me cura porque não tem cura

As manhãs são de um sol apagado

Um sol rarefeito chama-se noite

A tarde é um híbrido do bem e do mal:

Um mutante

Tudo porque eu preciso cada vez mais de você

E você se afasta

Corre nos campos floridos da felicidade

Enquanto eu te agarro na floresta de litium

E estupro meus lábios nos seus

Sua voz vaticina

Quem dera haver outra vida

Outra vida sem você

Onde existisse uma cura

Vê as nuvens

Se não me empurra eu te levo junto comigo

E vamos aí afora ultrapassar o chão

Por que anjos voam? (SOUZA LEÃO, s/d)[76]

Gostaria de repetir aqui o que eu já escrevi em outros momentos. Não acredito em acasos. Algumas coincidências significativas rumaram meus olhos e minhas pesquisas para esse acervo na FCRB. Tenho uma trajetória longa de reflexão e pesquisas sobre a loucura em textos literários e nas artes em geral e em arquivos pessoais. Assim, não foi difícil vislumbrar uma riqueza de material e uma perspectiva nova por ser material nato-digital, bem propício ao que vivemos no Século XXI. Talvez um dos fatores mais importantes e que o diferencia de todos os demais autores que já examinei até hoje é a sua obra ter sido construída de forma digital e ele ser completamente consciente disto –

fazendo questão desse novo tipo de arquivamento. Infelizmente, no escopo de um artigo, é impossível demonstrar toda a riqueza de seu arquivo e de seus escritos.

No seu arquivo, nas entrevistas, nos blogs, percebe-se o quanto isso mudou sua vida, como um meio de comunicação e expansão de suas possibilidades. Apesar de sua doença mental. [77] O arquivo digital enriquece a relação com o mundo contemporâneo e nos faz perceber que as sensibilidades do escritor afloram ali, onde outros poderiam sucumbir pela linguagem ou pelo formato desse suporte tão fácil e tão difícil ao mesmo tempo. Seria isso um desafio? Ou uma contradição? Pesquisadores futuros, interessados (quiçá?) no mundo digital cada vez mais, poderão se beneficiar desse tipo de arquivo, mas que sejam sempre atentos às mudanças possíveis de suportes. Um "arquivo pessoal nas nuvens", com asas de anjos, como dizia Rodrigo de Souza Leão, talvez seja nosso futuro...

REFERÊNCIAS

HEYMANN, L. Q. . De "arquivo pessoal' a "patrimônio nacional": reflexões acerca da produção de " legados". Rio de Janeiro: CPDOC, 2005.

---

[76] Poema "Ainda ontem", consta no Fundo Rodrigo de Souza Leão, Seção 10, subseção Poemas, Série Poemas Avulsos. Sem data. Acessado em maio de 2017. ARQUIVO RSL, AMLB, FCRB.

[77] Não irei aprofundar essa questão aqui, mas discuto fortemente esses diagnósticos feitos pela psiquiatria contemporânea, embora seja psiquiatra. Tenho vários escritos sobre isso e remeto os leitores interessados a alguns de meus textos, por exemplo: SANTOS, 2008; SANTOS, 2013. Demais textos encontram em meu Lattes.

HIDALGO, L. *Literatura de urgência*: Lima Barreto no domínio da loucura. São Paulo: Annablume, 2008.

JUNG, C. G. *O Espírito na arte e na ciência*. Petrópolis: Vozes, 2010.

LIRA DE ABREU, J. P. *Existir em bits*: gênese e processamento do arquivo nato digital de Rodrigo de Souza Leão e seus desafios à teoria arquivística. 2017. Dissertação (Mestrado em Gestão de Documentos e Arquivos) – Universidade Federal do Estado do Rio de Janeiro, Rio de Janeiro, 2017.

LIRA DE ABREU, J. P. *Existir em Bits*. Arquivos pessoais Nato-Digitais e seus desafios à teoria arquivística. São Paulo: ARQ-SP, 2018.

PESAVENTO, S. J.; LANGUE, F. (org.). *Sensibilidades na história*: memórias singulares e identidades sociais. Porto Alegre: Editora da UFRGS, 2007.

RONDINELLI, R. C. *O documento arquivístico ante a realidade digital*: uma revisão conceitual necessária. Rio de Janeiro: Editora FGV, 2013.

RONDINELLI, R. C.; LIRA DE ABREU, J. P. A organização do arquivo digital de Rodrigo de Souza Leão: implicações arquivísticas, diplomáticas e tecnológicas. *In*: OLIVEIRA, Lucia Velloso, VASCONCELLOS, Eliane. *Arquivos Pessoais e Cultura*: uma abordagem interdisciplinar. Rio de Fundação Casa de Rui Barbosa, 2015.

SANTOS, N. M. W. *Histórias de sensibilidades e narrativas da Loucura*. Porto Alegre: Ed. da Universidade/ UFRGS, 2008. 320p.

SANTOS, N. M. W. *HISTÓRIAS DE VIDAS AUSENTES* - a tênue fronteira entre a saúde e a doença mental (Reflexões a partir da História Cultural). 2. ed. revista e ampliada. São Paulo: Edições Verona, 2013. v. 1. 170p.

SANTOS, N. M. W. 'A minha religião é a arte? - Arquivo digital, literatura e loucura: fontes de memória e de sensibilidades na escrita de Rodrigo de Souza Leão. *In*: SANTOS, Nádia Maria Weber; LIMA, Zilda Maria Menezes (org.). *Saúde e doença no Brasil* - perspectivas entre a História e a Literatura. 1. ed. Porto Alegre: Editora Fi, 2018, v. 1, p. 141-164.

SANTOS, N. M. W. Memória, sensibilidades e loucura em performances da resistência na obra literária de Rodrigo de Souza Leão. *In*: SANTOS, Nádia Maria Weber; CAMARGO, Robson Correa (org.). *Performances Culturais*: Memórias e Sensibilidades. 1. ed. Porto Alegre: Editora Fi, 2019, v. 1, p. 65-78.

TRAVANCAS, I.; ROUCHOU, J.; HEYMANN, L. (org.). *Arquivos Pessoais* – reflexões multidisciplinares e experiências de pesquisa. Rio de Janeiro: Editora FGV, 2013.

FONTES

ARQUIVO RODRIGO DE SOUZA LEÃO. Arquivo Museu de Literatura Brasileira, Fundação Casa de Rui Barbosa, Rio de Janeiro.

SOUZA LEÃO, Rodrigo de Souza. *Backup*. Rio de Janeiro, 2003. Digitado. [Crônica não Publicada]. ARQUIVO RSL, AMLB, FCRB.

SOUZA LEÃO, Rodrigo de Souza. *Site*. Disponível em http://www.rodrigodesouzaleao.com.br. Acesso em 22 fev. 2024.

SOUZA LEÃO, Rodrigo de Souza. *Todos os cachorros são azuis*. Rio de Janeiro: 7 letras, 2008.

SOUZA LEÃO, Rodrigo de Souza. *Os inumeráveis estados poéticos*. Entrevista a Fernando Ramos. Jornal Vaia. Porto Alegre. Maio 2009. Disponível em http://www.rodrigodesouzaleao.com.br. Acesso em 22 fev. 2024.

11

DESEJO A TI: DEDICATÓRIAS EM CADERNOS DE RECORDAÇÕES DE UM INTERNATO LUTERANO PARA MULHERES (SÉC. XIX)

Luciane Sgarbi S. Grazziotin
Estela Denise Schütz Brito

INTRODUÇÃO

O entrelaçamento entre as temáticas relacionadas à cultura escrita, educação das mulheres e instituições escolares se constituiu no mote para a pesquisa cujos resultados estão aqui apresentados.

A recolha, a salvaguarda e o inventário de documentos escolares, que incluem fontes de diferentes tipologias, fazem parte de um conjunto de ações de dois grupos de pesquisas[78] que têm o objetivo de ampliar o repertório documental e, por conseguinte, a capacidade de compreensão acerca das instituições escolares, não só em sua dimensão histórica, mas em âmbito social, cultural e das relações dos sujeitos com seu tempo.

Pensando em âmbito social e cultural, historicizar as emoções foi, pela primeira vez, um apelo feito por Luicien Febvre (1989), quando afirmou, em 1940, que não pretende sugerir uma história do amor ou da alegria, mas indicar uma direção de pesquisa aos historiadores, um apelo para que analisassem as emoções presentes em fatos, lugares, suportes, por meio dos quais seja possível identificá-las e torná-las objeto central de investigações.

A vida afetiva do passado, segundo Escolano (2021), é um aspecto que não escapa à História da Educação, as prescrições de comportamen-

---

[78] Grupo de pesquisa/CNPq "Educação no Brasil: memórias, instituições e Cultura Escolar (Ebramic) e Grupo de pesquisa/CNPq "Arquivos Pessoais, Patrimônio e Educação" (Garpe).

tos, castigos, prêmios, emulações, jogos, comemorações e, nesse sentido, a diferentes dimensões da vida escolar – são espaços nos quais as emoções estão presentes. Registrá-las no ambiente escolar, de forma que possibilitem uma análise da experiência de convivência em instituições de educação, é um aspecto que desafia os historiadores desse campo.

A investigação apresentada tem como objetivo identificar sentimentos e emoções presentes em álbuns de recordação pertencentes a alunas de uma instituição cristã de confissão luterana e, ainda, aprimorar o processo de análise dessa tipologia de documento.

A compreensão de determinadas práticas, por meio dos estudos de Certeau (1994, p. 42), como "[...] maneiras de pensar investidas de maneiras de agir" se constituiu em elemento emblemático, neste estudo, para que pudéssemos fazer uma imersão na cultura escrita relacionada às elites e aos imigrantes de etnia alemã, circunscritos a um espaço geográfico com características marcadas. A análise dos documentos selecionados indicou, em certa medida, um aporte de bens culturais e especificidades regionais, embora, por outro lado, tenha apontado aspectos comuns relativos ao universo escolar de determinada época.

O estudo realizado encontra, nos suportes de escritas íntimas, o vislumbre de dimensões fugidias da cultura escolar que se mantêm presentes nas dedicatórias de amigas e professoras que conviveram em um ambiente de internato de moças no fim do século XIX. Trata-se de três álbuns de recordação pertencentes às alunas Augusta Diefenthaër, Louise Karst e Florentine Noll, localizados no Museu da Instituição Evangélica de Novo Hamburgo (IENH) - Unidade Fundação Evangélica, produzidos entre os anos de 1886 a 1892, cujas dedicatórias estão todas escritas em alemão. O museu, além deste estudo específico, em conjunto com três outros arquivos escolares, propiciou o desenvolvimento de outras investigações relacionadas à educação em instituições de confissão luterana. [79]

11.1 O PRIMEIRO INTERNATO EVANGÉLICO PARA MOÇAS NO RIO GRANDE DO SUL

A Fundação Evangélica de Novo Hamburgo, em que se deu este estudo, tem seus primórdios no século XIX. Inicia com o trabalho de três irmãs,

---

[79] Uma dessas pesquisa é a tese de Estela Schutz Brito, que trata da educação feminina no Vale do Rio dos Sinos e será defendida em 2024.

Amalie, Johanna e Lina Engel, filhas de família classe média que partem da Alemanha em 1854. Em 1860, fundam o primeiro colégio feminino, com internato, em Porto Alegre. A escola permanece em funcionamento por pouco tempo. Em março de 1885, segundo Meyer e Gevehr (2014), as irmãs inauguram, em Hamburger Berg, no Vale do Rio dos Sinos, o *Töchterpensionat*[80], uma escola feminina com internato, que inicia com nove alunas, passando rapidamente a atender de 12 a 15 moças. Essa escola ainda não mantinha vínculo com a igreja evangélica[81], apesar dos preceitos que guiavam o ensino.

> Sua proposta pedagógica é nitidamente evangélica e muito abrangente. O estudo é científico e humanístico, orientado para a vida. Há também aulas práticas de trabalhos manuais femininos. Seu objetivo central é definido assim: "Fortalecer as alunas na fé evangélica, para que cada aluna assuma esta sua fé com amor e alegria e conheçam Jesus Cristo, o amigo das crianças e único Salvador" (KANNENBERG, 1987, p. 19).

As irmãs conduzem a escola até 1895, quando decidem entregá-la aos cuidados da igreja evangélica luterana, com duas condições: a ampliação da escola e o seguimento do ensino com base na fé cristã (KANNENBERG, 1987). O Sínodo inicia o processo administrativo da então escola-internato feminina e modifica seu nome para *Evangelisches Stift*[82]. Em 1926, o *Evangelisches Stift* sofre modificações em sua nomenclatura, passando então a se chamar Fundação Evangélica. O número de procura por matrículas não para de aumentar, e o Sínodo inicia um processo de expansão de suas acomodações. Conforme Kannenberg (1987), Amelie e Lina, juntamente de sua irmã Johanna, foram as precursoras da educação feminina evangélica na região Sul e na América Latina[83], num período de grandes enfrentamentos entre os papéis desempenhados por mulheres e homens na sociedade.

O estudo que realizamos está vinculado à cultura escrita, à história dos sentimentos e das emoções e ao cotidiano escolar, fora da sala de aula, do currículo e das prescrições institucionais. Embora não seja o objetivo salientar as especificidades regionais, pode-se perceber determinados elementos da cultura escolar evangélica luterana em uma região de colonização alemã.

---

[80] Na tradução, "Internato das filhas".

[81] Importa mencionar que 1886 (maio) é o mesmo ano em que as irmãs iniciam sua instituição, o Sínodo Rio-Grandense, futuro IECLB. O Sínodo é uma organização representante da Igreja Luterana no Rio Grande do Sul, criada na cidade de São Leopoldo, e tem como primeira liderança o Dr. Wilhelm Rotermund.

[82] Na tradução, "Caneta Evangélica".

[83] KANNENBERG (1987).

11.2 ENCONTRO, RECOLHA E ANÁLISE: EXUMAR A MEMÓRIA EM ÁLBUNS DE RECORDAÇÃO

As práticas realizadas, frequentemente, por pesquisadores da História da Educação, de exumar o patrimônio histórico educativo, ou seja, desenterrá-lo, fazê-lo emergir quando está abandonado em instituições que não os consideram dignos de atenção, é, entre tantos outros objetivos, uma forma de lutar contra o abandono. O abandono tem distintas causas, as mais frequentes são: a falta de recursos financeiros e humanos e a falta de conhecimento de seu potencial como documento histórico e/ou pedagógico.

Os projetos "Instituições escolares na Região Metropolitana de Porto Alegre e vale dos sinos: acervos, memórias e cultura escolar – séc. XIX e XX" e "Nos traços da cultura escrita, os rastros da cultura escolar: o estudo de manuscritos e impressos na História da Educação (Vale do Rio dos Sinos/ RS, séc. XIX e XX)" tiveram, respectivamente, como objetivos a identificação de instituições no Vale do Rio dos Sinos que contavam com acervos de documentos escolares, e a localização de distintas tipologias de documentos históricos, sobretudo fontes efêmeras, relacionadas à educação, até então marginalizadas, que se encontravam despossuídas de um papel social.

No processo de identificação e categorização do *corpus* documental da instituição escolhida é que nos deparamos, entre tantas fontes, com os álbuns de recordação analisados. Uma pergunta a que o responsável pelo Museu não soube responder é como esses álbuns chegaram até ele para serem guardados. Em dois deles, estão presentes, nas etiquetas, o nome do doador; mas os sobrenomes de quem os doou não coincide com o sobrenome da dona do álbum. Tampouco se sabe em que circunstâncias chegaram até ali, como e por que foram preservados. Deduz-se, sobretudo pela natureza do documento, que, como tantos outros, não foram preservados ao acaso; foram intencionalmente guardados como meio de perenizar o tempo, perpetuar o sentimento de amizade presente nas palavras de cada dedicatória; mas, obviamente, sem fins de pesquisa e, sim, de contemplação.

Esse conjunto de documentos, por ser escrito em alemão, se tornou um desafio, no sentido de entendermos o universo feminino, o sentido atribuído à recordação e os sentimentos envolvidos no processo de escrever para uma aluna e/ou uma amiga querida. Cunha (2009, p. 251) afirma que a escrita

> [...] como ferramenta de uso social [...] pode salvar do esquecimento ao fixar no tempo vestígios de passados e,

> assim, escrever se constitui em uma forma de produção de memória e, por conseguinte, um instrumento de construção do passado.

Queremos crer que por meio da imersão no conteúdo desses artefatos, transformados em documentos, conseguimos abrir uma janela para, a partir do hoje, vislumbrarmos um pouco do "ontem".

Os álbuns se encontravam em expositores lacrados, sem acesso à pesquisa. Depois de tratativas com o responsável pelo museu, conseguimos que abrissem os expositores, e os álbuns foram digitalizados na íntegra. Com a verba dos projetos de pesquisa mencionados, a tradução de alemão para português foi realizada por um estudante de Licenciatura em Letras Português/Alemão, aluno do Instituto Superior de Educação Ivoti (Isei).

Os três álbuns têm capa dura, em um material que imita couro. Em dois deles, a palavra "álbum" está escrita na capa. Todos são ornamentados com desenhos; as páginas internas são lisas; as dedicatórias são escritas com caneta tinteiro, em letra cursiva na língua alemã. Junto à escrita, em cada página onde há dedicatórias, há sempre decorações, sobretudo de flores e/ou pássaros – ao todo, estão presentes em todas as páginas de um total de 35 dedicatórias, feitas por colegas ou professoras. Excetuando-se uma delas, todas as demais foram feitas por pessoas com sobrenome alemão, o que não é surpresa, uma vez que a instituição se encontra no "coração" de uma região de colonização dessa etnia, no mesmo século de sua vinda para essa localidade do Brasil.

As dedicatórias aparecem na forma de pensamentos, poesias ou votos autorais que indicam "bem-querer". São desejos que tratam, essencialmente, de viver a vida, ser feliz e de amizade. Muitos fazem alusão a Deus e desejam que sua bênção recaia sobre a possuidora do álbum; alguns utilizam metáforas de flores para falar de amor, de vida e de felicidade.

11.2.1 O álbum de Florentine

Figura 1 – Álbum de poesia de Florentine Noll (1892)

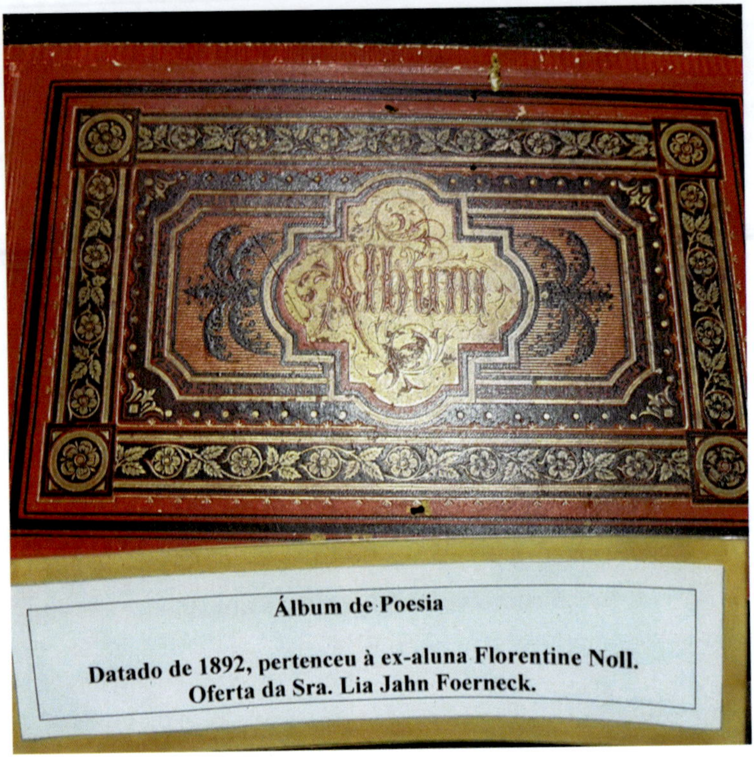

Fonte: Museu escolar da IENH

Quadro 1 – Álbum de recordações de Florentine Noll

Florentine Noll		
Dedicatória de:	Temporalidade:	Local:
Amiga Alveine Heller	15 de junho de 1889	Hamburgo Velho
Não consta	15 de junho de 1892	Hamburgo Velho
Amiga Alveine Heller	16 de junho de 1892	Hamburgo Velho
Irmã Maria	19 junho de 1894	Não consta

Irmã Wilhelmine.	25 de março de 1894	Picada Feliz
Amiga Maria Ruschel	6 de fevereiro de 1893	Feliz
Amiga Malwina Ruschel	Agosto de 1894	Linha Feliz
Amiga Anna Schwarz	06/01 de 1896	Picada Feliz
Amiga Wilhelmine Becker	Não consta	Não consta

Fonte: organizado pelas autoras (2024)

No Quadro 1 sistematizamos alguns dados referentes às escreventes das recordações, o ano e a região de origem. Percebe-se que, embora seja um internato, as alunas não vêm de regiões distantes. Todas essas localidades são próximas à cidade na qual se localiza a escola, que, no século XIX, chamava-se Hamburgo Velho[84]. Os desejos contidos nos poemas são singelos; as dimensões relacionadas ao amor e à fé em Deus são uma constante. *"Liebe Florentine! Freue dich jeglicher Freude, weil jegliche, Freude von Gott kommt, freue dich, eglichen Leides, weil jegliches Leid zu Gott führt, Zur freundlich"*, ou seja, *"Querida Florentine! Desejo a ti toda alegria, pois a alegria de Deus vem. Desejo a ti todo sofrer, pois todo o sofrimento leva a Deus. Com amor"*. As dedicatórias iniciam, invariavelmente, com "querida" e terminam em "com amor". Escolhemos essa, entre as nove que constam nesse álbum, porque nela se manifestam os principais sentimentos encontrados ao logo da leitura desse documento. Escolano (2021, p. 64) afirma que as emoções e os sentimentos se fazem presentes nesse suporte escrito são "uma via de acesso a 'caixa preta' da gramática da escolarização, permitindo fazer falar alguns silêncios da história da educação". No caso desse documento, assim como nos demais, percebe-se o afeto como o sentimento que permeia a maioria das dedicatórias.

---

[84] Com a construção da estrada de ferro, em 1876, o movimento comercial foi deslocado, e surgiu a *New Hamburg*. O último núcleo progrediu facilmente, deixando o original, Hamburger Berg, em situação secundária. Novo Hamburgo é considerada a maior cidade de origem alemã do Rio Grande do Sul. O primeiro nome foi Hamburger Berg, que significa Morro dos Hamburgueses, e se tornou, mais tarde, Hamburgo Velho. O distrito foi criado com a denominação de Novo Hamburgo em 1875, tendo sido desmembrado de São Leopoldo e elevado à categoria de município em 1927 (IPHAN, 2024).

11.2.2 O álbum de Augusta

Figura 2 – Página do álbum de Augusta Diefenthäler (1887)

Fonte: Museu escolar da IENH

Quadro 2 – Álbum de recordações de Augusta Diefenthäler

Augusta Diefenthäler		
Dedicatória de:	Temporalidade	Local
Attilia Goehler	18/7 188-	Porto Alegre
Hedwig	a partir de 18/8 188-	Hamburgo Velho
Adolfina Diefenthäler	21 - 1886	Hamburgo Velho
Amalia Schmitt	1886	Novo Hamburgo
Rosa Siedler	2/2 1886	Hamburgo Velho
Amalie Engel	14 de novembro de 1886	Hamburgo Velho
L… Engel	2.21 novembro 1886	Hamburgo Velho
Emilia Angel	30 de novembro de 1886	Hamburgo Velho
Guilherme Schmidt Sobrinho	87	Novo Hamburgo
Analie Diefenthäler	15 - 1887	Hamburgo Velho
Wilhelmine Schmitt	1/1/1887	Novo Hamburgo
João Frederico Lanzer	10 de julho 1887	Estação Hamburgo-Novo
Ida Engel	18 de julho de 1887	Hamburgo Velho
Mathilda Flach	24. 7. 87	Hamburgo Velho
Bertha Diefenthäler	15 de agosto de 1887	Hamburgo Velho
Amalia Ludwig	18 de agosto de 1887	Hamburgo Velho
Luisa Ludwig	21 de agosto de 1887	Hamburgo Velho
Guilhermina Herze	a partir de 21 de agosto 1887	Hamburgo Velho
Irmã Lúcia	Não consta	Hamburgo Velho
Ilegível	Ilegível	Ilegível

Fonte: organizado pelas autoras (2024)

O álbum de Augusta é o mais extenso deles, com 20 dedicatórias entre amigos, amigas e professores. Assim como os outros dois, é todo escrito em alemão, embora apresente um escrevente cujo sobrenome parece não ser de origem alemã.

Uma dedicatória particularmente afetuosa é a escrita por Amalia Ludwig, que diz: "*Liebe Auguste Freundin! Blühend still und hell. Wie die reinste Silberquelle Fließ dein Leben bis zum Grab: durch der Unschuld Klippen zeige Weisheit Dir die sichern Steige Und die Tugend sei dein Stab. Zum freundlichen Andenken von deiner dich liebenden Freundin*". Em português: "*Cara Auguste, Amiga! O seu florescimento é silencioso e brilhante. Como a mais pura nascente prateada. Leva a tua vida para a sepultura através dos penhascos da inocência. A sabedoria mostra-te os caminhos certos e a virtude seja o teu cajado*". Nessas frases, os desejos de Amália para Augusta estão claros e apresentam muita coerência. No entanto, em muitas delas, não ocorre o mesmo. Algumas dedicatórias são pequenos poemas e parecem carecer de lógica ao serem traduzidas. Embora não tenhamos entendimento do alemão, o conteúdo, na língua original, parece ter outro sentido, ter coesão, ter rima, aspectos que se perdem na versão em português. A essência, no entanto, do que está escrito permanece perceptível. Nesse álbum aparecem, para além de amor, felicidade e bênção de Deus, características como virtude, lealdade, arrependimento e paciência.

11.2.3 O álbum de Luise

Figura 3 – Capa do álbum de poesia de Luise Karst (1880)

Fonte: Museu escolar da IENH

Quadro 3 – Álbum de recordações de Luise Karst

Luise Karst		
Dedicatória de:	Temporalidade:	Local:
Amiga Adolfina Diefenhäler	30 de maio de 1880	Hamburgo Velho
Amiga Alta Diefenhäler	30 de 1880	Hamburgo Velho
Prima Emilia Engel.	23 de fevereiro de 1886	Hamburgo Velho
Amiga Ferdinande Kauffmann	30 de maio de 1886	Hamburgo Velho
Amiga Luisa Schmitt	13 de outubro de 1886	Novo Hamburgo
Amiga August Diefenhäler	16 de outubro de 1886	Rincão do Cascalho

Fonte: organizado pelas autoras (2024)

O álbum de Luise, diferente dos anteriores, tem uma capa com desenho de flores. São seis as dedicatórias encontradas; não há indicação de que alguma tenha sido escrita por professores, que, de modo geral, assinam "professora" ou "Irmã", como vimos no álbum da Florentine e Augusta. Há, ainda, a presença masculina, o que sugere que foi uma recordação para além da escola, uma vez que era um internato feminino. A temporalidade é semelhante, assim como as dedicatórias e as imagens. Destaco aqui uma expressão que não se percebe no álbum de Florentina: ao término das dedicatórias, constam as palavras "Zum Andenken na / em memória de"; "Zur freundlichen Erinnerung von deiner dich liebenden Freunde / Com memórias amigáveis de"; e "Zum erdl andenken von / Na memória terrestre de". Aliados à palavra memória, percebemos sentimentos como felicidade, esperança, amor e coragem para enfrentar o futuro.

Na condição de quem pesquisa o cotidiano do Internato, por meio da leitura dos desejos expressos nas palavras de cada colega, algumas emoções e sentimento nos afetam particularmente, quais sejam: a certeza da mudança e da finitude. Nesta dedicatória, assim como em outras, as incertezas quanto ao futuro são perceptíveis: *Lachen, dies des Lebens Freuden na so denke, daß sie bald verschwinden*" ou seja *"Risos, das alegrias da vida, pense que em breve desaparecerão [...]"*. Mas, em todas elas, há certeza de que a amizade eterna é constante.

11.3 CONSIDERAÇÕES SOBRE A EXUMAÇÃO DOS ÁLBUNS

Utilizamos novamente a palavra exumação, porque, no processo de pesquisa, esses álbuns estavam "enterrados" no tempo e no espaço a eles destinados. A falta de acesso era absoluta, uma vez que os expositores estavam vedados. A sensibilidade administrativa de uma instituição, a IENH, permitiu-nos ressignificá-los, social e culturalmente, por meio da perspectiva histórica.

Lopes e Galvão (2011) afirmam que muito do que ocorre no mundo da educação ainda é pouco conhecido pelos pesquisadores, e mesmo pelos professores e professoras, que, embora imersos nele, nem sempre conseguem perceber o que aqueles meninos e meninas estudantes pensaram. O que significa ensinar e aprender; o que diz cada uma das cenas que compõem o dia a dia da escola? Esse dia a dia, como vimos aqui, não se refere somente aos significados das práticas formais de leitura e de escrita, do conhecimento e do saber institucionalizado. As práticas do cotidiano da escola, com a análise de documentos pessoais, nos permitem um vislumbre da expressão de sentimentos e desejos manifestos na escrita.

No suporte utilizado para perenizar palavras carregadas de emoções, o desejo de guardar lembranças de um tempo que não mais voltará, de escrever para alguém, de pedir a outrem que escreva a si, consiste em um ato manifesto de saudosismo, pois a perda do contato com as professoras mais queridas – não são todas escolhidas a deixar sua mensagem –, com colegas, amigas, companheiras de escola, é um fato. O amanhã é desconhecido, mas o desejo de que encontrem a felicidade, o amor, e vivam de acordo com os ensinamentos de Deus é unanimidade nas palavras escritas em cada recordação.

A análise aqui realizada recaiu sobre a escrita, embora tenhamos feito algumas menções sobre a materialidade dos artefatos analisados. Outra chave de análise, no entanto, parece-nos interessante, embora, pelo espaço destinado a este capítulo não tenhamos conseguido examinar: são as imagens. Em um primeiro olhar, são muito semelhantes; no entanto, quando as analisamos com acuidade, percebemos flores de diferentes formas, tipos e tamanhos, corações, pássaros, acrósticos formando imagens, borboletas, mãos oferecendo flores, velas e a cruz – são alguns dos mais frequentes.

Os projetos aqui mencionados permitiram acessos aos acervos institucionais e, portanto, ao patrimônio escolar preservado de diferentes maneiras. Os documentos já analisados, ao longo desses anos, aprimoraram, em cada um dos participantes, o exercício da suspeita, do tensionamento e da busca em direção à compreensão das culturas escolares produzidas nos espaços escolares de uma região. Este estudo é uma peça do mosaico que está sendo construído no que se refere à educação no Vale do Rio dos Sinos.

REFERÊNCIAS

BRITO, Estela Schutz; GRAZZIOTN, Luciane Sgarbi. Memórias de ex-alunos(as) do Internato da Escola Normal Evangélica em São Leopoldo/RS (1950-1966). *Anuario de Historia de la Educación*, v. 23, p. 47-62, 2022.

CASTILLO GÓMEZ, Antonio El tempo de la cultura escrita. A modo de intro-ducción. *In*: GÓMEZ, Antonio Castillo. (coord.). *Historia de la cultura escrita*. Del Próximo Oriente Antiguo a la sociedad informatizada. España: Ediciones Trea, 2002. p. 15-25.

CERTEAU, Michel de. *A invenção do cotidiano*: artes de fazer. 2. ed. Petrópolis: Editora Vozes, 1994.

CUNHA, Maria Teresa. *(Des)arquivar*: arquivos pessoais e ego documentos no tempo presente. Florianópolis: Rafael Competti Edutor, 2019.

CUNHA, Maria Teresa. Territórios aberto para a História. *In: O Historiador e suas fontes*. São Paulo: Contexto, 2009.

ESCOLANO BENITO, Agustin. *Emoções e educação*: a construção histórica da educação emocional. São Paulo: Mercado das Letras, 2021.

FEBVRE, Lucien. *Combates pela História*. Lisboa: Editorial Presença, 1989. p. 230.

HISTÓRIA – Novo Hamburgo (RS). IPHAN. Disponível em: http://portal.iphan.gov.br/pagina/detalhes/1677/#:~:text=Novo%20Hamburgo%20C3%A9%20considerado%20a,categoria%20de%20munic%C3%ADpio%2C%20em%201927 Acesso em 31/jan./2024.

KANNENBERG, Hilmar. *Fundação Evangélica, um século a serviço da educação, 1886-1986*. São Leopoldo: Rotermund, 1987.

VIÑAO FRAGO, A. Historia de la educación y historia cultural: posibilidades, problemas, cuestiones. *Revista Brasileira de Educação*, Rio de Janeiro, n. 0, p. 63-82, set./out./nov./dez. 1995.

12

AS CIENTISTAS SOCIAIS BRASILEIRAS E SEUS ARQUIVOS

Carolina Gonçalves Alves

O interesse na temática da memória tem crescido significativamente nos últimos anos, impulsionado pelo impacto da velocidade proporcionada pelas inovações nas tecnologias de informação, que encurtam a distância entre o presente e o passado. Em cenário marcado pela efemeridade e a rapidez com que circulam as informações, surgem constantemente novas indagações sobre a preservação da história. Observa-se a criação de museus, centros de memória e a incorporação de bens culturais, tanto materiais quanto imateriais, ao patrimônio histórico nacional, refletindo uma necessidade intensificada de preservar e manter vivas as memórias de diferentes grupos e eventos sociais.

Nesse contexto, destacam-se estudos sobre a presença ou ausência de narrativas femininas nas histórias hegemônicas. Apesar do avanço da participação das mulheres na vida pública, ainda enfrentamos desafios para encontrar, nas instituições, registros dessas experiências e vivências. A memória feminina permanece marginalizada, e é crucial refletir sobre essa subvalorização.[85]

Ao discutir a presença feminina na teoria social a partir dos arquivos, o artigo busca ampliar o escopo das Ciências Sociais clássicas por meio de abordagens de pesquisa diversificadas. Não se trata de promover essencialismos ou estereótipos, mas sim de mapear a variedade de temas, problemas e objetos que compõem a teoria social, especialmente por meio das pesquisas realizadas

---

[85] Para discutir a sub-representação de arquivos de mulheres nas instituições de memória brasileiras, foi criada, em 2020, a Rede Arquivos de Mulheres. Fruto de uma parceria entre o FGV CPDOC e o IEB da USP, a RAM tem como propósito tornar visíveis, valorizar e refletir sobre os arquivos de mulheres e seus processos de salvaguarda. A Rede é formada por instituições públicas e privadas que têm sob sua custódia todos os tipos de itens documentais produzidos e acumulados por mulheres ou por instituições feministas, independentemente de sua natureza.

por mulheres. Destaca-se a importância dos arquivos pessoais de cientistas sociais, que incluem cadernos de campo, manuscritos de livros, anotações de pesquisa, teses e registros audiovisuais. Esses arquivos possibilitam o acesso a diferentes contextos da produção intelectual das Ciências Sociais, revelando experiências etnográficas e agendas de pesquisa específicas. O estudo desses arquivos proporciona uma compreensão mais profunda do trabalho e da trajetória das acadêmicas, bem como de sua influência no desenvolvimento teórico e disciplinar, contribuindo para a formação das Ciências Sociais brasileiras. Os arquivos pessoais das cientistas sociais registram conhecimentos e experiências que evidenciam a importância de sua produção acadêmica para o avanço das Ciências Sociais no Brasil.

12.1 ARQUIVOS, GÊNERO E COLONIALIDADE

Antes de entrar na discussão sobre os arquivos das cientistas sociais, é necessário traçar um breve panorama sobre a preocupação com os documentos públicos, uma questão pertinente desde o início do que muitos historiadores conceituam como sendo a Modernidade.

> Os historiadores portugueses apontam 1378 como o ano de provável criação do Arquivo da Torre do Tombo, em Portugal. Esses arquivos de Estado, cujo modelo vigorará até final do século XVIII, tinham como principal finalidade colocar nas mãos dos soberanos um importante instrumento de governo – a informação. Nesse sentido serão secretos e estarão exclusivamente a serviço das monarquias. A Revolução Francesa romperá com esse modelo criando os arquivos nacionais, cujos objetivos consistiam em atender ao Estado e à nação, isto é, às demandas do cidadão. (COSTA, 2000, p. 2)

Já naquela época, destacava-se a importância das informações que poderiam ser obtidas a partir dos acervos documentais. O estado moderno é marcado pela complexificação das relações sociais e por uma crescente exigência pela administração. Os arquivos foram estabelecidos nesse contexto com a finalidade de atender a interesses que favorecessem e fortalecessem os estados nacionais. Para Weber (1971), o progresso da organização burocrática garante: "precisão, velocidade, clareza, conhecimento dos arquivos, continuidade, discrição, unidade, subordinação rigorosa, redução do atrito e dos custos do material e pessoal" (WEBER, 1982, p. 249). O sistema burocrático inspira confiança por meio da eficácia do seu aparato que regula o aceso às informações.

Nesse cenário, a Revolução Francesa representa um marco histórico. Foi somente após sua eclosão e inspirados por seu espírito que historiadores e pesquisadores começaram a defender a abertura dos arquivos para a pesquisa. A partir desse momento, testemunhamos o surgimento de arquivos nacionais em diversos países.

No Brasil, o Arquivo Público do Império foi fundado em 1838, no momento de afirmação da independência. Nesse sentido, sua principal função era atender aos interesses do estado, funcionando a partir da concentração da informação e do controle rígido ao acesso à documentação produzida pela administração pública.

> Dessa forma, o Arquivo, como as demais instituições culturais e científicas do período, foi gestado no bojo do processo de construção do Estado e da nacionalidade, como co-partícipe desse processo, com a finalidade, sobretudo, de subsidiar o Estado na sua ação administrativa e na ordenação jurídica da nova sociedade. Como instituição de caráter instrumental, o Arquivo estará voltado para dentro do Estado, guardando e fornecendo os documentos necessários à consolidação deste. Ao contrário dos arquivos nacionais europeus, sua dimensão pública ou oficial, como demonstra seu próprio nome, se sobressai em detrimento da dimensão nacional. (COSTA, 2000, p. 7)

As relações entre arquivos, poder e estado são constitutivas da ideia de arquivo, reforçando a posição dessas instituições como locais da memória oficial. No entanto, nos últimos anos, o pensamento crítico voltou-se para os arquivos, questionando a ausência de certas narrativas. Esse tensionamento tem se intensificado em meio ao crescimento dos estudos de gênero e pós-coloniais, que questionam os arquivos em relação às suas ausências. A constatação, portanto, é que, ao se constituírem a partir de relações de poder, os arquivos são inerentemente lacunares.

> Quem se dedica a historicizar a multidão, as pessoas despossuídas, subalternas e escravizadas, se vê tendo de enfrentar o poder e a autoridade dos arquivos e os limites que eles estabelecem com relação àquilo que pode ser conhecido, à perspectiva de quem importa e a quem possui gravidade e a autoridade de agente histórico. (HARTMAN, 2022, p. 11)

Compreender a parcialidade dos documentos, assim como a das instituições de guarda, torna-se fundamental para uma análise mais aprofundada da consolidação de determinadas memórias.

> O documento não é inócuo. É antes de mais nada o resultado de uma montagem, consciente ou inconsciente, da história, da época, da sociedade que o produziram, mas também das épocas sucessivas durante as quais continuou a viver, talvez esquecido, durante as quais continuou a ser manipulado, ainda que pelo silêncio. (LE GOFF, 1984, p. 103)

O campo dos estudos pós-coloniais reúne um conjunto de intelectuais que refletem criticamente sobre a relação centro-periferia, a partir da segunda metade do século XX. A Modernidade, sustentada pela exploração e violação das culturas colonizadas, colaborou para a solidificação de representações discursivas sobre o outro. O discurso colonial, ao retratar o não europeu como degenerado e inferior, perpetuou a exclusão de grande parte da humanidade de sua capacidade de ser e pensar em liberdade (HALL, 2016; SAID, 2003).

Nos últimos anos, o mundo dos arquivos passou a ser inundado pelas teorias feministas e pós-coloniais, em uma onda de reflexões e debates que tem sido classificada por alguns teóricos como "estudo crítico dos arquivos". Essa perspectiva discute a carência de documentos sobre determinados grupos e perfis e analisa o impacto, na práxis e na teoria arquivística, das novas demandas sociais em relação aos arquivos.

Nesse contexto, o profissional de arquivo também passou a ser questionado sobre suas rotinas, levando a uma reflexão diante de um cenário que tem mobilizado profundas mudanças nas práticas institucionais.

> Vejo meu trabalho como parte de uma mudança maior no campo [...] como uma prática crítica dos estudos arquivísticos, um tipo de pesquisa e práticas que investem em pensar como o poder operou por meio dos arquivos, mas também como podemos reimaginar o trabalho arquivístico e nossa prática central para trabalhar em direção a uma maior equidade e justiça, especialmente para as pessoas que foram historicamente marginalizadas.
>
> Há uma grande razão pela qual coloco "feminista" na frente da descrição do meu trabalho como pesquisadora em estudos arquivísticos [...]. Isso ocorre porque eu não vejo o trabalho arquivístico, a pesquisa arquivística ou as interseções entre essas duas áreas como neutras ou objetivas. Obviamente, viemos de uma longa história de investimento (às vezes por boas razões) em noções de neutralidade e objetividade, mas minha perspectiva (informada pelo feminismo, pós-modernismo, pós-colonialismo e outras formas de teoria crítica) é

> que tal posição na verdade não é possível nem desejável. Todos trazemos para o trabalho que fazemos - seja ele acadêmico ou a prática de nossa própria perspectiva - nossos próprios preconceitos e nossas próprias relações com o poder, e para mim, descrever meu trabalho como feminista questiona essas noções de poder e como elas operam nos arquivos, permitin-do-me identificar e descrever o poder, bem como os lugares em relação a ele. (Entrevista com Marika Cifor - tradução nossa)

Essas questões recentes alteram de forma irreversível o campo dos arquivos. Contra a perspectiva de uma memória colonial e colonizada, propõe-se uma concepção de memória capaz de se reconectar com o passado, enfrentando os traumas e criando espaços de cura por meio do acesso à História e aos registros históricos. Os novos olhares para os acervos e para as instituições de memória desempenham um papel crucial na tarefa de historicizar as mulheres por meio de seus arquivos. Esse processo busca resgatar suas trajetórias e, quase como uma obrigação moral, apropriar-se delas para recontá-las, promovendo assim a produção de outras narrativas sobre essas experiências.

12.2 OS ARQUIVOS DE CIENTISTAS SOCIAIS BRASILEIRAS NO ACERVO DO FGV CPDOC

Os arquivos pessoais possuem a singularidade de reunir documentos que retratam a trajetória de vida do titular.

> A conceituação de arquivos pessoais está embutida na própria definição geral de arquivos privados, quando se afirma tratar-se de papéis produzidos/recebidos por entidades ou pessoas físicas de direito privado. O que se pode aqui especificar é que, sendo papéis ligados à vida, à
>
> obra e às atividades de uma pessoa, não são documentos funcionais e administrativos no sentido que possuem os de gestão de uma casa comercial ou de um sindicato laboral. São papéis ligados à vida familiar, civil, profissional e à produção política e/ou intelectual, científica, artística de estadistas, políticos, artistas, literatos, cientistas etc. Enfim, os papéis de qualquer cidadão que apresente interesse para a pesquisa histórica, trazendo dados sobre a vida cotidiana, social, religiosa, econômica, cultural do tempo em que viveu ou sobre sua própria personalidade e comportamento. (BELLOTTO, 2006, p. 256).

O CPDOC se dedica a captar, organizar e tornar acessíveis para consulta púbica documentos de arquivo pessoal. Desde a criação do Programa de Arquivos Pessoais, em 1973, identifica-se a presença de arquivos femininos na instituição. Nesse ano, registra-se a doação do arquivo de Delminda Aranha, que marcou o pioneirismo como o primeiro fundo feminino a integrar o acervo do CPDOC. Esses arquivos foram recebidos junto aos documentos de homens com os quais essas mulheres mantinham algum vínculo e ganharam identidade a partir da percepção de que se tratava de fundos distintos.

Em 2015, o CPDOC alterou sua política de acervo incluindo o marcador de gênero no documento. Na ocasião, passou a constar que a instituição também tinha interesse na captação de arquivos de mulheres. Essa mudança na política de acervo institucional se tornou um marco para as reflexões sobre gênero e arquivos realizadas no CPDOC. Anos mais tarde, foi implementado o Projeto de Digitalização dos Arquivos de Mulheres, financiado pelo *Center for Research Libraries* (CRL). Concebido com o propósito de ampliar a visibilidade dos arquivos de mulheres preservados pelo CPDOC, a iniciativa priorizou a digitalização de nove arquivos[86] salvaguardados pela instituição, visando facilitar o acesso e a pesquisa a esses materiais. O projeto também possibilitou a revisão e a atualização das informações sobre os arquivos, assim como das biografias dessas personagens. Em junho de 2020, o CPDOC concluiu a primeira etapa do projeto com a liberação de 35.528 páginas de documentos digitalizados para consulta pública. Na segunda etapa concluída em março de 2021, foram liberadas cerca de 1.000 fotografias dos arquivos da escritora Anna Amélia (1896 - 1971) e da antropóloga Yvonne Maggie (1944).

O arquivo Yvonne Maggie inaugurou a nova linha de acervo do CPDOC, contendo documentos que registram a trajetória profissional e acadêmica da antropóloga. Destacam-se registros de suas pesquisas sobre as religiões de matriz africana, incluindo fotografias e esboços de textos produzidos durante sua pesquisa de mestrado, posteriormente publicada no livro *Guerra de Orixá: um estudo de ritual e conflito*. Com base nesse material, em 2019, foi produzido o vídeo "Magia e Poder: Fronteiras entre o Sagrado e o Profano".[87]

Além do arquivo Yvonne Maggie, o CPDOC também abriga outros seis arquivos de intelectuais das Ciências Sociais.

---

[86] Nessa empreitada, foram digitalizados os arquivos de Almerinda Farias Gama, Anna Amélia de Queiroz Carneiro de Mendonça, Delminda Aranha, Hermínia Collor, Hilda Machado, Luiza Aranha, Niomar Moniz Sodré, Rosalina Coelho Lisboa e Yvonne Maggie.

[87] O filme pode ser acessado por meio do link: https://www.youtube.com/watch?v=QDkfcrEOQLk.

Quadro 1 – Arquivos de cientistas sociais do CPDOC

Titulares	Data de doação
Yvonne Maggie	2016
Alba Zaluar	2020
Mariza Peirano	2020
Maria Isaura Pereira de Queiroz	2022
Glaucia Villas Bôas	2022
Ellen e Klass Woortmann	2022
Alzira Alves de Abreu	2023

Fonte: elaborada pela autora

Alba Zaluar (1942-2019) foi uma antropóloga cujo arquivo contém documentos sobre sua trajetória acadêmica. Inclui farta documentação sobre as pesquisas realizadas pela antropóloga, com anotações e materiais de pesquisa sobre comunidades da Zona Oeste do Rio de Janeiro, desde a década de 1970 aos anos 2000. Um dos destaques do arquivo é o caderno de campo de uma pesquisa pioneira realizada pela antropóloga, no início dos anos 1980, na Cidade de Deus. A pesquisa resultou no livro *A Máquina e a Revolta*, publicado em 1984. O arquivo foi digitalizado no âmbito do projeto "O acervo histórico da FGV CPDOC: estratégias de modernização e de ampliação do acesso utilizando ciência de dados".

Os documentos de Mariza Peirano (1942), antropóloga e professora emérita da Universidade de Brasília (UnB), refletem sua trajetória acadêmica, incluindo seu mestrado e doutorado. O arquivo contém documentos sobre a pesquisa de mestrado (UnB) entre pescadores, em Pernambuquinho, no Ceará. Foi digitalizado em 2023 no âmbito do projeto "Antropologias transnacionais: os arquivos e as trajetórias de Mariza Peirano e Gilberto Velho", com ênfase na preservação e divulgação dos arquivos de cientistas sociais no Brasil, coordenado pela professora Sílvia Monnerat. Os documentos textuais abrangem a produção acadêmica da titular, incluindo registros de sua atuação em instituições de ensino nacionais e internacionais, como UFRJ, Museu Nacional, MIT, UnB, Harvard, Unicamp e Universidade de Columbia. Além disso, há registros de sua participação ativa na Associação Brasileira de Antropologia (ABA) e na Associação Nacional de Pós-Graduação e Pesquisa em Ciências Sociais (Anpocs). Destacam-se ainda as cópias de seus cadernos de campo, bem como registros de suas pesquisas na Índia. Também estão no arquivo, o original de sua tese de doutorado, programas de seus cursos na UNB, e das instituições onde foi professora visitante, como Museu Nacional/UFRJ e Harvard, memorial acadêmico para professora titular, premiações e correspondência com colegas.

É interessante notar que ao longo de sua trajetória acadêmica Mariza estabeleceu conexões com intelectuais como Florestan Fernandes, cuja influência teve um impacto significativo em suas pesquisas. Além de Florestan, o arquivo revela, por meio de correspondências, uma extensa rede de intercâmbios com outros intelectuais, incluindo nomes como Antonio Cândido, Gilberto Velho, Wanderley Guilherme dos Santos e Lilia Schwarcz. Adicionalmente, Mariza manteve contato com figuras internacionais, como a antropóloga indiana Veena Das e o antropólogo Stanley J. Tambiah, nascido no Ceilão (atual Sri Lanka).

Também integra o acervo do CPDOC o arquivo de Maria Isaura Pereira de Queiroz (1918-2018). A socióloga concluiu sua graduação na USP em 1949 e, logo em seguida, tornou-se assistente do professor francês Roger Bastide na disciplina de Sociologia I. Nos primeiros anos da década de 1950, prosseguiu seus estudos em Paris e, em 1960, iniciou sua carreira como professora na USP. Destacando-se como pioneira, ela foi a primeira mulher a receber o título de professora emérita na Faculdade de Filosofia, Ciências e Letras (FFLCH) da USP.

O arquivo Maria Isaura é composto por documentos textuais, audiovisuais e fotográficos que refletem sua vasta e sistemática produção acadêmica, incluindo registros das pesquisas que realizou sobre o meio rural; estudos de movimentos messiânicos e do cangaço; estudos sobre infância e adolescência em favelas brasileiras nos anos 1960; cultura popular urbana e rural; fichamentos produzidos ao longo de suas pesquisas, aulas gravadas em fitas cassete e obras que escreveu em português, inglês, francês e italiano, incluindo a tradução de *As Regras do Método Sociológico*, de Émile Durkheim; e registros sobre sua atuação na USP, com foco especial nas atividades desenvolvidas pelo Centro de Estudos Rurais e Urbanos (Ceru), do qual foi fundadora. O arquivo inclui uma variedade de correspondências e documentos relacionados aos prêmios recebidos ao longo da carreira, destacando-se a mais alta condecoração científica no Brasil, o prêmio Almirante Álvaro Alberto, concedido pelo CNPq, além do prestigiado prêmio literário Jabuti. Os documentos de cursos ministrados por Antonio Cândido e Roger Bastide revelam a importância desses intelectuais em sua formação acadêmica. Para preservar a memória de Bastide, ela se envolveu na produção de um projeto de recuperação e divulgação da obra do mestre francês, após sua morte (BÔAS, 2014).

A relação entre Maria Isaura Pereira de Queiroz com sua orientanda está aparente no arquivo de Glaucia, professora titular da Universidade Federal do Rio de Janeiro (UFRJ), onde atuou de 1980 até 2018, no Departamento de Sociologia, desenvolvendo pesquisas nas áreas de Sociologia da Cultura, Sociologia da Arte e Pensamento Social Brasileiro.

Seu arquivo, entregue ao CPDOC em maio de 2022, é formado por livros, documentos textuais e audiovisuais que refletem sua trajetória profissional, incluindo a participação em eventos científicos e a atuação à frente do Nusc (Núcleo de Pesquisa em Sociologia da Cultura da UFRJ), criado em 1986. Além de documentos sobre as pesquisas e projetos que desenvolveu, podem ser encontrados textos e entrevistas referentes aos seus estudos sobre Mario Pedrosa e o concretismo no Rio de Janeiro. Essas pesquisas deram origem ao documentário "Formas do afeto: um filme sobre Mario Pedrosa" (2010), que aborda a relação entre o crítico de arte e alguns jovens artistas brasileiros. O arquivo reúne documentos sobre a atuação da titular na Sociedade Brasileira de Sociologia (SBS), além de documentos sobre a Sociologia alemã e a história das Ciências Sociais no Brasil, incluindo registros sobre os 50 anos do Instituto de Filosofia e Ciências Sociais (IFCS) da UFRJ. Há também documentos que analisam a obra e a trajetória do sociólogo baiano Luiz de Aguiar Costa Pinto e do pesquisador alemão Emílio Willems.

Em junho do mesmo ano, o CPDOC recebeu documentos textuais, audiovisuais e impressos de Ellen Fensterseifer Woortmann e Klass Woortmann. Esses documentos passam a integrar o arquivo Ellen e Klass Woortmann. Constituído por documentos sobre as pesquisas e sobre produção acadêmica dos antropólogos, incluindo livros e textos escritos individualmente ou em parceria, esse arquivo torna-se o primeiro no CPDOC a ser reconhecido como o arquivo de um casal. Nas publicações em coautoria são abordados temas como: família, parentesco e campesinato no Brasil. Também constam trabalhos produzidos por Ellen Woortmann no período em que cursou a Especialização em História na Universidade do Vale do Rio dos Sinos (1975) e fotos de trabalho de campo registradas durante sua pesquisa sobre sitiantes, que resultou na dissertação de mestrado "Sitiantes e Roceiros: a produção camponesa num contexto de pecuarização", defendida na Universidade de Brasília (1981). Também integram o arquivo trabalhos da antropóloga sobre vida rural, gênero, trabalho e alimentação.

O arquivo da professora Alzira Alves de Abreu (1936-2023), que atualmente empresta seu nome à Casa Acervo CPDOC, é a mais recente adição ao conjunto de arquivos de cientistas.

Uma das peculiaridades desses arquivos são os cadernos de campo, as imagens e as entrevistas, que nos proporcionam uma compreensão mais específica dos registros primários coletados durante a elaboração das pesquisas, incluindo as primeiras impressões dessas intelectuais sobre as temáticas de interesse. Entre as escritas de campo de Alba Zaluar na Cidade de Deus (RJ); as percepções de Maria Isaura Pereira de Queiroz sobre os cangaceiros em Santa Brígida (BA); a convivência com os pescadores de Pernambuquinho (CE), interlocutores de Mariza Peirano e as vivências camponesas observadas por Ellen Woortmann em Ribeirópolis (SE), é possível acessar uma dimensão de projetos de pesquisa que estavam interessados em compreender o Brasil a partir de suas dimensões política, social, econômica, religiosa e cultural. Nota-se uma certa diversidade de perfis e contextos abordados ao longo dessas pesquisas.

Figura 1 – Diferentes perfis abordados nas pesquisas das cientistas sociais

Diversidade de perfis

Pescadores	**Moradores do campo**
Religiosos de matriz africana	Romeiros
Artistas	**Cangaceiros**
Moradores de favela	Traficantes
Lideranças comunitárias	**Cabos eleitorais**
Integrantes de blocos carnavalescos	Pessoas em privação de liberdade

Fonte: elaborado pela autora

Esses arquivos oferecem uma visão rica e diversificada do trabalho das mulheres nas Ciências Sociais brasileiras, evidenciando suas contribuições para o desenvolvimento e a compreensão da sociedade brasileira.

Figura 2 – Registros de campo feitos pelas cientistas sociais durante suas pesquisas

Fonte: painel elaborado pela autora. Imagens Acervo FGV CPDOC

Os arquivos salvaguardados na Casa Acervo CPDOC, notadamente aqueles que enfatizam as contribuições das mulheres para as Ciências Sociais, proporcionam uma visão rica e diversificada do Brasil contemporâneo. Esses registros não apenas ampliam nossa compreensão das complexidades sociais, mas também representam uma fonte privilegiada para acessar uma variedade de visões de mundo e saberes. O material coletado vai além das interpretações das pesquisadoras, abrangendo um vasto panorama de perspectivas sobre a sociedade brasileira.

Ainda há muito a ser explorado sobre as contribuições dessas intelectuais para as Ciências Sociais por meio de suas obras, e seus arquivos, abertos e disponíveis para consulta pública, ampliam o acesso às suas formas de interpretar a diversidade de realidades do Brasil contemporâneo.

No arquivo de Alba Zaluar, há documentos que insistem em tratá-la no registro masculino, utilizando o título "Dr. Alba Zaluar". Diante de todas essas tentativas de silenciamento em relação à sua posição como mulher acadêmica, a antropóloga expressa sua insatisfação com o tratamento no gênero masculino. Essas experiências revelam a persistência do sexismo e da misoginia nos meios acadêmicos brasileiros, desafiando essas intelectuais em suas trajetórias profissionais, mas também destacando sua resiliência e determinação em face dessas adversidades.[88]

---

[88] Para conduzir este debate, é essencial não negligenciar as dimensões relacionadas à raça e à classe, uma vez que ambas desempenham papéis significativos na organização das universidades brasileiras. Recomenda-se a leitura de obras como PORTER (2019) e ANZALDÚA (2000), para uma compreensão mais aprofundada desse tema.

Figura 3 – Carta enviada para Alba Zaluar, 1995

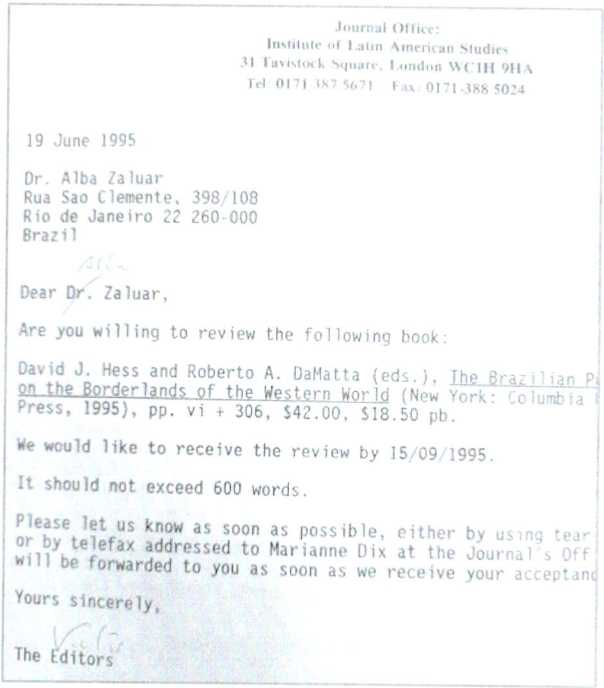

Journal Office:
Institute of Latin American Studies
31 Tavistock Square, London WC1H 9HA
Tel: 0171-387 5671   Fax: 0171-388 5024

19 June 1995

Dr. Alba Zaluar
Rua Sao Clemente, 398/108
Rio de Janeiro 22 260-000
Brazil

Dear Dr. Zaluar,

Are you willing to review the following book:

David J. Hess and Roberto A. DaMatta (eds.), The Brazilian P
on the Borderlands of the Western World (New York: Columbia
Press, 1995), pp. vi + 306, $42.00, $18.50 pb.

We would like to receive the review by 15/09/1995.

It should not exceed 600 words.

Please let us know as soon as possible, either by using tear
or by telefax addressed to Marianne Dix at the Journal's Off
will be forwarded to you as soon as we receive your acceptanc

Yours sincerely,

The Editors

Fonte: arquivo de Alba Zaluar, FGV CPDOC

A abertura desses arquivos para consulta enriquece não apenas o entendimento acadêmico, mas também proporciona uma oportunidade para o público em geral se aprofundar nos diversos pontos de vista dessas pensadoras, que moldaram significativamente a compreensão da sociedade brasileira.

REFERÊNCIAS

ANZALDÚA, G. "Falando em línguas: uma carta para as mulheres escritoras do Terceiro Mundo". (Trad. Édna de Marco). *Revista Estudos Feministas*, v. 8, n. 1, p. 229-236, 2000.

BELLOTTO, Heloísa Liberalli. *Arquivos permanentes*: tratamento documental. Rio de Janeiro: Editora FGV, 2006.

BÔAS, G. V. *Amizade e memória*: Maria Isaura Pereira de Queiroz e Roger Bastide. *Lua Nova* [Internet], v. 91, jan. 2014, p. 53–75, 2014. Disponível em: https://doi.org/10.1590/S0102-64452014000100003. Acesso em: 13 mar. 2024

CAMPOS, Eduardo Lopes de Almeida; GONTIJO, Lucas de Alvarenga. A memória como direito: o fenômeno jurídico como experiência de aprendizado e o papel do direito na construção da memória coletiva. *In*: XXI Encontro Nacional do CONPEDI/UFU, 2012, Uberlândia/MG. *Anais do XXI Encontro Nacional do CONPEDI/UFU*, 2012.

CASWELL, Michelle; PUNZALAN, Ricardo; SANGWAND, T-Kay. Critical Archival Studies: An Introduction. *In*: *Journal of Critical Library and Information Studies*, Sacramento, v. 1, n. 2, 2017. Disponível em: https://doi.org/10.24242/jclis.v1i2.50 Acesso em: 13 mar. 2024.

CIFOR, M.; ALVES, C.; SPOHR, M. Interview with Marika Cifor. *Estud. hist.*, Rio de Janeiro, v. 36, n. 79, p. 129-39, maio 2023. Disponível em: https://doi.org/10.1590/S2178-149420230208. Acesso em: 13 mar. 2024.

CIFOR, Marika; WOOD, Stacy. Critical feminism in the archives. *Journal of Critical Library and Information Studies*, v. 1, n. 2, 2017. Disponível em: https://doi.org/10.24242/jclis.v1i2.27. Acesso em: 13 mar. 2024.

COSTA, Célia. Arquivo Público do Império: o legado absolutista na construção da nacionalidade. *Estudos Históricos*. Descobrimentos, Rio de Janeiro, v. 14, n. 26, p. 217-231, 2000.

CUNHA, Maria Teresa Santos. *(Des)Arquivar*: arquivos pessoais e ego-documentos no tempo presente. São Paulo/Florianópolis: Rafael Copetti Editor, 2019

DAFLON, Verônica Toste; CHAGURI, Mariana Miggiolaro. Mulheres na Teoria Social: presente e passado para uma sociologia plural. *Sociologias* [on-line], v. 24, n. 61, p. 16-24, 2022. Disponível em: https://doi.org/10.1590/18070337-129026. Acesso em: 25 fev. 2024.

HALL, Stuart. *Cultura e representação*. Rio de Janeiro: Ed. PUC-Rio: Apicuri, 2016.

HARTMAN, Saidiya. *Vidas rebeldes, belos experimentos*: histórias íntimas de meninas negras desordeiras, mulheres encrenqueiras e queers radicais. Trad. floresta. São Paulo: Fósforo, 2022.

HUYSSEN, Andreas. Resistência à memória: usos e abusos do esquecimento público. *In*: BRAGANÇA, Aníbal; MOREIRA, Sonia Virgínia (org.). *Comunicação, acontecimento e memória*. São Paulo: Intercom, 2005.

KILOMBA, Grada. *Memórias da Plantação*: episódios de racismo cotidiano. Rio de Janeiro: Cobogó, 2019.

LE GOFF, Jacques. Documento/monumento. *In*: *Enciclopédia EINAUDI*. Memória- História. Porto: Imprensa Nacional; Casa da Moeda, v. 1, p. 95-106, 1984.

LE GOFF, Jacques. Memória. *In*: *Enciclopédia EINAUDI*. Memória-História. Porto: Imprensa Nacional; Casa da Moeda, v. 1, p. 11-50, 1984.

PERROT, Michelle. Práticas da memória feminina. *Revista Brasileira de História*, São Paulo, v. 9, n. 18, p. 9-18, ago./set. 1989.

POLLAK, Michael. Memória, esquecimento, silêncio. *Revista Estudos Históricos*, Rio de Janeiro, v. 2, n. 3, p. 3-15, jun. 1989. ISSN 2178-1494. Disponível em: https://bibliotecadigital.fgv.br/ojs/index.php/reh/article/view/2278. Acesso em: 23 fev. 2019.

PORTER, Lavelle. *The Blackademick Life*: academic fiction, higher education and the black intellectual. Northwestern University Press, Evasnton, Illinois, 2019.

QUIJANO, Aníbal. Colonialidade do poder, eurocentrismo e América Latina. *In*: LANDER, Edgardo (org.). *A colonialidade do saber*: eurocentrismo e ciências sociais. Perspectivas latinoamericanas. Buenos Aires: Colección Sur Sur, 2005a. p. 118-142.

SAID, Edward. *Orientalismo*: o oriente como invenção do Ocidente. São Paulo: Companhia das Letras, 2003.

SUTHERLAND, Tonia. Archival amnesty: in search of black American transitional and restorative justice. *In*: CASWELL, Michelle; PUNZALAN, Ricardo; SANGWAND, T-Kay (ed.). *Journal of Critical Library and Information Studies*, v. 1, n. 2, 2017. Critical Archival Studies, special issue.

VASSALLO, Jaqueline. Mujeres y patrimonio cultural: el desafío de preservar lo que se invisibiliza. *Revista do Instituto de Estudos Brasileiros*, n. 71, p. 80-94, 2018.

WEBER, Max. *Ensaios de Sociologia*. 5. ed. Rio de Janeiro: LTC — Livros Técnicos e Científicos Editora S.A., 1982.

SOBRE OS AUTORES

Alice Rigoni Jacques

Doutora em Educação pela Pontifícia Universidade Católica do Rio Grande do Sul (PUC-RS). É coordenadora do Memorial do Colégio Farroupilha de Porto Alegre-RS (Do Detscher Hilfsverein ao Colégio Farroupilha) e atua como educadora dessa instituição de ensino. Suas pesquisas estão voltadas para o campo da História da Educação, com destaque para o ensino primário, cultura escolar, cadernos escolares e acervos pessoais.
Orcid: 0000-0002-6508-5565

André Luiz Paulilo

Doutor em Educação pela Universidade de São Paulo (USP). É professor associado na Universidade Estadual de Campinas (Unicamp) e pesquisador do Conselho Nacional de Desenvolvimento Científico e Tecnológico (CNPq). Foi coordenador do Centro de Memória da Educação da Faculdade de Educação da Unicamp (2012-2016) e do Centro de Memória-Unicamp (2018-2024).
Orcid: 0000-0001-8112-8070

Carolina Gonçalves Alves

Doutora em Ciências Sociais pelo Programa de Pós-Graduação em Ciências Sociais da Universidade do Estado do Rio de Janeiro (PPCIS-Uerj) e professora do Programa de Pós-Graduação em História, Política e Bens Culturais (PPHPBC FGV CPDOC). É Coordenadora da Documentação da FGV CPDOC e Coordenadora-geral da Rede Arquivos de Mulheres (RAM). É também líder do grupo de pesquisa do CNPq Núcleo de Estudos de Gênero, Raça e Interseccionalidades (Negri).
Orcid: 0000-0003-2633-831X

Claudiana dos Reis de Sousa Morais

Mestre em Educação pela Universidade Estadual de Campinas (Unicamp). É doutoranda pela mesma universidade e pesquisadora do Centro de Memória da Educação da Faculdade de Educação/Unicamp.

Orcid: 0000-0003-3329-7579

Dóris Bittencourt Almeida

Doutora em Educação pela Universidade Federal do Rio Grande do Sul (PPGEDU/UFRGS), Professora Associada de História da Educação da Faculdade de Educação da UFRGS e do Programa de Pós-graduação em Educação da UFRGS. Líder do Grupo de Pesquisa Garpe/CNPq – Arquivos, Arquivos Pessoais, Patrimônio e Educação. Bolsista Produtividade em Pesquisa CNPq/Nível PQ-2

Orcid: 0000-0002-4817-0717

Estela Denise Schütz Brito

Doutora em Educação pela Universidade do Vale do Rio dos Sinos (Unisinos), na linha de pesquisa "História, Políticas e Gestão da Educação". Mestre em Educação e Licenciada em Pedagogia pela mesma instituição. Integra o grupo de pesquisa Ebramic – "Educação no Brasil: memória, instituições e cultura escolar". Professora da educação básica na rede privada de educação das cidades de São Leopoldo-RS e Portão-RS.

Orcid: 0000-0003-3311-9975

James S. Amelang

Ph.D em História pela Princeton University (USA), professor do Departamento de História Moderna da Faculdade de Filosofia e Letras, da Universidade Autônoma de Madrid//Espanha.

Orcid: 0000-0002-3846-4455

Joaquim Tavares da Conceição

Doutor em História pela Universidade Federal da Bahia (UFBA), com pós-doutorado em Educação pela Universidade Estadual de Campinas (Unicamp), com bolsa de Pós-Doutorado Sênior do CNPq (2022). Professor Titular da Universidade Federal de Sergipe (UFS), com atuação no Colégio de Aplicação, no Programa de Pós-Graduação em Educação e no Programa de Mestrado Profissional em Ensino de História. Bolsista de Produtividade em Pesquisa do CNPq - PQ 2. Líder do Grupo de Pesquisa em História da Educação: Memórias, sujeitos, saberes e práticas educativas (GEPHED/CNPq/UFS). Criou e coordena o Centro de Pesquisa, Documentação e Memória do Colégio de Aplicação da UFS (Cemdap).
Orcid: 0000-0002-8826-8137

Luciane Sgarbi Santos Grazziotin

Doutora em Educação/História da Educação pela Pontifícia Universidade Católica do Rio Grande do Sul (PUC-RS). Professora do Programa de Pós-Graduação em Educação da Unisinos/RS. Líder do Grupo de Pesquisa Ebramic (Educação no Brasil: memória, instituições e cultura escolar) e membro do Garpe. Presidente da ASPHE (Associação Sul-Riograndense de Pesquisadores em História da Educação). Bolsista de Produtividade em Pesquisa do CNPq/ Nível 1-D.
Orcid : 0000-0001-5648-3855

Marcos Luiz Hinterholz

Doutor e mestre em Educação pela Universidade Federal do Rio Grande do Sul (UFRGS), com pesquisas no campo da História da Educação. Participa dos grupos de pesquisa Arquivos Pessoais, Patrimônio e Educação (Garpe) e do grupo de "Educação no Brasil: memória, instituições e cultura escolar" (Ebramic).
Orcid: 0000-0002-5962-3187

Maria Celi Chaves Vasconcelos

Professora Titular da Faculdade de Educação da Universidade do Estado do Rio de Janeiro (Uerj), atuando no Programa de Pós-graduação em Educação – ProPEd/Uerj. Procientista da Uerj. Bolsista de Produtividade do Conselho Nacional de Desenvolvimento Científico e Tecnológico – CNPq/1D. Cientista do Nosso Estado da Fundação de Amparo à Pesquisa do Estado do Rio de Janeiro – Faperj. Líder do Grupo de Pesquisa "História e memória das políticas educacionais no território fluminense" (Uerj/CNPq). Suas pesquisas giram em torno de questões de gênero, História, memória e patrimônio da educação doméstica no Brasil oitocentista.

Orcid: 0000-0002-3624-4854

Maria Teresa Santos Cunha

Doutora em Educação/História e Filosofia pela Universidade de São Paulo (USP). Graduada e mestra em História pela Universidade Federal de Santa Catarina (UFSC). Professora Titular do Programa de Pós-Graduação em Educação (Udesc), Professora Aposentada da UFSC e Vice-Líder do Grupo de Pesquisa Garpe/CNPq/ - Arquivos, Arquivos Pessoais, Patrimônio e Educação. Bolsista de Produtividade em Pesquisa CNPq/Nível 1-D.

Orcid: 0000-0001-6200-6713

Marluce de Souza Lopes

Doutora em Educação pela Universidade Federal de Sergipe (UFS), Técnica em Assuntos Educacionais da UFS. Chefe da Divisão de Regulação e Supervisão da Pró-Reitoria de Graduação, na qual coordena o Exame Nacional de Desempenho de Estudantes e o processo de regulação dos cursos de graduação, junto ao MEC. Membro da Comissão Permanente de Avaliação da UFS. Membro do Grupo de Pesquisas em História da Educação: Memórias, sujeitos, saberes e práticas educativas (Gephed/CNPq/UFS). Atua no campo da História da Educação, com ênfase nos seguintes temas: práticas de leitura e escrita, ensino superior, cultura escolar, história de intelectuais e história de mulheres.

Orcid: 0000-00028581-9853

Nádia Maria Weber Santos

Doutora em História pela Universidade Federal do Rio Grande do Sul (PPGH/UFRGS) e pós-doutora pela Université Laval (Québec/Canadá). Médica, psiquiatra junguiana e historiadora. Bolsista de produtividade PQ2/CNPq. É membro pesquisadora do Instituto Histórico e Geográfico do Rio Grande do Sul e curadora do Acervo Sandra Jatahy Pesavento nessa instituição. Professora permanente do PPG em Performances Culturais da Universidade Federal de Goiás (UFG).
Orcid: 0000-0001-5000-3152

Vania Grim Thies

Doutora em Educação pela Universidade Federal de Pelotas (UFPel). Professora da UFPel, atuando no Programa de Pós-Graduação em Educação (PPGE/FaE/UFPel). Pedagoga com Especialização em Alfabetização e Letramento (FaE/UFPel). Líder do grupo de pesquisa História da Alfabetização, Leitura, Escrita e dos Livros Escolares (Hisales) e coordenadora do centro de memória e pesquisa Hisales. Integrante do grupo de pesquisa Garpe (Cnpq).
Orcid: 0000-0002-6169-067X

Tatiane de Freitas Ermel

Doutora em Educação pelo Programa de Pós-Graduação em Educação pela Pontifícia Universidade Católica do Rio Grande do Sul (PUC-RS) (2013-2017). Professora do Departamento de Filosofia, área de Teoria e História da Educação, da Universidad de Valladolid, Espanha. Desenvolve pesquisas na área da História da Educação, principalmente nos temas: espaços e arquitetura escolar; cultura, patrimônio e memória escolar; imprensa pedagógica e circulação de ideias pedagógicas.
Orcid: 0000-0003-2002-5101

Terciane Ângela Luchese

Doutora em Educação pela Unisinos e docente da Universidade de Caxias do Sul (UCS), atuando junto ao Programa de Pós-Graduação em Educação e Programa de Pós-Graduação em História. Bolsista PQ do CNPq 1D.
Orcid. 0000-0002-6608-9728